COLEÇÃO
ABERTURA
CULTURAL

CB067498

Copyright © 2015 Lannoo Publishers. For the original edition.
www.lannoo.com
Copyright da edição brasileira © 2018 É Realizações
Título original: *After the Storm*.

A É Realizações agradece o apoio da
Dutch Foundation for Literature

Nederlands letterenfonds
dutch foundation for literature

Editor | Edson Manoel de Oliveira Filho
Produção editorial e projeto gráfico | É Realizações Editora
Capa | Pedro Lima
Diagramação | Nine Design Gráfico / Mauricio Nisi Gonçalves
Preparação de texto | Edna Adorno
Revisão | Geisa Mathias de Oliveira

Reservados todos os direitos desta obra. Proibida toda e qualquer reprodução desta edição por qualquer meio ou forma, seja ela eletrônica ou mecânica, fotocópia, gravação ou qualquer outro meio de reprodução, sem permissão expressa do editor.

CIP-Brasil. Catalogação na Publicação
Sindicato Nacional dos Editores de Livros, RJ

D469

Depois da tempestade : como salvar a democracia na Europa / organização Luuk van Middelaar , Philippe van Parijs ; tradução Pedro Sette-Câmara. - 1. ed. - São Paulo : É Realizações, 2018.
280 p. ; 23 cm.   (Abertura cultural)

Tradução de: After the storm
ISBN 978-85-8033-337-4

1. Ciência política. I. Middelaar, Luuk van. II. Parijs, Philippe van. III. Sette-Câmara, Pedro. IV. Série.

18-49535

CDD: 320
CDU: 32

Leandra Felix da Cruz - Bibliotecária - CRB-7/6135
07/05/2018 10/05/2018

É Realizações Editora, Livraria e Distribuidora Ltda.
Rua França Pinto, 498 · São Paulo SP · 04016-002
Caixa Postal: 45321 · 04010-970 · Telefax: (5511) 5572 5363
atendimento@erealizacoes.com.br · www.erealizacoes.com.br

Este livro foi impresso pela Mundial Gráfica em agosto de 2018. Os tipos são da família Sabon Light Std e Frutiger Light. O papel do miolo é o Lux Cream 70 g, e o da capa cartão Ningbo C2 250 g.

DEPOIS DA TEMPESTADE

Como Salvar a Democracia na Europa

Luuk van Middelaar
Philippe Van Parijs (orgs.)

HERMAN VAN ROMPUY
COM
Amartya Sen, Dani Rodrik
David Miller, Dieter Grimm
Frank Vandenbroucke, Fritz W. Scharpf
Ivan Krastev, Jürgen Habermas
Koen Lenaerts, Larry Siedentop
Maurizio Ferrera, Paul Scheffer
Pierre Rosanvallon, Rémi Brague
Turkuler Isiksel

TRADUÇÃO DE **PEDRO SETTE-CÂMARA**

Sumário

Prólogo
Luuk van Middelaar e *Philippe Van Parijs*: Depois da Tempestade? 9

Introdução
Herman Van Rompuy: Reflexões Depois de Cinco Anos de Mandato ... 13

PARTE I – ORIGENS E DESAFIOS

Capítulo 1 | Turkuler Isiksel: O Sonho da Paz Comercial 29

Capítulo 2 | Rémi Brague: Cinco Desafios para as Democracias
Europeias 43

Capítulo 3 | Dani Rodrik: O Futuro da Democracia Europeia 57

Capítulo 4 | Larry Siedentop: Algumas Consequências Impremeditadas
da Integração 71

Capítulo 5 | Amartya Sen: As Demandas da Democracia na Europa 83

PARTE II – JUSTIÇA E LEGITIMIDADE

Capítulo 6 | Jürgen Habermas: Democracia, Solidariedade e a Crise
Europeia 99

Capítulo 7 | Dieter Grimm: O Poder de Autocontenção na União Europeia 113

Capítulo 8 | Koen Lenaerts: "Demoicracia", Pluralismo Constitucional e o Tribunal de Justiça da União Europeia 127

Capítulo 9 | Fritz W. Scharpf: Depois do *Crash*: Uma Democracia Europeia Multinível 143

Capítulo 10 | Ivan Krastev: Democracia de Rejeição 155

PARTE III – SOLIDARIEDADE E PROTEÇÃO

Capítulo 11 | Paul Scheffer: A Vitalidade Oculta da Europa 173

Capítulo 12 | David Miller: Um Apelo por Pluralismo 187

Capítulo 13 | Frank Vandenbroucke: A Ideia de uma União Social Europeia 199

Capítulo 14 | Maurizio Ferrera: Governar a União Europeia Depois de Sua "Mudança de Fase" 215

Capítulo 15 | Pierre Rosanvallon: A Natureza, o Modelo Político e as Perspectivas Futuras da Europa..229

EPÍLOGOS

Luuk van Middelaar: A Europa e o Retorno da Política.......................241

Philippe Van Parijs: Justificando a Europa...259

Sobre os Organizadores...277

Mas não teremos de aceitar a batalha?, observou o príncipe Andrew. "Se todos quiserem, não pode ser ajudado, mas acredite, meu querido menino, não há nada mais forte que estes dois: paciência e tempo, eles farão tudo."

Tolstói, *Guerra e Paz*

Prólogo

DEPOIS DA TEMPESTADE?

"Toute société qui n'est pas éclairée par des philosophes", escreveu o marquês de Condorcet, *"est trompée par des charlatans"*.[1] Talvez o presidente do Conselho da Europa tivesse uma afirmação ousada como essa em mente quando nos disse que gostaria de conhecer pensadores europeus. Pensadores. Não *think tanks*. Não especialistas. Não estudiosos cujo objeto de pesquisa fosse a União Europeia. Não políticos, não lobistas, por mais perspicazes e bem informados que fossem, porque esses ele encontrava em inúmeras oportunidades.

Isso foi em meados de 2012, em meados também do mandato de cinco anos de Herman Van Rompuy como presidente do Conselho da Europa, quando ele quis conhecer intelectuais que o ajudassem a pensar além da tempestade que acabou envolvendo sua presidência e assim melhor refletir sobre o destino da Europa. Ele então nos pediu que selecionássemos alguns pensadores, diversos o bastante, que tivessem alguma chance de lhe dizer algo que ele ainda não escutara, capazes de fazê-lo enxergar algo que ele não enxergara. Foi o que fizemos.

---

[1] "Toda sociedade que não é esclarecida por filósofos é enganada por charlatães." Jean-Antoine-Nicholas Caritat, marquês de Condorcet, *Prospectus* [1793]. Citado por Elisabeth Badinter e Robert Badinter, *Condorcet. Un Intellectuel en Politique*. Paris, Fayard, 1988, p. 9.

Nem todos os intelectuais que convidamos eram filósofos profissionais, mas eram o tipo que Condorcet deveria ter em mente. Pessoas que podem sentir que têm o direito, aliás o dever, de olhar à frente e pensar além de sua disciplina, e desse modo iluminar a situação atual e as perspectivas futuras de nossa União Europeia.

O resultado foi uma sequência de encontros sinceros, animados e instrutivos em Bruxelas. Os pensadores convidados expressaram seus receios e esperanças e algumas convicções que os que estão no poder preferem não ouvir. O presidente, por sua vez, economista e filósofo de formação, fez-lhes perguntas e os questionou à luz de suas próprias convicções profundas e de sua experiência cotidiana.

Cerca de metade das contribuições do presente volume é composta por ensaios curtos, nos quais os participantes dos encontros expressam de maneira um tanto mais sistemática as percepções que tentaram transmitir em Bruxelas. Por diversas razões, nem todos puderam contribuir com um ensaio. Pedimos então a contribuição de vários outros pensadores, alguns dos quais Herman Van Rompuy conhecera em outros contextos.

Este conjunto de contribuições, bastante diverso em tom e substância, às vezes melancólico, muitas vezes preocupado, sempre franco, é precedido por um ensaio mais longo que resume aquilo que o próprio Herman Van Rompuy aprendeu com os encontros, e sobretudo com sua experiência de presidente do Conselho da Europa. Ele é seguido por dois textos de conclusão em que cada um de nós expressa sua visão do futuro da democracia na União Europeia.

O título deste volume pretende sugerir que ele constitui uma espécie de sequência a *Europe in the Storm* [A Europa na Tempestade], o livro publicado por Herman Van Rompuy em seu último ano como presidente do Conselho da Europa. Provavelmente poderíamos ter escolhido algo menos audacioso do que *Depois da Tempestade*. Porém, seja seu sentido metafórico ou literal, o uso dessa expressão não impede ninguém de acreditar – como aliás acreditamos – que muitas outras tempestades virão. Se é melhor enxergar o período atual como um intervalo entre duas tempestades europeias ou uma calmaria dentro de uma tempestade particularmente longa, só o futuro dirá.

Esse futuro, porém, está em nossas mãos. Os autores que contribuíram para o livro discordam em muitos assuntos, mas ao menos compartilham esta convicção: a ação política é relevante. Se as tempestades podem ser impedidas ou domadas, isso depende dos líderes que escolhemos e, em última instância, de todos nós como cidadãos europeus. Mas a medida de nosso sucesso depende também de nossa capacidade de identificar a natureza dos desafios que enfrentamos, e de descobrir as melhores maneiras de abordá-los. Contribuir para essa tarefa é a nada modesta ambição deste pequeno volume.

Luuk van Middelaar
Philippe van Parijs
Setembro de 2015.

Introdução

HERMAN VAN ROMPUY

- Nascido em 1947 em Etterbeek (Bruxelas), Bélgica.
- Graduação em Economia e em Filosofia na Universidade de Leuven (1965-1971).
- Membro do Parlamento Nacional da Bélgica (1998-2009), presidente dos Democratas Cristãos Flamengos (1988-1993), vice-primeiro-ministro (1993-1999) e presidente da Câmara Federal (2007-2008), primeiro-ministro (2008-2009).
- Primeiro presidente permanente do Conselho da Europa.
- Presidente do European Policy Centre.
- Laureado com o Prêmio Charlemagne em 2014.
- Entre seus livros estão *De Kentering der Tijden* (Tielt, 1979); *Op zoek Naar Wijsheid* (Leuven, 2007); *Haiku* (Gent, 2010); *Europe in the Storm: Promise and Prejudice* (Leuven, 2014).

* * *

Em dezembro de 2008, Herman Van Rompuy inesperadamente tornou-se primeiro-ministro da Bélgica como resultado de um episódio da crise financeira que levou à súbita renúncia de Yves Leterme, seu companheiro no Partido dos Democratas Cristãos. Um ano depois, enquanto ele contemplava encerrar nessa posição uma distinta carreira na política belga, Van Rompuy foi catapultado ao alto escalão europeu num novíssimo trabalho que logo se revelaria de importância vital. Os demais 26 chefes de Estado ou de governo da União Europeia elegeram-no seu primeiro presidente permanente, num momento em que ninguém sabia que a União Europeia estava prestes a entrar num dos mais turbulentos períodos de sua história. Durante seus dois mandatos como presidente do Conselho da Europa, Van Rompuy viu a maior parte de sua energia absorvida pela crise do euro. Segundo muitos, ele conseguiu guiar os líderes da União por essa tempestade ouvindo com cuidado, criando confiança e arquitetando saídas intermediárias em reuniões todas as noites. Seu relatório de 2012 sobre "uma genuína União Econômica e Monetária" lançou as bases sobre as quais os líderes atuais da UE pretendem fortalecer a moeda comum.

A formação acadêmica de Herman Van Rompuy é em economia. Seu primeiro trabalho foi no Banco Central belga. Isso foi muito conveniente para diversas questões que ele teve de tratar na política. Porém, ele sempre disse que foi sua formação em filosofia que se mostrou mais importante: manter o senso das proporções e olhar além da tempestade midiática do momento para estabelecer um sentido de direção geral. Por não ser homem que aprecia os holofotes (e ter sido criticado por isso), ele arrumou tempo não apenas para publicar alguns livros de haicais, mas também para falar ao grande público europeu sobre os princípios fundamentais que nos unem, principalmente na cerimônia de aceitação do Prêmio Nobel da Paz da União Europeia – e para interagir em profundidade com diversos pensadores europeus.

Neste ensaio introdutório, que se baseia nessas conversas, Van Rompuy reflete sobre alguns dos temas que mais o preocuparam no tempo em que passou no cargo: o desafio do populismo, a necessidade de liderança, a falsa antinomia entre a política "europeia" e a "nacional", e o futuro da democracia na Europa.

***

Reflexões Depois de Cinco Anos de Mandato

Todos os autores que contribuíram para este livro são autoridades reconhecidas em sua respectiva área de atuação e preocupadas com o futuro da União Europeia. Como sempre, as opiniões divergem de maneira acentuada. O debate contínuo sobre o assunto e, em última instância, a própria história indicarão as linhas ao longo das quais o desconhecido se revelará no futuro. A intenção aqui não foi alcançar um consenso, mas levar adiante nosso pensamento e nossa ação.

Certos temas são recorrentes: democracia, união política, união social, opinião pública, populismo. Aqui antecipo alguns deles, inspirado por minha experiência e pela contemplação do projeto europeu. Troquei ideias com praticamente todos os autores deste livro, e sem exceção nossas conversas foram valiosas e fascinantes. Muitas vezes a dificuldade era entender a perspectiva do outro. Nesse sentido, o político e o intelectual têm responsabilidades e papéis diversos.

É demasiado fácil para nós imaginar que a "Europa" outrora despertava entusiasmo e hoje evoca apenas indiferença, que é vista de modo crítico, ou até com hostilidade. Todavia, em 1976, o primeiro-ministro belga Leo Tindemans, incumbido de escrever em nome de seus oito colegas líderes de governos europeus no conhecido relatório "European Union", lamentou que a ideia de paz fosse o motivo central da unificação europeia. Mais de quarenta anos se passaram desde então. No começo a União era um movimento de cima para baixo, exatamente como os estados-nações que a precederam. Esses estados-nações surgiram em grande parte como estruturas impostas por governantes. A União ao menos se originou e cresceu graças ao assentimento democrático de representantes eleitos.

Em discussões de questões europeias, muitas vezes ouvimos o termo "déficit democrático". Ele está no primeiro plano de várias contribuições deste livro. Aqui, eu gostaria de propor uma tese deveras provocadora: acredito que a União sofre de excesso de democracia. Afinal, ela tem dupla legitimidade, primeiro por meio das eleições nos Estados-membros, e segundo pelo Parlamento Europeu, cujos integrantes são eleitos diretamente. Ambas as instâncias podem entrar em desacordo, ou as democracias nacionais podem entrar em desacordo, como ocorre até dentro de estados federais – um belga entenderá isso melhor do que um cidadão de país com governo central.

Uma das ideias que não entraram na Constituição Europeia de 2003 foi o estabelecimento de uma assembleia anual que, de um lado, consistisse no Parlamento Europeu, e de outro nos parlamentos nacionais dos Estados-membros. Essa assembleia reforçaria ainda mais a dupla legitimidade das decisões mais importantes, e o faria com grande visibilidade. Essa proposta não deu em nada, o que é uma pena.

A União Europeia e a zona do euro em particular são organizações muito específicas. Elas existem graças à benevolência dos Estados-membros, que lhes cederam elementos de sua soberania. Por conseguinte, as democracias nacionais perderam parte do poder. Recentemente, os gregos acharam que ainda tinham seu destino completamente nas mãos ao eleger um novo governo, até que entenderam que entrar numa união monetária com dezoito outras democracias impõe limites à sua própria soberania. Os gregos levaram seis meses para perceber isso, seis dolorosos meses que foram prejudiciais à União. Os próprios gregos consideram esse período inteiro uma derrota. Alguns tinham a esperança de que a Grécia fosse sair da zona do euro sabendo perfeitamente que, se o país fizesse isso, mergulharia no abismo. O resultado do episódio todo é que sair da união monetária subitamente tornou-se uma opção real. Isso em si significa que a zona do euro não está se expandindo inexoravelmente, mas que pode até encolher e, por extensão, a União Europeia. Essa percepção deixou um travo.

Muitas vezes fazemos o tipo errado de debate. Já se disse que, no caso da Grécia, não havia respeito pela democracia. Porém, numa união monetária, todas as democracias precisam ser respeitadas, incluindo as credoras. As democracias podem colidir. No caso da Grécia, era uma contra dezoito.

Ainda com respeito à Grécia, houve muitas críticas ao comportamento das instituições que ficaram conhecidas como a *troika*, isto é, o Banco Central Europeu, a Comissão Europeia e o Fundo Monetário Internacional: elas agem exclusivamente segundo o mandato outorgado pelo Eurogrupo, cujos membros são os dezenove ministros da Fazenda dos países da zona do euro. As instituições não podem agir por si, nem tomar medidas unilaterais. Na melhor das hipóteses, é possível dizer que a atuação da *troika* teve lugar um tanto indevido sob os holofotes da mídia, pois, como corpo técnico, não tinha responsabilidade pública formal; por exemplo, não precisava responder ao Parlamento Europeu.

POLÍTICA NACIONAL *VERSUS* POLÍTICA EUROPEIA

Às vezes se diz que, enquanto os líderes políticos forem escolhidos nacionalmente, eles não terão um reflexo europeu. Porém, nos Estados Unidos, o Congresso é eleito nos estados, então claramente não é esse o cerne do problema. Enquanto o orçamento europeu for apenas 1% do PIB europeu, e os setores públicos nacionais até 50% de seu respectivo PIB, os líderes políticos saberão onde está a base de seu poder. Mas um primeiro-ministro ou um presidente do Conselho da Europa pode muito bem ter em mente os interesses do continente. Ele ou ela tenderá a aguardar que os interesses nacionais e europeus coincidam. Numa união monetária, esse momento não tarda a chegar, especialmente em situações de crise. Estamos todos no mesmo barco.

Aliás, é um equívoco dizer que somente o Parlamento Europeu está qualificado para participar da política europeia. Sobre isso, eu gostaria de falar da "interiorização" da política europeia. Ela está virando política doméstica. Políticos nacionais precisam responder por sua política europeia, seja na Bélgica, seja na França, no Reino Unido ou na Grécia. Em todos os países os problemas europeus fazem parte da vida cotidiana das pessoas.

A União Europeia nunca será governada de maneira abstrata por pessoas que derivam sua legitimidade apenas de eleições europeias. Isso seria contrário à nossa história. Não somos um povo único, mas uma união de muitos povos e de muitos Estados. Isso sempre será uma dificuldade. Rejeito a ideia de que os eleitos nacionalmente não podem pensar como europeus. O fato de ter sido eleito por uma única nação não impede que se tente operar nos interesses da Europa. Às vezes há a necessidade de esperar que todos estejam convencidos de que os interesses nacionais e os europeus são os mesmos. Isso leva tempo. Novamente, a Europa nunca será gerida por pessoas que não estejam firmemente ancoradas em seu respectivo estado-nação. A União Europeia será sempre uma estrutura muito peculiar.

Dizem que perdemos a batalha pelos corações e mentes. Mas o mundo de hoje é fundamentalmente distinto do mundo dos fundadores da Europa na década de 1950, e até do mundo de Jacques Delors, na década de 1980. Com o euro, a Europa entrou na vida cotidiana das pessoas por meio de sua moeda. A União já não é um problema que não lhes diz respeito. Dormimos com ela e acordamos com ela – às vezes, infelizmente, depois de pesadelos. Com a chegada do euro, ficou claro que é necessário mais responsabilidade e solidariedade. A união monetária exige sacrifícios. A Europa costumava ser um jogo que todos ganhavam. O mercado comum, seu primeiro grande projeto, era e é algo bem diferente da moeda única com que hoje lidamos. Não se deve julgar vinho novo pelas ânforas do passado.

Será a Europa realmente incapaz de solidariedade? Ela conseguiu introduzir o Mecanismo de Estabilidade Europeu, disponibilizando 500 bilhões de euros como empréstimo em termos favoráveis. O dinheiro vem dos Estados-membros. Há um risco considerável de que aqueles que contribuem com o dinheiro não o verão de volta, especialmente se for usado para empréstimos para a Grécia. Então, na verdade, há mais solidariedade real agora do que no passado. Solidariedade é fácil quando não se precisa dela, quando nenhum sacrifício é necessário.

Alguns dirão que uma decisão não é democrática se não puderem concordar com a política por trás dela. Talvez a política seja liberal demais, ou intervencionista demais. Nesses casos, fala-se em ditados, ou em paternalismo, e o mais frequente é que a ideologia se esconda atrás do argumento democrata.

NOVAS INSTITUIÇÕES, NOVA NARRATIVA, OU RESULTADOS E JUSTIÇA?

Quando as pessoas já não conseguem enxergar uma solução, logo se fala, na União, de novas instituições e de novos papéis. Qualquer presidente eleito pelo voto direto, dizem, colocaria os interesses da Europa em primeiro lugar, e envolveria as pessoas na história da Europa. Era exatamente isso o que se esperava do Parlamento Europeu, eleito pelo voto direto. Porém, até um presidente eleito precisaria trabalhar com representantes dos Estados-membros, como em qualquer Estado federal. Enquanto a União tivesse importância orçamentária pequena como a que tem hoje, esse presidente correria o risco de elevar expectativas que não teria meios de atender. Haveria até o risco de ele ou ela causar reação adversa, contrária à União.

Ouço muito falar sobre uma nova narrativa. No entanto, essa seria uma grande empreitada num mundo pós-moderno que deixou para trás as grandes histórias. Tenho mais fé numa "União de valores" durável, valores públicos que nos unam, como unem os Estados Unidos, que muitas vezes faltam ao resto do mundo. Numa sociedade que ficou altamente individualizada, os valores públicos podem ser um meio de aglutinar as pessoas, especialmente diante das ameaças do terrorismo, do radicalismo de alguns grupos islâmicos, de autocratas em nossas fronteiras, e daí por diante. Ouço alguns líderes falar em valores eurasianos, asiáticos ou africanos – muitas vezes como justificativa mal disfarçada para a democracia. No momento em que Índia, Brasil, Indonésia, Japão, África do Sul e Nigéria se tornarem democracias plenas, voltaremos a falar do assunto.

Enquanto isso, precisamos provar que a Europa contribui para a paz, democracia, prosperidade, perspectivas de emprego, justiça. Os resultados serão cruciais para que convençamos os europeus. Os resultados serão decisivos.

A justiça será um tema central. Vivemos numa União com grande desigualdade entre Estados-membros, maior do que nos Estados Unidos. Economias de mercado, na verdade, tendem a enriquecer e a empobrecer cumulativamente. Os governos precisam, portanto, promover ações corretivas, incluindo governos europeus. É isso que está na origem dos Fundos Estruturais Europeus, que para alguns países poderiam equivaler a até 4% do PIB anual. Ainda não temos uma economia de mercado socialmente corrigida em nível europeu, porém. Diante das forças do mercado, precisamos criar uma força europeia compensadora, como fizemos quando os Estados de bem-estar nacional foram criados depois da guerra.

E justiça anda de mãos dadas com proteção. Cabe ao governo proteger seus cidadãos contra desordem, guerra, adversidade e grandes reveses. Em nível nacional, alguns falam em superproteção, que solapa a responsabilidade pessoal e leva ao desperdício, ao abuso, à mentalidade aproveitadora. Porém, em nível europeu, seria mais apropriado falar em subproteção. Estou pensando no *dumping* social, na evasão fiscal e na fraude fiscal internacional, na imigração ilegal, na especulação financeira, no desemprego, etc. Esses problemas estão sendo enfrentados, em certos casos com grande alcance, como o estabelecimento da união bancária ou da transferência automática de dados de renda na Europa e mesmo alhures como meio de combater a fraude fiscal.

Contudo, há um sentimento dominante de que a Europa é mais um espaço do que um lugar, mais um espaço para mover-se livremente do que para se sentir seguro, mais para gente de negócios, estudantes e viajantes do que para o cidadão comum, que tem menos mobilidade e cujo mundo é limitado, apesar de tudo. O humano moderno precisa de um lar, de um lugar, porque em nossa visão de mundo a incerteza e o medo ocupam posição central, mesmo com toda a conversa sobre prazer e sobre como tudo é divertido. O estado-nação já não é um lar, e a Europa menos ainda. Na medida em que a União penetra a vida cotidiana, ela o faz em sentido negativo (o euro). Porém, precisamos provar aos cidadãos europeus que a UE está aqui para protegê-los. Boa parte da legislação que protege o consumidor é na verdade europeia, mas é rejeitada como paternalista. Eis o paradoxo.

LIDERANÇA E POPULISMO

A União precisa de defensores. Ouvimos falar muito sobre déficit democrático, mas não existe também déficit de liderança? Onde estão os homens e as mulheres de coragem que falam pela Europa? Vejo pouca convicção, às vezes covardia.

Liderança é outro nome da coragem política, a coragem de expandir fronteiras, de evitar simplesmente seguir a opinião dominante na população, adotar o curso que você enxerga como o único para salvaguardar o futuro.

Conheci primeiros-ministros da União que tomaram medidas que eles sabiam que prejudicariam seu futuro político e fariam seu partido sofrer pesadas perdas eleitorais. Conheci alguns, entretanto, que se associaram a outros para aprovar certas medidas no Conselho da Europa, em Bruxelas, e as abandonaram no exato instante em que voltaram para sua capital. Faltou-lhes coragem para defender essas medidas dentro de suas próprias fronteiras nacionais. Isso foi altamente nocivo à credibilidade política da Europa.

> A liderança é essencial, em especial quando levamos em conta que será necessária maior integração europeia, particularmente na zona do euro. Para preservarmos aquilo que temos, precisamos aprofundar a integração europeia. A União terá de provar que consegue dar passos qualitativos para a frente mesmo que não haja crise imediata, mesmo gradualmente. Direção é mais importante que velocidade. Não há nada de errado em dar pequenos passos, desde que sejam na direção certa. As pessoas não devem agir quando estão com a faca dos mercados financeiros no pescoço. Maiores transferências de soberania serão necessárias, assim como mais solidariedade, dois dos assuntos mais difíceis da União. Reparei que imediatamente depois de o euro ter sido salvo no outono de 2012 que a avidez por reformas em nível coletivo da zona do euro diminuiu.

Os federalistas europeus detestam isso. Inadvertidamente, porém, eles às vezes fazem isso de uma forma que se aproxima perigosamente da antipolítica. Já presenciei em muitos debates o prazer com que o público ouvia acusações de que líderes políticos não estavam suficientemente bem-dispostos em relação à Europa, sabendo que esse mesmo público seria não menos suscetível a um discurso político. Aqueles que querem "mais Europa" precisam tomar cuidado para não se ver no mesmo território que aqueles que desejam menos. O populismo é mais antigo do que a crise na zona do euro. Na minha Flandres natal, um partido extremista e xenófobo obteve 24% dos votos em 2004. O mesmo aconteceu na Áustria, França, Países Baixos e Dinamarca. O núcleo duro do populismo era e é a migração. Desde 2010, a crise econômica juntou-se a ele em diversos países. No Reino Unido ainda é acima de tudo a migração, mas ali se entende que a migração inclui a liberdade de movimento para os cidadãos e trabalhadores da UE, quando, estritamente falando, não inclui.

O populismo tira sustento também da oposição às elites. Ele é uma consequência da crise de autoridade desde maio de 1968 e da profunda individualização das pessoas e da sociedade. Ele é também alimentado do fato de as pessoas no governo já não serem capazes de cumprir adequadamente suas promessas, porque se tornaram dependentes de fatores externos de uma economia global, ou das vicissitudes dos mercados financeiros. As pessoas agem como se tivessem nas mãos todas as alavancas do poder, quando na verdade perderam boa parte da soberania. Isso leva ao que foi chamado de "prometer de mais e entregar de menos". Esse sentido de impotência aumentou marcadamente desde a crise financeira, que pegou a todos de surpresa, incluindo o presidente do Banco Central americano. O teto acima da nossa cabeça cedeu. A sensação de não mais viver numa democracia de verdade aumentou diante dessas forças sem nome. Não é difícil imaginar a maciça perda de confiança quando, em apenas poucos anos, as pessoas viram solapada sua fé nos pilares do sistema: os bancos e a moeda. Além de todas as incertezas que já existiam, esse foi um duro golpe, e afetou a fé em nossas instituições democráticas.

Numa sociedade extremamente individualizada, a lealdade partidária declina e as ideologias tornam-se menos relevantes. O resultado é uma paisagem política estilhaçada e variegada. Para manter sua posição dentro dela, os partidos políticos precisam definir-se com mais agudeza; eles são forçados a polarizar-se e a polemizar, o que incentiva ainda mais a cultura de promessas impossíveis e leva os eleitores à desilusão. Esses eleitores procurarão a satisfação alhures, e não mais com os que eles acham que os enganaram. Aventureiros e sedutores ganham credibilidade imerecida. Às vezes até o separatismo pode ser um veículo. Ele tira força do nacionalismo secular e da sensação, que surge em tempos de crise, de que solidariedade tem limite. A mensagem subjacente é que outras pessoas só querem lucros e nós somos os ingênuos que dão duro. Os separatistas dizem ser europeus, mas são mais anti-Londres e anti-Madri do que verdadeiramente pró-Bruxelas. Na verdade, é mais uma razão negativa que os leva a optar pela Europa. Pelo menos é o que me parece, olhando do contexto belga.

Sentimentos antieuropeus são evidentes nesta crise da política clássica, que é parte de um quadro mais amplo. A crença de que se trata de um problema puramente da União Europeia e de que uma abordagem específica da Europa resolverá a crise é ilusão, decorrente de análise incorreta.

NOVOS DESAFIOS

Pelas décadas vindouras, a questão da migração será crucial. Segundo a Comissão Europeia, até 2060 veremos cerca de 50 milhões de pessoas de países de fora da UE chegar até nós. A verdade é que isso é o suficiente só para evitar o colapso demográfico, mas essa percepção racional não compensa a sensação de que nosso país e a Europa não são mais um lar, um lugar. Nenhum desses cálculos leva em conta as guerras hoje disputadas, do Afeganistão à Nigéria, da Ásia Central ao Oceano Atlântico; nem a explosão populacional da África, onde o número de pessoas vai aumentar em 1 bilhão entre hoje e 2060, e em 3 bilhões até o fim deste século. Na África de hoje o PIB cresce a 2% ao ano, mas a diferença entre a África e a Europa permanecerá grande. Como podemos dar a essa questão um lugar numa nova narrativa, e em que medida ela vai colocar em xeque nossos valores? Este pode ser um dos elementos mais divisivos na União nos próximos anos. Estranhamente, não se pensa muito nele. *Slogans* não substituem ideias. Os valores não devem revelar-se abstrações ou conchas vazias.

Nos últimos anos, a Europa foi acusada de preocupar-se demais consigo mesma, mas ainda assim ela se expandiu, aceitando doze novos membros, e entrando em acordos de associação com três vizinhos muito próximos apesar da pressão da Rússia.

Os outros grandes atores de escala global ficaram igualmente entretidos consigo mesmos. Os Estados Unidos tiraram as conclusões inevitáveis do desastre que a guerra do Iraque representou para a região inteira. Liderar de trás, como disseram. As grandes potências exibiram impotência mais do que qualquer coisa diante de todos os grandes conflitos da nossa época, especialmente aqueles no Oriente Médio, no norte da África, e mais fundo naquele continente. A principal prioridade da China é a China, ainda que essa atitude hoje seja sentida como ameaça por outros na região. A Rússia concentrou-se nostalgicamente na Crimeia e em parte da Ucrânia, ainda que agora esteja claro que sua economia não é moderna. O império soviético acabou de vez. Ele se tornou a Rússia. Os modelos econômicos adotados por Índia, Brasil e África do Sul precisam urgentemente de reforma. Os países do Bric querem acima de tudo reagir contra o Ocidente, em particular contra os Estados Unidos, mas não têm estratégia conjunta em nível global porque cada um tem suas próprias preocupações.

Não estamos vivendo num mundo multipolar ou bipolar. O planeta é não polar. Isso não importaria se as grandes "potências" trabalhassem juntas. Às vezes elas trabalham, como nas conversações nucleares com o Irã, ou no começo da crise bancária. Esperemos que isso se repita em relação ao clima. Porém, no principal conflito em torno do Mediterrâneo, nem houve nem há cooperação. Pelo contrário.

Os que censuram a Europa por nem sempre falar com uma só voz às vezes têm razão. Na questão da Ucrânia, houve uma abordagem concertada, com sanções como prova tangível. Precisei de muito esforço na época, mas consegui. Porém, como disse, os outros atores globais não desempenham mais o papel que eles ou seus antecessores desempenharam.

Não há equilíbrio global desde a queda do Muro de Berlim. Se a União Europeia quer ser um ator no cenário mundial, terá de depender primariamente da força de sua economia, mesmo que agora ela não esteja conseguindo, como dizem alguns, traduzir sua força econômica em força política. No que diz respeito à economia, a grande prioridade para a Europa é dobrar seu crescimento, que atualmente mal chega a 1%. Se não dobrar, então perderemos esse instrumento econômico na política mundial. Além disso, não conseguiremos financiar de modo sustentável nosso celebrado modelo social europeu.

A União será sempre uma potência civil porque seus Estados-membros não querem gastar o suficiente com defesa, e ela não tem força militar própria. Os desastres militares dos Estados Unidos nas décadas recentes deixaram poucas pessoas convencidas de que as forças militares, por si, possam resolver problemas.

A Europa ainda tem muito *soft power*, muito mais do que seu passado colonialista, imperialista e escravagista sugeriria. A UE virou com sucesso essas páginas de sua história, e o resto do mundo reconhece isso. Na Ásia e na Rússia, as pessoas ainda combatem os fantasmas do passado. O comportamento da UE em relação à cooperação para o desenvolvimento, à ajuda humanitária e ao financiamento para o clima em países pobres ajudou a concretizar essa imagem. *Notre Europe* permanece uma grande missão para as gerações vindouras. O futuro está nela e em nenhum outro lugar. Vamos vivenciar novas revoluções espetaculares como a que minha geração testemunhou em 1989, mas teremos de fazer nossa história nós mesmos, com nossas próprias mãos, sem depender de serendipidade. É disso que trata este livro.

Herman Van Rompuy

PARTE I

ORIGENS E DESAFIOS

Capítulo 1 | Turkuler Isiksel

- Professora-assistente do Departamento de Ciência Política da Universidade Colúmbia em Nova York.
- PhD em Ciência Política, Universidade Yale (2010); mestrado na Universidade Yale, mestrado na Universidade de Edimburgo.
- Principais interesses: cidadania, constitucionalismo e instituições políticas além do estado-nação.
- Principais publicações: "Fundamental Rights in the EU after *Kadi and Al Barakaat*", *European Law Journal*, vol. 16 (2010); "Global Legal Pluralism as Fact and Norm", *Global Constitutionalism*, vol. 2 (2013); *Europe's Functional Constitution: A Theory of Constitutionalism Beyond the State* (Oxford University Press, 2016).
- *Fellowships* na Universidade Princeton (2014-15) e no European University Institute (2010-11).

* * *

Jovem pensadora política e jurídica de origem turca em Nova York, Turkuler Isiksel oferece o equilíbrio certo de distância e proximidade para propor à Europa perguntas graves e apaixonantes. Sua contribuição é um caloroso pedido de que a União Europeia vá além do mero linguajar de comércio, prosperidade e lucros e articule seus altos valores políticos: liberdade, democracia, justiça e igualdade. Para ela, essa é a única maneira de superar a crise moral da política europeia contemporânea e recuperar a confiança das pessoas nessa política.

Neste momento, a União Europeia expressa suas ambições em termos matemáticos e comerciais, resumidos em cifras de PIB – isso nem empolga nem encanta. Esquecemos que, no espírito dos fundadores da União Europeia, a economia era apenas um meio para um fim. Homens como Jean Monnet e Robert Schuman escolheram construir um mercado passo a passo com o objetivo de construir a paz. Como mostra Isiksel, o pragmatismo deles era, talvez involuntariamente, baseado na convicção setecentista de que a paz viria por meio do comércio (argumento proposto também por Pierre Rosanvallon neste volume). As nações que comerciam umas com as outras não têm motivo para fazer guerra, como acreditavam Montesquieu, Hume e outros autores iluministas. Apesar de ser hoje altamente improvável a ocorrência de uma guerra dentro da Europa, na crise financeira as tensões entre países credores e devedores atingiram alturas sem precedentes, e o nacionalismo voltou. O sonho da paz comercial desgastou-se.

Isiksel conclui seu ensaio com uma voz que talvez ouçamos com maior frequência no futuro: "É hora de pôr de lado a narrativa providencial de paz comercial, e de humildemente reconhecer não apenas a fragilidade e a contingência do projeto europeu, mas também a absoluta necessidade de um compromisso cívico robusto para guiá-lo para o novo século".

***

O SONHO DA PAZ COMERCIAL[1]

Em momentos de luz e de trevas, a integração europeia foi de várias maneiras celebrada ou lamentada como o fruto tardio do pensamento político iluminista. Em contraste com o estado-nação, atrás de cuja digna fachada de soberania espreitam paixões atávicas, a União Europeia supostamente defenderia o universalismo moral contra o nacionalismo, a liberdade individual contra a tirania, a cooperação contra o conflito, e a confiança mútua contra a *raison d'état*.

Se de fato adota esses nobres objetivos, a União Europeia busca realizá-los de modo peculiar. Ao contrário da Torre de Babel, erguida até o firmamento pela engenhosidade coletiva de diversos povos, a integração europeia é um edifício horizontal que une nações destruindo postos fronteiriços, derrubando barreiras à mobilidade econômica, facilitando idiossincrasias regulatórias nacionais e harmonizando políticas de mercado nos Estados-membros. Não apenas a vasta maioria da produção legislativa da UE diz respeito à esfera econômica, mas, estando mais fortemente associada na imaginação pública com uma moeda comum, o livre-comércio, o investimento e a competição de mercado, sua contribuição ao discurso cívico é um vocabulário monótono de valor material. A promessa de afluência sempre crescente que guiou o processo de integração dificilmente é matéria de idealismo inspirado.

Certamente, o sonho da unidade europeia não surgiu como empreendimento comercial. O fato de que ele terminou assim é o resultado de uma arguta escolha estratégica de um grupo de europeístas dedicados, liderados pelos estadistas franceses Jean Monnet e Robert Schuman. Escaldado pelo fracasso dos grandes projetos

---

[1] Partes deste ensaio baseiam-se em Turkuler Isiksel, *Europe's Functional Constitution: A Theory of Constitutionalism Beyond the State*. Oxford University Press, 2016.

> O clichê de que a integração econômica europeia representava a concretização do iluminismo revela-se, portanto, correto, mas em sentido um tanto inesperado.

federalistas do pós-guerra imediato, Monnet, como se sabe, insistiu em seu plano B de integração gradual, evitando os terrenos minados da soberania estatal em favor de uma cooperação em assuntos menores entre os Estados-membros. Na fundação da Comunidade Europeia do Carvão e do Aço (Ceca), Monnet admitiu que "o aumento da produção de carvão e de aço não é a base de nossa civilização",[2] mas endossou-o como o modesto veículo de uma "fusão de interesses".[3] gradual. Questões politicamente difíceis ficariam de fora até o momento em que seriam resolvidas sem a menor dificuldade graças à marcha incansável da integração em outras áreas menos controversas das políticas públicas. Até a palavra "supranacionalismo", que soa como um termo clínico, era ela própria produto dessa estratégia particular:[4] ao contrário da terminologia federação, Estado e União, ela não estava imediatamente associada a nenhuma forma política existente no momento em que foi cunhada, e assim tinha menos chance de gerar um debate potencialmente perturbador a respeito da *finalité politique*.

Ao fim da década de 1950, os seus Estados-membros originais tinham ampliado os termos setoriais de sua união para uma integração plena de mercado. Esforço tecnocrático, o projeto de construir um mercado comum ofereceu uma garantia para uma ação supranacional praticamente ilimitada, assumindo mais e mais funções de governança até então deixadas aos executivos e legislativos nacionais.

---

[2] Jean Monnet, "Speech to the Common Assembly of the ECSC", *The United States of Europe Has Begun. The European Coal and Steel Community Speeches and Addresses 1952-1954*. Paris, University of Pittsburgh Archive of European Integration, 1955, microficha, p. 17. (Discurso perante a Assembleia Comum da Ceca, Estrasburgo, 12 de janeiro de 1953.)

[3] Robert Schuman, Declaração de 9 de maio de 1950.

[4] Ernst B. Haas, *The Uniting of Europe*. Notre Dame, Indiana, University of Notre Dame Press, 2004 [1958], p. 32.

Certamente, os próprios Estados-membros iniciaram ou aprovaram, tácita ou expressamente, essas transferências de soberania em cada oportunidade, mas o resultado líquido foi juntar cada vez mais áreas das políticas públicas sob o dossel da competência supranacional. Em troca, aos Estados-membros se prometia administração competente, neutra em valores, nas áreas das políticas públicas que eles não podiam governar com a mesma eficiência caso agissem sozinhos. O estadista francês Robert Marjolin, que atuou como membro da Comissão Europeia inaugural, declarou desde o começo que "a consciência de comunidade, o entusiasmo comum pela Europa", não se pareceria com as formas tradicionais de fidelidade política baseadas na identidade e no apego, mas "encontraria sua justificativa na melhoria das condições de vida de seus habitantes".[5]

O MERCADO COMUM EUROPEU: UMA IDEIA VISIONÁRIA?

Como observou Joseph Weiler, o plano de Monnet para a integração europeia almejava não tanto a extinção da soberania nacional quanto sua transformação.[6] Ensinaria os Estados-membros a redefinir sua identidade e seus interesses como integrantes de uma comunidade de valores e aspirações. Acreditando firmemente no poder transformador das instituições, que dizia serem "os verdadeiros pilares da civilização",[7] Monnet argumentava que a prática de agir em concerto limitaria, e talvez curaria, o solipsismo e os impulsos beligerantes de povos organizados em Estados. Assim como os estados-nações

---

[5] Citado em Willem Maas, *Creating European Citizens*. Lanham, Rowman & Littlefield Publishers, 2007, p. 19-20.

[6] Joseph H. H. Weiler, "The Transformation of Europe". *Yale Law Journal*, vol. 100, 1991, p. 2403-83.

[7] Jean Monnet, "Speech to the Common Assembly of the ECSC", *The United States of Europe Has Begun*, p. 16.

outrora envolveram seus povos em casulos de medo, animosidade e protecionismo, "a reunião de recursos eliminaria a suspeita e a desconfiança" entre eles, ele previu.[8] A interdependência econômica levaria os Estados historicamente propensos à guerra para um futuro mais racional, inclusivo e pacífico. Ainda que o principal atrativo da governança supranacional estivesse formulado nos termos das vantagens materiais por ela proporcionadas aos Estados-membros e seus cidadãos, a geração dos fundadores via o mercado comum como meio para um fim, e não como um fim em si mesmo.

O clichê de que a integração econômica europeia representava a concretização do iluminismo revela-se, portanto, correto, mas em sentido um tanto inesperado. Não são os conhecidos gritos de ordem daquela era revolucionária (dentre os quais liberdade, igualdade, solidariedade e soberania popular), mas a fé distintiva do século XVIII no comércio e a crença providencial em sua força civilizadora e pacificadora que guiam a União Europeia. Pensadores de Montesquieu a David Hume, Immanuel Kant e Benjamin Constant (apesar de notoriamente rejeitado por Jean-Jacques Rousseau e Alexander Hamilton) previram que a crescente mobilidade de capitais, mercadorias e moedas teria consequências políticas salutares para as questões domésticas e internacionais.[9] Resumindo sua "tese do *doux commerce* [comércio gentil]", Montesquieu notabilizou-se

---

[8] Ibidem, p. 16.

[9] A famosa frase é adaptada da observação não inequívoca de Montesquieu em *O Espírito das Leis*, Parte IV, Livro XX, de que o comércio "refina e amacia [*adoucit*] costumes bárbaros". "É quase uma regra geral", escreve Montesquieu, "que em todo lugar em que há costumes gentis há comércio, e em todo lugar em que há comércio há costumes gentis". Charles de Secondat, barão de Montesquieu, *The Spirit of the Laws*. Trad. e ed. Anne M. Cohler, Basia C. Miller e Harold S. Stone. Cambridge University Press [1748, 1758], 1989, p. 338. A expressão "tese do comércio gentil" para caracterizar essa linha argumentativa no pensamento do século XVIII (e depois) foi popularizada por Albert O. Hirschmann, *The Passions and the Interests: Political Arguments for Capitalism Before its Triumph*. Princeton University Press, 1977.

por dizer que, entre as nações, "o efeito natural do comércio é levar à paz. Duas nações que comerciam uma com a outra se tornam mutuamente dependentes; se uma tem interesse em comprar, a outra tem interesse em vender, e todas as uniões se baseiam em necessidades mútuas".[10] Examinando a história europeia a fim de confirmar a intuição de Montesquieu, o historiador escocês William Robertson concluiu em 1766: "O comércio tende a eliminar aqueles preconceitos que mantêm a distinção e a animosidade entre as nações. Ele abranda e refina os modos dos homens. Ele os une por um dos laços mais fortes, o desejo de atender suas carências mútuas".[11] Por sua vez, Adam Smith caracterizou o mecanismo da troca comercial como uma forma de "persuasão": "A oferta de um xelim, que para nós parece ter significado óbvio, é na verdade a oferta de um argumento para que o outro aja de tal ou qual maneira porque é de seu interesse".[12] Para cada um desses pensadores, o comércio representava um triunfo da razão sobre a violência, da persuasão sobre a compulsão e do universalismo urbano sobre o tribalismo beligerante. Nas palavras de Hume, "*indústria, conhecimento* e *humanidade* estão conectados por uma corrente indissolúvel, e tanto a experiência quanto a razão verificam que são essas as marcas das épocas mais refinadas e... mais faustosas".[13]

Rejeitando o protecionismo como incitação ao conflito armado, muitos pensadores setecentistas acreditavam que as trocas econômicas levariam a níveis crescentes de afluência, que por sua vez

---

[10] Ibidem, p. 16.

[11] William Robertson, "A View of the Progress of Society in Europe" [1766]. In: Henry C. Clark (ed.), *Commerce, Culture, & Liberty: Readings on Capitalism before Adam Smith*. Indianapolis, Liberty Fund, 2003, p. 506.

[12] Adam Smith, *Lectures on Jurisprudence*. Indianapolis, Liberty Classics, 2006, (A) p. 352; ver também (B), p. 493-94.

[13] David Hume, "Of Refinement in the Arts", *Essays. Moral, Political and Literary*. New York, Cosimo Classics, 2006.

disciplinariam e racionalizariam o uso do poder soberano. Os cálculos de interesse econômico teriam precedência sobre exibições de poderio militar. Os Estados buscariam vantagens incentivando a indústria, o investimento e o comércio privados, e não sugando seus cidadãos e saqueando a riqueza dos vizinhos. Kant afirmava que o comércio entre as nações fora o mecanismo inicial por meio do qual "as nações pela primeira vez entraram em *relações pacíficas* umas com as outras, e assim chegaram a um entendimento mútuo, a uma comunidade de interesses e a relações pacíficas, mesmo com as mais distantes dentre suas semelhantes".[14] Olhando à frente para uma era de crescente interdependência comercial global, ele especulava: "A guerra, enfim [...] se tornará não apenas uma empreitada altamente artificial, de resultado extremamente incerto para ambas as partes, como também um risco altamente duvidoso a assumir".[15] Indo além de muitos de seus contemporâneos, Kant arriscava dizer que o comércio não apenas impediria os conflitos violentos, como também impeliria os Estados a entrar numa união federal, não pelo senso de dever moral, mas porque só uma federação poderia garantir o comportamento ordeiro de seus vizinhos, aliados e rivais.[16] O desejo competitivo de obter vantagens econômicas, julgava Kant, levaria os Estados a aceitar a autoridade de uma ordem jurídica cosmopolita a qual, não fosse por isso, eles desafiariam.

---

[14] Immanuel Kant, "Perpetual Peace. A Philosophical Sketch", *Political Writings*. 2. ed. com introdução de Hans Reiss. Trad. H. B. Nisbet. New York, Cambridge University Press, 1997, p. 111.

[15] Immanuel Kant, "Idea for a Universal History from a Cosmopolitan Point of Vew" [1784], *Political Writings*, p. 51.

[16] Como escreve Kant, o mecanismo da sociabilidade não social que prevalece entre Estados e entre indivíduos garante que "o antagonismo de suas atitudes hostis fará com que eles se obriguem uns aos outros a submeter-se a leis coercitivas", isto é, "as inclinações egoístas [...] podem ser usadas pela razão para facilitar [...] o reino do direito estabelecido". Kant, "Perpetual Peace", p. 113.

Ao atribuir uma força causal à interdependência econômica, a descrição especulativa da história antecipa em grau notável o plano B de Monnet para a integração econômica. Reconcebido como esquema de paz comercial, a alternativa de Monnet para os planejamentos federalistas fracassados demandava apenas um mínimo de compromisso sério por parte dos Estados-membros. Na verdade, ela permitia que eles buscassem suas vantagens econômicas e zelosamente guardassem suas prerrogativas soberanas até que os imperativos do mercado os levassem sem esforço à integração política. Como observou Romano Prodi durante seu mandato como presidente da Comissão Europeia, "a genialidade dos pais fundadores consiste em traduzir ambições políticas altíssimas, presentes desde o começo, numa série de decisões específicas, quase técnicas. Essa abordagem indireta possibilitou novas ações. [...] Do confronto passamos à disposição de cooperar na esfera econômica, e depois à integração".[17]

Apesar de receber o crédito de arguto pragmatismo, a maior parte do qual ele certamente merece, o planejamento de Monnet para uma integração motivada economicamente não é menos utópica do que os projetos federalistas sonhadores do pós-guerra imediato. Ele é também muito mais otimista em sua estimativa das consequências da interdependência econômica do que os pensadores iluministas que o inspiraram. Nos dois séculos intermediários, as ondas de violência convulsiva causadas pelo colonialismo, pela exploração e pela escravidão desacreditaram de maneira conclusiva qualquer fé providencial no comércio como força social em si e por si pacífica. Mesmo sem o

---

[17] Prodi afirma depois que esse método de integração natural tinha chegado a seus limites naturais e defende uma "Europa política" ao mesmo tempo que nega qualquer "desejo de discutir a forma final que a União deva assumir". Romano Prodi, "For a Strong Europe, with a Grand Design and the Means of Action". Disponível em: <http://europa.eu/rapid/press-releace_SPEECH-01-244_en.htm>. (Discurso feito no Institut d'Études Politiques, Paris, 29 de maio de 2001.)

benefício desse retrospecto, os pensadores setecentistas ainda assim alertaram para a inclemência inerente à busca de lucros. O próprio Kant ponderava que uma ordem mundial cosmopolita surgiria só depois de "muitas devastações, levantes, e até a exaustão interior das forças [dos Estados]".[18] Outros, como Adam Smith, concordaram com Kant na rejeição da ideia de que a interação comercial é intrinsecamente pacífica, alertando contra "a vil rapacidade, o espírito monopolizador dos mercadores e manufatureiros, que nem são, nem devem ser, governantes da humanidade".[19] O mais importante, talvez, é que esses filósofos insistiram na primazia de um governo político sábio para a administração dos efeitos destrutivos do comércio e rejeitaram a ideia de que este poderia substituir aquele.

AS LIMITAÇÕES DAS RECEITAS ECONÔMICAS

Depois de quase sete décadas de integração econômica na Europa, o risco de conflito armado entre os Estados-membros praticamente desapareceu, o que leva muitos observadores a aplaudir a tese do *doux commerce*. Porém, como Kant seria o primeiro a apontar, a paz precisa ser um ideal mais exigente do que a ausência de guerra; do contrário, é apenas um cessar-fogo. Aqui, porém, vemos o sonho europeu deslindando-se. Longe de resolver com facilidade as questões políticas da integração, a interdependência econômica e a concomitante expansão do poder supranacional apresentaram-nas com renovada urgência. Nenhum episódio na memória recente ilustra melhor as limitações de abordar conflitos políticos com prescrições econômicas do que a triste indiferença ao peso social da crise do

---

[18] Kant, "Idea for a Universal History", p. 47.

[19] Em seus ânimos agostinianos, Adam Smith condenava dessa maneira a busca dos lucros como um feioso triunfo da libido dominandi. Adam Smith, *The Wealth of Nations*. New York, The Modern Library, 2000, p. 527.

euro de 2009. A amarga receita de austeridade passada pelas nações credoras gerou pobreza, privação, perda de teto e, particularmente na Grécia e na Espanha, desemprego crônico. Mais importante, é o próprio projeto de interdependência econômica, especificamente a saúde da união monetária, que é citada como o imperativo maior que justifica o sofrimento de cidadãos vulneráveis em Estados-membros atolados em dívidas. Além disso, o conflito sobre as consequências sociais e distributivas da união monetária não apenas levou a união monetária à beira da dissolução, como também trouxe à tona veios subterrâneos fervilhantes de ânimo nacionalista. A verdade é que décadas de interdependência econômica meramente esconderam a rocha matriz nacionalista.

Trabalhando sob as aparências de uma governança não ideológica e neutra em valores, a integração europeia esmagou a possibilidade de construir uma esfera cívica europeia simplesmente negando a necessidade dela. À medida que seu potencial democrático foi contido por um foco obstinado na prosperidade econômica, a União Europeia ilustra a situação maior da vida política nas democracias contemporâneas afluentes. Como observou o eminente historiador europeu Tony Judt em ensaio de 2009, muitas sociedades ocidentais exibem uma patologia do discurso público que reduz quase toda questão de política pública a uma questão de lucro. Judt denomina esse sistema de valores monomaníaco de "economismo":[20]

> Nos últimos trinta anos, em boa parte do mundo anglófono (mas menos na Europa continental e em outros lugares), ao nos perguntarmos se apoiamos uma proposta ou uma iniciativa, não perguntamos: é boa ou má? Em vez disso, perguntamos: é eficiente? É produtiva? Vai beneficiar o produto nacional bruto? Vai contribuir para o crescimento?

---

[20] Tony Judt, "What is Living and What Is Dead on Social Democracy?". *The New York Review of Books*, 17 dez. 2009. Disponível em: <http://www.nybooks.com/articles/archives/2009/dec/17/what-is-living-and-what-is-dead--in-social-democrac?pagination=false>.

> Essa propensão a evitar considerações morais, a nos restringirmos a questões de lucros e perdas – questões econômicas no sentido mais estreito –, não é uma condição humana instintiva. É um gosto adquirido.

Judt teme, com razão, que estamos rapidamente perdendo nossa capacidade de avaliar ideais políticos, instituições e políticas públicas exceto segundo seu valor econômico.

Dados econômicos como renda, crescimento, emprego ou riqueza privada não são tratados como um vetor do interesse público, mas cada vez mais como o único vetor que os cidadãos e os líderes estão dispostos a considerar. Esse estreitamento do debate público vem à custa de princípios como autogoverno popular, liberdade individual, justiça e igualdade; em outras palavras, os outros ideais defendidos pelo iluminismo, além do comércio. Nos EUA em particular, propostas sobre como abordar questões de grande proeminência moral como desigualdade de renda, pobreza infantil, saúde e educação de qualidade, encarceramento em massa, táticas policiais, para citar algumas, são comumente avaliadas em termos financeiros e não em termos de ser a coisa certa a fazer. Essa atitude está pouco a pouco permeando também as sociedades europeias. Como ricas corporações que tiram o que podem de seus empregados mais mal remunerados, as sociedades mais afluentes do planeta podem ser impiedosamente frugais ao enfrentar sérios problemas sociais, em parte porque passaram a priorizar a relação custo/benefício em detrimento dos ideais de equanimidade, igualdade de oportunidade, coesão cívica e autorrespeito individual. Para ilustrar essa tendência durante a crise do euro, basta lembrar que os países e instituições credores insistiram no pagamento pontual das dívidas dos Estados devedores, mesmo ao custo de destruir a rede de proteção social de que dependem milhões de seus cidadãos. Aquilo que outrora foi o traço distintivo da civilização europeia do pós-guerra é hoje visto como obstáculo à operação do mercado. Os meios se tornaram os fins.

LEVAR O PROJETO EUROPEU DE VOLTA AOS CIDADÃOS

Não é coincidência, portanto, que o empobrecimento de nosso discurso político seja acompanhado de seu empobrecimento literal. A tentativa de trocar o debate político pela certeza falsa da receita econômica e de articular o valor da integração europeia apenas em termos de ganhos materiais mostrou-se tragicamente uma autossabotagem. Qual entidade política contemporânea é capaz de proporcionar prosperidade econômica ininterrupta, ainda mais no mundo inchado do capitalismo de cassino? Enquanto a União Europeia for para seus cidadãos pouco mais que um casamento de conveniência – união para os mais ricos, não para os mais pobres –, toda crise econômica vai colocar em dúvida a continuação de sua existência. O mais urgente para os Estados-membros e para os cidadãos europeus, portanto, é encontrar maneiras de articular o valor da integração europeia em termos não econômicos. Se eles não conseguirem, nenhum grande gesto de unidade política e nenhuma exibição de símbolos, bandeiras, prédios vistosos, cédulas novinhas ou feriados autocongratulatórios compensarão a ausência de um público europeu prolífico, apaixonado, diverso e até dissonante, que se orgulha dos laços políticos, e não meramente comerciais, de sua União.

Em última instância, é impossível não admirar o triunfo de uma paz comercial na Europa. Todavia, é igualmente impossível não reconhecer suas fortes limitações. O estratagema de Monnet de apresentar a governança supranacional como empreitada comercial compartilhada pode ter protegido as cambaleantes Comunidades Europeias de ser derrubadas pelas divisões políticas entre os Estados-membros, mas também alienou o projeto de integração dos cidadãos. A estratégia de isolar o projeto europeu das vicissitudes da política democrática

> Excluídos das decisões que moldavam uma união cada vez mais próxima, os públicos europeus hoje contestam a arrogância da tecnocracia, professando euroceticismo desdenhoso, populismo ressentido e xenofobia virulenta.

apenas adiou a inevitável e nova intrusão da política no cenário supranacional de maneira amarga e descontente. Excluídos das decisões que moldavam uma união cada vez mais próxima, os públicos europeus hoje contestam a arrogância da tecnocracia, professando euroceticismo desdenhoso, populismo ressentido e xenofobia virulenta. A lição aqui é que a política democrática só pode ser evitada ao custo da política antidemocrática. Em última instância, porém, "a política não pode ser retirada da política".[21] Antes, a intensificação da interdependência entre os Estados-membros fez com que a questão da *finalité politique* da União ficasse inevitável e deixou claro que ela não pode ser resolvida pela lógica imanente da construção de mercados. É hora de pôr de lado a narrativa providencial de paz comercial e de humildemente reconhecer não apenas a fragilidade e a contingência do projeto europeu, mas também a absoluta necessidade de um compromisso cívico robusto para guiá-lo para o novo século.

---

[21] Giovanni Sartori, "Constitutionalism: A Preliminary Discussion". *American Political Science Review*, vol. 56, 4, dez. 1962, p. 853-64.

Capítulo 2 | Rémi Brague

- Nascido em Paris em 1947.
- Filósofo político da escola fenomenológica; especialista em filosofia cristã, judaica e árabe da era clássica e da medieval.
- Professor emérito da Sorbonne (Paris-I) e da Universidade Ludwig Maximilian em Munique.
- Seus livros incluem: *Aristote et la Question du Monde* (Paris, 1988); *Europe, la Voie Romaine* (Paris, 1992; 1999); *La Loi de Dieu: Histoire Philosophique d'une Alliance* (Paris, 2005); *Modérément Moderne* (Paris, 2014).
- Membro da Academia Francesa das Ciências Morais e Políticas. Ganhador do Grande Prêmio de Filosofia da Academia Francesa (2009).

* * *

Rémi Brague, filósofo francês especialista em Antiguidade e Idade Média, acredita que a Europa de hoje só pode ser entendida à luz de sua longa história. Em seu livro inovador *Europe, la Voie Romaine* (1992), ele localizou a singularidade cultural e política da Europa na atitude "romana" diante da civilização grega e do judaísmo. Graças à capacidade "romana" de processar o antigo e – em parte por meio do direito – de passá-lo adiante como algo novo, a civilização europeia tem tanto unidade quanto diversidade. Sua pluralidade política foi protegida pela batalha entre forças mundanas e espirituais, entre príncipes e o papa.

Em sua contribuição para este volume, Rémi Brague investiga os desafios enfrentados pelas democracias europeias. Ele nos lembra que, historicamente falando, a democracia é mais a exceção do que a regra. Se tomarmos como critério o sufrágio universal, então a democracia existe há cerca de apenas cem anos. Será que ainda existirá daqui a cem? Brague aponta o abismo preocupante entre as elites e as massas e o descrédito daquelas em relação às crenças destas, crenças que ele rotula de "populismo". Ele também examina os desafios demográficos da Europa investigando quatro concepções distintas de "povo" (sem o qual, no fim das contas, não pode haver democracia) – *dēmos*, *ethnos*, *laos*, e *ummah* – e o que elas significam no contexto de governo do povo para o povo.

Para Brague, cujas ideias se baseiam na filosofia clássica e na fenomenologia, tudo na democracia depende não apenas de regras e de instituições políticas, mas de todas as relações sociais e morais: cidadão e Estado, homem e mulher, pai e filho, e, portanto, em última instância, de uma visão de mundo e de uma visão da humanidade. Não é acidental que Brague esteja menos inclinado a entrar em discussão com economistas e cientistas políticos do que a maior parte dos demais autores desta coletânea, preferindo referir-se a pensadores como Aristóteles, Cícero e Bergson e a autores como Valéry, Brecht e Soljenítsin.

* * *

CINCO DESAFIOS PARA AS DEMOCRACIAS EUROPEIAS

Quem quer que olhe a história de certa distância vai reparar que a "democracia" foi mais a exceção do que a regra. De qualquer modo, ela está longe do óbvio. Mesmo na Europa? Particularmente na Europa! A democracia grega, em especial a de Atenas, que permaneceu o sonho paradigmático dos homens modernos, floresceu numa área que é só uma estreita faixa de terra no espaço entre os impérios do Oriente Médio e das chefaturas primitivas do Ocidente. Na linha do tempo, ela constitui um período brevíssimo entre as monarquias cretenses e as dinastias helenísticas, que logo se seguiram à vitória sobre o reino persa. Pouco mais de um século separa as reformas democráticas de Clístenes (cerca de 500 a.C.) da derrota sofrida por Atenas nas mãos da Macedônia (338 a.C.). A República Romana manifestou nuances democráticas, mas acabou cedendo-as ao Principado. E todas as cidades antigas permitiam a escravidão. As comunas medievais da Itália, Suíça e Flandres eram pouco mais que aristocracias mercantes. A única democracia genuína existia na Islândia, nos limites mais remotos da Europa.

Nossas democracias atuais, da chamada "velha Europa", ainda são jovens. Quando consideramos que elas não foram plenamente democráticas, ao menos no que diz respeito a princípios (que nunca se realizaram por completo), até o momento em que homens e mulheres obtiveram o sufrágio universal, elas existem hoje há aproximadamente um século. Assim, elas são pouco mais velhas do que uma pessoa idosa, e ainda resta a pergunta sobre se vão sobreviver às crianças de hoje.

DEMOCRACIA E DEMOGRAFIA

De tempos em tempos ouvimos a definição de democracia dada por Lincoln em seu Discurso de Gettysburg (1863): "O governo do povo, pelo povo, para o povo".[1] Assim, tudo depende do "povo": sem o povo, não há democracia. Na Europa, porém, isso não pode mais ser pressuposto.

A situação demográfica dos Estados-membros da UE é, dependendo do país, entre ruim e desastrosa. País nenhum tem taxa de natalidade alta o bastante para compensar o número de mortes. Por muito tempo, os imigrantes limitaram-se aos de melhor formação, artesãos ou músicos, e pequenos grupos de refugiados religiosos ou políticos. Dependendo do país, a imigração em massa é relativamente recente. A França, que passa por uma transição demográfica desde meados do século XVIII, portanto um século antes do resto, precisou convidar mineiros poloneses, artesãos italianos, camponeses portugueses, e assim por diante, a emigrar, desde o fim do século XIX. Desde a década de 1960, os principais grupos de imigrantes não vêm mais da Europa, mas da África, Turquia ou Ásia. Eles se espalharam pela Europa inteira.

A primeira geração de imigrantes de países menos "desenvolvidos" tem tantos filhos quanto os europeus de antes da mudança demográfica. Sua alta taxa de natalidade compensa a baixa taxa dos residentes originais. A Europa está doente e depende dessa infusão.

Esse novo desenvolvimento suscita uma pergunta dupla: de um lado, os países de imigração estão dispostos a garantir a integração econômica e social desses recém-chegados e têm os meios para isso e, em particular, para prover-lhes uma formação? De outro, será que os imigrantes desejam adaptar-se às regras mais ou menos explícitas, manifestas, ou parcialmente codificadas, que permitem que a democracia funcione?

> Uma forma estrita de islã está em ascensão entre os imigrantes presentes na Europa. Seus seguidores estão determinados a respeitar as regras que constituem sua religião.

---

[1] Texto em V. Wilson, Jr. (ed.), *The Book of Great American Documents*. AHRA, Brookeville, Md., 1976, p. 75.

Uma forma estrita de islã está em ascensão entre os imigrantes na Europa. Seus seguidores estão determinados a respeitar as regras que constituem sua religião. Diz-se que essas regras são de origem divina, portanto intangíveis e absolutas. Por conseguinte, as leis votadas nos parlamentos nacionais ou as regulamentações dadas pelas instituições europeias jamais poderiam ter precedência sobre a xaria. Pelo contrário, a longo prazo elas deveriam dobrar-se à lei islâmica.

O POVO E O "POPULISMO"

Na democracia, é o povo quem governa. Isso é límpido. Porém, o povo soberano delega poder a seus representantes. O povo, por sua vez, deve lhes dar ouvidos. Parece, contudo, que a distância entre as elites e as massas está aumentando. O povo tem a impressão de que decisões que eles não escolheram lhe são impostas de cima. A sensação aumenta quando um grupo europeu eleito indiretamente fica acima da classe governante nacional.

O pior é que as pessoas acham que um poder menos evidente governa aqueles que mostram sinais de poder e o exercem em seu próprio nome, um poder mais duradouro, de influência ainda maior: a mídia. Ela tem a liberdade de decidir o que é visto e ouvido; ela ocupa posição hegemônica. A mídia pode fazer o cidadão acreditar que o que se vê com os próprios olhos na verdade não importa, mesmo quando se vê a mesma coisa acontecendo por toda parte.[2] Por outro lado, a mídia também pode evocar a convicção de que uma maioria substancial adere a certa opinião, quando na verdade ela é apenas a ideologia de um grupo de pressão composto de algumas dezenas de indivíduos.

---

[2] Exemplo literário de C. S. Lewis, *That Hideous Strength* [1945], X, 2. In: *The Cosmic Trilogy*. London, Pan Books, 1989, p. 573.

O fato é que precisamos envolver a mídia em todas as atividades, ou ao menos levá-la em consideração. Os tomadores de decisão enxergam o mundo da maneira como a mídia o representa, ou ao menos eles pensam desse jeito.

O povo sente-se confuso porque tem a impressão de que aquilo que algumas pessoas querem que ele acredite não corresponde às suas experiências cotidianas. Ele vive numa espécie de esquizofrenia, que podemos comparar, *mutatis mutandis*, com o que o regime leninista impunha a seus súditos. Sob Lênin, o povo era obrigado a "ver" um "socialismo real" que não existia, uma mentira universal, obrigatória, que ele era forçado a usar. Alexander Solzhenitsyn considerava esse o pior tipo de sofrimento que a ideologia podia infligir.[3] O povo percebia que aqueles que "moviam os pauzinhos" para a mídia, cujo trabalho era apresentar os cidadãos ao mundo real, viviam também numa pseudorrealidade, ainda mais que os políticos.

Pode ser que a sensação que as pessoas têm de ser manipuladas é apenas ilusória. Por exemplo, diretivas de Bruxelas muitas vezes servem como desculpa conveniente para que autoridades locais passem medidas dolorosas ao mesmo tempo que desviam a responsabilidade por essas decisões impopulares para alguma distante instituição europeia que as impôs. Mesmo assim, o povo deve ser ouvido, mesmo que esteja errado e precise de guiamento – mas ele não pode ser ignorado nem desprezado.

As "elites" inventaram o termo "populismo" para a reação desconfiada do povo, usando-o para desacreditar essa reação. Os demagogos, por sua vez, usaram a reação da elite; sua única intenção era trocar a elite que os criticava por outra classe de elite, composta de suas próprias fileiras.

---

[3] A. I. Solzhenitsyn, *Open Letter to the Soviet Leaders* [1974], cap. 6.

QUATRO NOÇÕES DE POVO

Se o povo existe e é ouvido pela elite, então ele deve enxergar-se também como povo, e de modo tal que permita que as instituições democráticas funcionem devidamente. O fato de um grupo de cidadãos ter diversas maneiras de expressar sua existência como povo sobrecarrega a palavra "povo" com perigosa ambiguidade. Distinguirei quatro modelos de "povo" e, ao mesmo tempo, quatro modelos possíveis de democracia. Estes são apenas tipos ideias, que jamais serão integralmente implementados.[4]

Na Grécia Antiga, o *dēmos* da democracia não era muito mais do que um clube de homens adultos livres – alguns dos quais donos de escravos – que, de qualquer modo, gozavam de direitos civis em determinada cidade.[5] No nosso próprio mundo, o clube moderno privado cujos membros selecionam os demais membros seria o melhor equivalente dessa "democracia".

Podemos entender povo como um *ethnos*, uma "nação" no sentido do latim *natio*, que originalmente significava o que nasce (*nascor*) do animal, sua ninhada. O povo, assim, é a comunidade daqueles que vivem no mesmo solo, falam a mesma língua – que chamamos de "língua materna" – e se consideram herdeiros da mesma história. É claro que a "nação" é no mais das vezes o resultado mais ou menos artificial de uma construção criada por um Estado que se cristaliza em torno de certa área e de certa dinastia: Île-de-France, Piemonte, Castela, Prússia, e onde um dialeto específico, ordenado pela escola obrigatória, é falado. O tipo de regime que se baseia num povo concebido (ou imaginado) desse modo poderia ser chamado de etnocracia.

O sujeito ideal das democracias modernas é o povo construído de pessoas que, presume-se, são capazes de entender a Verdade e o

---

[4] Rémi Brague, *Modérément Moderne*. Paris, Flammarion, 2014, p. 166-170.
[5] Ver, por exemplo, Aristóteles, *Política*, IV, 4, 1290b1.

Bem. De que outro jeito é possível responder à recorrente objeção dos "aristocratas": por que dar à gentinha simplória o mesmo direito de voto dado aos laureados com o Prêmio Nobel? Há uma palavra grega para expressar essa concepção de povo. Os tradutores gregos da Bíblia escolheram a palavra para indicar ao povo que eles foram criados por eleição divina. A fim de expressar devidamente o hebraico *am*, e provavelmente para evitar *dēmos*, que tem óbvias conotações políticas, a Septuaginta optou pelo termo épico *laos*, que, em sua época, soava obsoleto ou provinciano. O termo latino *laicus*, ainda em uso nas línguas neolatinas, o inglês *lay* e o alemão *Laie* (que significa também "incompetente, amador") derivam do adjetivo grego *laikos* ("pertencente ao *laos*"). Se me for permitido usar um termo técnico deselegante, sugerirei que nossas "democracias" modernas, ao menos segundo o ideal que mais ou menos implicitamente as anima, sejam na verdade chamadas de *laocracias* quando se apresentam como "seculares".

O que se espera de um povo islâmico é expressado no conceito da *umma*, a "nação [do islã]", que inclui e transcende grupos étnicos particulares (ša'b). O povo pretendido constitui-se ao ouvir o chamado de Deus (*da'wa*), submetendo-se à lei (šarī'a), aplicando-a e executando-a segundo as medidas apropriadas. A metáfora materna oculta na etimologia da palavra (*umma* vem de *umm*, "mãe") reflete a ideia islâmica de que toda pessoa nascida e criada como muçulmana tem o direito de participar da *umma*, de modo que uma conexão explícita por meio de uma confissão de fé (šahāda) é considerada tão somente a confirmação de uma situação que é mais ou menos "natural" (*fitra*).[6] Outra vez, ouso propor outro neologismo, ainda mais infeliz: supondo que fosse possível, chamaríamos a democracia islâmica de *ummacracia*. Nesse regime, em última instância, cada cidadão não é mais guiado por sua consciência, mas pela lei positiva de Deus, que

---

[6] Hadith em Bukhari, *Sahih*, VIII, 77 (Qadar), §597. In: A. J. Wensinck, *Concordance et Indices des Traditions Musulmanes*. Leiden, Brill, 1933-, cap. 5, col. 179b-180b.

ele encontra no Livro Sagrado e nos ditos e atos do Profeta, que foram escolhidos e redigidos por estudiosos jurídicos. Nesse regime, os procedimentos técnicos para a eleição, por meio do voto em representantes e líderes, teriam pouca diferença em relação àqueles que valem para qualquer regime ocidental. No entanto, a "ummacracia" seria inteiramente distinta em sua substância. Por exemplo, o parlamento de um regime como esse seria proibido *a priori* de adotar leis contrárias à versão da xaria prevalente no país.

Na prática, nossos regimes formam uma mistura da laocracia e da etnocracia ideais. Alguns regimes tendem para aquela, outros para esta. Nossas democracias europeias fingem basear-se em nações mais ou menos fictícias, presumindo-se que elas deram a si mesmas um Estado, ao passo que os Estados Unidos só constituem uma nação por meio de sua lealdade comum, em contraste com dado grupo de cidadãos com origens fortemente diversas.

A BASE DA LEGITIMIDADE DAS FORMAS DEMOCRÁTICAS

A democracia não é apenas um sistema político definido por regras jurídicas. Abrange todo um sistema social, que começa com as relações entre os sexos e as estruturas familiares delas derivadas; em outras palavras, com uma "moralidade" que, por sua vez, se baseia numa visão de mundo e num conceito de vida. A democracia já começa com o modo como o indivíduo se enxerga e se relaciona com os demais residentes do território onde vive.

Porém, caberia a nós perguntar: ainda temos um conceito de povo que esteja à altura dessa tarefa? Nossos próprios "povos" se encaixam nesse conceito? Certamente não é possível dissolver o povo e eleger outro, como sugeriu Brecht em sua famosa piada.[7] Porém,

---

[7] Recordando: B. Brecht, "Die Lösung", *Werke* [...], cap. 12, p. 310.

restam questões: sobre qual base humana repousam nossos governos? Os cidadãos percebem o que faz deles sujeitos capazes de democracia? A que recursos morais eles devem apelar a fim de reforçar essa consciência e lhe dar legitimidade? Que instituições efetivamente podem e querem oferecer esses recursos morais hoje em dia?

A questão é ainda mais difícil para a União Europeia. Na falta de uma "nação europeia", ela não é um estado-nação, mas antes um espaço determinado exclusivamente pelo fato de que certas normas jurídicas são válidas. Suas fronteiras simplesmente terminam onde essas regras deixam de ser aplicadas. Nesse sentido, a Europa constitui aquilo que poderíamos chamar – para usar uma palavra alemã potencialmente controversa – de *Reich*. Essas regras não podem simplesmente ser impostas pela força (Estado), por interesses (economia) ou pela tradição (religião). A identidade europeia, como o espaço em que certas normas são válidas, deve sua dignidade, assim como sua extrema vulnerabilidade, a elas.

A pergunta diz respeito à origem dessas normas e à base de sua legitimidade. Nesse sentido, estamos espremidos entre dois extremos. Ou as normas se originam de autoridades localizadas acima da sociedade, e não ousamos contestá-las, ou não passam do modo como a sociedade determina as regras de seu próprio funcionamento. No primeiro caso, corremos o risco de acabar numa teocracia, e de afirmar que falamos em nome de Deus. No segundo caso, o que foi realizado pode ser desfeito: o que foi declarado inviolável e sagrado pode tornar-se um "tabu" que devemos "violar".

Por isso, precisamos reabilitar urgentemente a ideia de lei natural, contestando deliberadamente o processo secular que fez com que "lei natural" se tornasse praticamente um palavrão, e com que o adjetivo "biológico", quando aplicado a uma instituição humana como a família, se tornasse um jeito fácil de desacreditá-la. A "lei natural" é na verdade confundida com leis físicas ou com a "lei da natureza", quando na verdade é a lei da razão.

Com o conceito de natureza, temos uma instância superior, que transcende a humanidade. Ela na verdade obriga o ser humano a nada mais que ser fiel ao que o faz existir e que garante sua existência contínua no tempo. A natureza é a ideia fundamental da filosofia, é o que a possibilita. As duas outras grandes doutrinas da lei natural nos recordam que a natureza não apenas guia a atividade dos seres humanos, como primeiro os produz: Aristóteles considera autoevidente que "a política não cria seres humanos, mas, tendo-os recebido da natureza, faz uso deles".[8] A abordagem dos estoicos é mais dinâmica: a humanidade recebeu só um formato rudimentar da natureza, e agora precisa trabalhar para aperfeiçoar-se. Esse trabalho não cria um cisma com os instintos já dados pela natureza.[9] A referência religiosa para as doutrinas medievais sobre a lei natural é a Bíblia. Se a palavra "natureza" não é usada no Antigo Testamento, ainda podemos nele encontrar esse conceito. A versão bíblica compartilhada por judeus e cristãos é a de um Deus que cria "naturezas".[10] Aqui, a natureza, assim como para Montaigne, é um "guia bondoso"[11] porque não exige da humanidade nada além de que ela seja o que é. Nisso descobrimos a razão que justifica a adoção da ousada afirmação de Henri Bergson: "A democracia é essencialmente evangélica".[12] Na verdade, parece que as instituições europeias decidiram esquecer essas raízes. Não apenas os cristãos – que poderíamos acusar de estar pedindo *pro*

---

[8] Aristóteles, *Política*, I, 10, 1258a 21-23.

[9] Cicero, *De Finibus*, IV, XIII, 34. T. Schiche Stuttgart, Teubner, 1915, p. 135; ver também V, IX, 24-26, p. 166-68.

[10] Augustine, *De Genesi ad Litteram*, IX, 17, 32-18, 33. CSEL, 28-1, Wenen et al., Tempsky, 1894, p. 291-92 e cf. VI, 13, 24, p. 188. Ver também o fragmento árabe da Epístola de Inácio de Antióquia em *The Apostolic Fathers* [...]. London, Macmillan, 1890, p. 301.

[11] Montaigne, "De l' Expérience", *Essais*, III, 13 (De l'). Paris, Alcan, 1931, cap. 3, p. 662.

[12] H. Bergson, *Les Deux Sources de la Morale et de la Religion*. Paris, Alcan, 1932, p. 300.

domo – defendem essas raízes, mas também judeus praticantes como o jurista Joseph Weiler.[13]

DEMOCRACIA E DEMOCRATISMO SECULAR

A Europa não é apenas um conceito geográfico, é também mais que uma entidade política em busca de sua identidade. Desde que começamos a usar a palavra "Europa" para indicar uma região, ela simbolizou certo modelo de civilização. Esse modelo demonstrou a tendência a disseminar-se globalmente, começando nas Américas e na Oceania, onde a Europa primeiro fincou estacas; em seguida na África, por meio da colonização, e na Ásia por meio da imposição de novos modelos para a economia e para a civilização. Ela implementou isso tão extensivamente que, mesmo que o papel econômico e político da Europa não esteja mais no centro, e esteja até em declínio, sua responsabilidade intelectual permanece significativa.

Essa Europa cultural é o lugar onde algo inteiramente novo está sendo tentado. As elites europeias estão fazendo um amplo experimento com uma forma de secularização que exporta o modelo de democracia para fora do campo político, e faz dele o princípio que postula valores: o que é justo, o que é verdadeiro, é o que a lei decide. Porém, nada garante que esse experimento possa ter sucesso, a longo prazo, sem destruir as sociedades envolvidas. A recusa de usar qualquer ponto de referência externo – natural ou divino – leva à retirada de qualquer base para a legitimidade até da própria humanidade, e faz com que não sejamos mais capazes de responder a uma pergunta simples: "É *bom* que a humanidade exista?".[14] A Europa,

---

[13] Ver J. H. H. Weiler, *Ein christliches Europa. Erkundungsgänge*. Munich and Salzburg, Pustet, 2004.

[14] Rémi Brague, *Les Ancres dans le Ciel. L'Infrastructure Métaphysique de la Vie Humaine*. Paris, Flammarion ("Champs"), 2013.

aparentemente, não está sozinha no enfrentamento do problema: o mundo industrial inteiro está lidando com ele. Isso não altera o fato de que a secularização começou na Europa e continua. Existe a possibilidade de que a Europa, aquela "pequena península na ponta da Ásia",[15] continue a ser a cabeça do mundo, sua capital e sua principal capital intelectual. Porém, não devemos esquecer que "é da cabeça para baixo que o peixe apodrece".

---

[15] P. Valéry, "La Crise de l'Esprit" [1919], Œuvres. Paris, Gallimard, 1957, ch. 1, p. 995.

Capítulo 3 | Dani Rodrik

- Nascido em Istambul, Turquia, em 1957.
- Bacharelado, Universidade Harvard; doutorado em Economia, Universidade Princeton.
- Professor de Ciências Sociais no Institute for Advanced Study de Princeton desde 2013. Anteriormente, professor da Kennedy School of Government de Harvard.
- Seus livros incluem: *Has Globalization Gone Too Far?* (Nova York, 1997); *One Economics, Many Recipes* (Princeton, 2007); *The Globalization Paradox* (Oxford, 2011).

* * *

Depois de ter dado aula por muitos anos na Kennedy School of Government de Harvard, Dani Rodrik passou a fazer parte do prestigioso Institute for Advanced Study de Princeton. Graças a suas aulas, seus artigos científicos, suas contribuições em *blogs* e a seu livro *The Globalization Paradox*, ele se tornou uma das vozes mais influentes do mundo no que diz respeito à economia política da globalização.

A tese central de Rodrik é capturada no seguinte trilema: a globalização econômica, a democracia política e a autonomia nacional são todas possíveis em separado; são possíveis também duas a duas. Mas três ao mesmo tempo não é possível. Em economias globalizadas, a democracia se evapora se fica no nível nacional. Os estados-nações só poderão continuar a funcionar democraticamente se a globalização recuar. Se não recuar, a democracia sobreviverá apenas se for alçada ao nível global.

Essa afirmação se torna mais relevante à medida que o mercado global se torna mais integrado. Isso é ainda mais relevante para a União Europeia, considerando o alto nível de integração já atingido por seu mercado interno. Se este permanecer, a democracia ou a autonomia de cada Estado-membro terá de ser abandonada.

Em sua contribuição, Rodrik defende que é possível mexer nas margens a curto prazo, mas esse trilema fundamental não pode ser ignorado. Para que a democracia seja salva na Europa ou em outros lugares, ou a integração econômica precisa diminuir ou as instituições supranacionais que respondem à democracia precisam ser mais desenvolvidas.

***

O FUTURO DA DEMOCRACIA EUROPEIA[1]

É inegável que a crise do euro causou muitos danos às democracias políticas da Europa. A confiança no projeto europeu foi erodida, os partidos políticos de centro enfraqueceram-se, e os partidos extremistas, particularmente da extrema-direita, foram os grandes beneficiados. Menos considerado, mas pelo menos tão importante, é o dano que a crise causou às perspectivas da democracia fora do pequeno círculo dos países da zona do euro. O triste fato é que a Europa não é mais o farol da democracia que já foi para outros países. Dificilmente se pode esperar que uma comunidade de nações que não consegue deter a queda no autoritarismo de um de seus membros – a Hungria – vá nutrir e consolidar a democracia nos países em sua periferia. Podemos imediatamente ver as consequências num país como a Turquia, onde a falta da "âncora europeia" facilitou o jogo de poder de Erdogan e, menos diretamente, contribuiu para o esmorecimento da Primavera Árabe.

Os membros da zona do euro entraram num experimento sem precedentes. Eles tentaram construir um mercado único e unificado – de bens, serviços e moeda – enquanto a autoridade política permaneceu com as unidades nacionais constitutivas. Haveria um mercado, mas muitas entidades políticas.

O paralelo histórico mais próximo foi o do Padrão Ouro, segundo o qual os países efetivamente subordinavam suas políticas econômicas às exigências da livre mobilidade de capitais e de uma paridade fixa com o ouro. No Padrão Ouro, a política monetária consistia em garantir que essa paridade não ficasse em risco. E, como não havia uma noção de política fiscal anticíclica ou de Estado de bem-estar social, a perda de autonomia política trazida por esses arranjos

---

[1] Agradeço a Jan-Werner Müller os seus comentários.

tinha pouco custo político. Ou ao menos era o que parecia na época. O Padrão Ouro acabaria desfazendo-se (a começar pela Inglaterra em 1931) precisamente porque as altas taxas de juros necessárias para manter a paridade com o ouro se tornaram politicamente insustentáveis diante do desemprego nacional.

Os arranjos do pós-guerra erguidos sobre as cinzas do Padrão Ouro foram conscientemente projetados para facilitar o gerenciamento econômico por autoridades políticas nacionais. A grande contribuição de Keynes para salvar o capitalismo foi reconhecer que ele exigia gerenciamento econômico nacional. O capitalismo funcionava só num país de cada vez, e as interações econômicas entre países precisavam ser reguladas para garantir que elas não pesassem muito sobre as barganhas sociais e políticas nacionais.

A iniciativa do mercado único europeu e, ainda mais, da moeda única, foi contrária a esse entendimento. Vale a pena considerar as narrativas possíveis segundo as quais tal salto para a zona de perigo poderia ter feito sentido.

QUE ESTÁVAMOS PENSANDO?

Uma teoria, talvez sustentada com mais força pelos economistas conservadores, rejeitou a perspectiva keynesiana e reconsagrou o "mercado que se autorreequilibra" no centro da política. Nessa visão de mundo, as aparentes disfunções dos mercados – os ciclos de ascensão e queda das finanças e da macroeconomia, a desigualdade, o baixo crescimento – eram, para começar, produto do excesso de intervenção econômica. Acabe-se com o risco moral nos mercados financeiros, com mercados de trabalho institucionalizados, com a política fiscal anticíclica, com os impostos altos e com o Estado de bem-estar social, e todos esses problemas desaparecerão.

Esse nirvana do livre-mercado tinha pouca utilidade para a governança econômica em *qualquer* nível – nacional ou europeu. O mercado e a moeda únicos forçariam os governos a assumir seus devidos papéis – que é fazer muito pouco. A criação de instituições políticas transnacionais foi na melhor das hipóteses uma distração, e na pior algo prejudicial.

Uma segunda teoria era que a Europa acabaria desenvolvendo instituições políticas quase federais que transnacionalizariam suas democracias. Sim, o mercado e a moeda únicos tinham criado um desequilíbrio significativo entre o alcance dos mercados e o alcance das instituições políticas. Isso, porém, foi um fenômeno temporário. Com o tempo, as lacunas institucionais seriam preenchidas, e a Europa desenvolveria seu próprio espaço político, que abrangeria toda a extensão do continente. Não apenas os bancos e as finanças, mas também a política fiscal e social valeria para toda a União Europeia.

Essa imagem previa uma quantidade significativa de convergência nos modelos sociais que existem na UE. Diferenças em regimes fiscais, em arranjos de mercado de trabalho e em esquemas de seguridade social teriam de ser diminuídas. Do contrário, seria difícil encaixá-las num caldeirão fiscal em grande parte comum. Os britânicos, com seu próprio senso de excepcionalidade, entenderam bem isso, e foi por esse motivo que sempre insistiram numa união econômica estreita e resistiram ao que quer que cheirasse a união política.

É interessante que nenhuma das duas teorias podia ser articulada muito abertamente. Fazer isso teria gerado uma enxurrada de críticas e objeções. O modelo econômico minimalista atraía apenas um pequeno grupo de economistas. E o modelo federalista bateria em visões amplamente divergentes, mesmo entre as elites pró-europeias, sobre o futuro político da União. Que essas visões opostas, mas ao menos internamente coerentes, não pudessem sequer ser amplamente discutidas na boa sociedade deveria ter-nos dito algo: nenhuma delas efetivamente oferecia uma solução prática para o desequilíbrio institucional da zona do euro. Mesmo assim, a ausência de discussão e debate público significava que elas não seriam explicitamente repudiadas. Assim, as duas justificativas podiam ficar no plano de fundo, dando a seus aderentes certa segurança quanto à sustentabilidade dos arranjos da União.

Os problemas da zona do euro – deflação, desemprego e estagnação econômica na esfera econômica, e insatisfação dos eleitores e ascensão de partidos extremistas na arena política – não permitem mais esse equívoco.

SOLUÇÕES DE CURTO E DE LONGO PRAZOS

O problema imediato é como reviver o crescimento. Aqui, a Alemanha e outras nações credoras ficaram tempo demais presas à ideia de que a resposta reside na reforma estrutural: a liberalização dos mercados de produtos e serviços e a flexibilização dos mercados de trabalho. Por mais desejáveis que sejam esses remédios a médio e a longo prazos, eles fazem muito pouco para resolver o problema de curto prazo da demanda inadequada. Como mostraram recentes pesquisas, as empresas resistem a contratar trabalhadores e a aumentar a produção primariamente porque estão constrangidas do lado da demanda: elas não conseguem encontrar consumidores suficientes. Lidar com esse problema com reformas do lado da oferta voltadas para o aumento da produtividade é inútil. Facilitar a demissão de trabalhadores ou o início de novas empresas tem pouco efeito na contratação quando as empresas já têm excesso de capacidade. Na pior das hipóteses, essas reformas saem pela culatra: aumentam as fileiras de desempregados. O que é necessário, no lugar disso, é o bom e velho keynesianismo: políticas para aumentar a demanda em toda a zona do euro e estimular maiores gastos em países credores, especialmente a Alemanha.

Vejam como a ausência de responsabilidade democrática na UE como um todo interfere nesse mau diagnóstico econômico. Enquanto os custos de políticas deflacionistas são suportados primariamente pelos países devedores com alto desemprego, há pouca perspectiva de que o eleitorado alemão mude de ideia e desista da austeridade. A falta de uma política transnacional agrava a crise econômica, que, por sua vez, envenena ainda mais a política doméstica nos países com alto desemprego. Não existe um mecanismo que force os elaboradores alemães de políticas a internalizar os custos de suas decisões para o resto da zona do euro. A verdade é que as políticas de austeridade são míopes, mesmo da perspectiva do próprio interesse econômico alemão. Porém, resta o fato de que não é a Alemanha que enfrenta a maior parte desses custos.

> Não existe um mecanismo que force os elaboradores alemães de políticas a internalizar os custos de suas decisões para o resto da zona do euro.

Em prazo mais longo, o argumento alemão em favor da reforma estrutural faz muito mais sentido. Em última instância, uma união econômica europeia exige maior homogeneidade estrutural e convergência institucional (especialmente nos mercados de trabalho) entre seus membros. Os países da UE precisam se parecer mais uns com os outros se querem habitar a mesma casa por muito tempo.

É importante entender o motivo dessa necessidade de convergência estrutural. Ela não deriva, como presumem muitos economistas, da superioridade intrínseca de qualquer modelo social e econômico. Em vez disso, ela se baseia na ideia de que a legitimidade é essencial para o funcionamento de um mercado comum e unificado. Fica cada vez mais difícil manter a legitimidade quando os resultados de mercado parecem refletir diferenças estruturais – ou, como se diz no linguajar comum, a ausência de um campo de jogo equilibrado. Posso aceitar de má vontade meu destino quando minhas perdas são o resultado da frugalidade, do trabalho duro, ou da engenhosidade do meu competidor. Porém, é provável que eu pense que o problema está no próprio sistema quando essas perdas são o produto de leis trabalhistas mais brandas, de maiores subsídios governamentais ou de pior aplicação de regulamentações sob outra soberania. Posso estar disposto a pagar pelos outros quando eles enfrentam dificuldades, mas não quando parece que assim eu estaria subscrevendo sua "irresponsabilidade" ou suas políticas econômicas "inapropriadas" – os arranjos econômicos e sociais deles, que são diferentes dos meus. Em certa medida, a solidariedade transnacional pode melhorar essa sensação de injustiça, especialmente quando os beneficiários em outros países são mais pobres (e nessa medida mais "merecedores"). Porém, é improvável que a solidariedade – qualquer que haja – possa suportar todo o peso do ônus que as grandes diferenças institucionais jogam sobre os mercados.

Esse é um argumento em favor da convergência institucional numa união econômica que vai significativamente além da integração no domínio fiscal e no financeiro. Se alguém tem alguma dúvida de que a união econômica efetivamente pede por uma convergência tão profunda, basta olhar em que medida o Banco Central Europeu microgerenciou as reformas trabalhistas espanholas durante a crise.

Porém, o argumento deixa em aberto a questão do formato que essas instituições comuns teriam, em última instância. Ele certamente não sugere que outros países devam mover-se na direção dos arranjos sociais alemães. Como deveria ser o conjunto comum de instituições da UE é questão que exige deliberação e decisões democráticas.

Aqui, outra vez, deparamos com a necessidade de democracia na UE. Quanto mais essas questões forem resolvidas por decreto ou sob pressão em momentos de relativa fraqueza dos países endividados, maior será o risco futuro. Um risco é que alguns dos países se comprometam com arranjos institucionais que não se encaixarão bem, e acabarão sendo repudiados. Outro é a probabilidade de uma reação negativa quando voltarem os tempos razoavelmente normais. Um terceiro é que a União Europeia vá carecer de mecanismos de inspeção e de revisão e fique presa a arranjos que durem mais que sua utilidade.

Por isso, a ausência de mecanismos democráticos transnacionais cria ciclos viciosos tanto no curto prazo – como saímos da atual crise econômica? – quanto no longo prazo – como criar arranjos institucionais duráveis para toda a União Europeia?

SOBERANIA, UNIÃO ECONÔMICA E DEMOCRACIA

Uma precondição para criar um espaço político verdadeiramente europeu é transferir soberania para entidades supranacionais. Ninguém gosta de entregar soberania nacional, nem os políticos à direita, nem os políticos à esquerda. Porém, ao negarem o óbvio fato de que a viabilidade da zona do euro depende de restrições substanciais à soberania, os líderes europeus estão enganando seus eleitores, retardando a europeização da política democrática e aumentando os custos políticos e econômicos do resultado final.

Simplesmente, o projeto de integração europeia emperrou em restrições à soberania nacional. Se hoje seu futuro é duvidoso, é porque mais uma vez a soberania está no meio do caminho. Numa verdadeira união econômica, sustentada por instituições políticas da União, os problemas financeiros da Grécia, Espanha e de outros não teriam chegado às proporções atuais, ameaçando a existência da própria União.

Consideremos os Estados Unidos. Ninguém nem sequer acompanha, digamos, o atual déficit corrente da Flórida para com o resto do país, ainda que possamos com segurança estimar que seja enorme (já que o estado abriga muitos aposentados que vivem de benefícios oriundos de outros lugares). Quando o governo estadual da Flórida vai à falência, os bancos estaduais continuam a operar normalmente, porque estão sob jurisdição federal, não estadual. Quando os bancos da Flórida vão mal, as finanças estaduais estão protegidas, porque os bancos, em última instância, são responsabilidade de instituições federais. Quando os trabalhadores da Flórida ficam desempregados, eles recebem os pagamentos do seguro-desemprego de Washington, D.C. E quando os eleitores da Flórida estão desencantados com a economia, eles não fazem protestos na capital do estado; eles pressionam seus representantes no Congresso para que alterem políticas federais. Ninguém afirmaria que os estados americanos têm abundância de soberania.

Nem todas as restrições ao exercício do poder soberano são antidemocráticas. Os cientistas políticos falam da "delegação democrática" – a ideia de que um ente soberano pode querer atar as mãos (por meio de compromissos internacionais ou da delegação a agências autônomas) a fim de obter melhores resultados. A delegação da política monetária a um banco central independente é o exemplo arquetípico: em nome da estabilidade dos preços, o gerenciamento diário da política monetária fica isolado da política.

Porém, mesmo que limitações seletivas à soberania possam melhorar o desempenho democrático, não há garantia de que todas as limitações pressupostas pela integração de mercados vão fazê-lo. Na política doméstica, a delegação é cuidadosamente calibrada e restringida a poucas áreas, nas quais as questões tendem a ser altamente técnicas, e as diferenças partidárias não significativas. De modo análogo, uma globalização que verdadeiramente aprimore a democracia respeita esses limites. Ela impõe apenas limites coerentes com a delegação democrática, possivelmente junto com um número limitado de normas de procedimentos (como transparência, responsabilidade, representatividade, uso de evidências científicas, etc.) que ampliam domesticamente a deliberação democrática.

Mas e a subsidiariedade? Esse princípio não permite ao mesmo tempo o autogoverno local e um mercado comum ao restringir as competências da União somente àquelas que precisam ser transnacionalizadas? Não há nada de errado com a ideia de subsidiariedade em si. Porém, a crise esclareceu o quanto pode ser realmente pequeno o espaço para a soberania nacional quando se fala em integração econômica europeia. Já não se trata de questão de fronteiras abertas a bens, serviços, capitais e pessoas. Uma moeda única e mercados financeiros unificados também exigem a harmonização de regras do mercado de trabalho, de regulamentações bancárias e financeiras, de procedimentos de falência e de uma boa dose de política fiscal. Os estados-nações da zona do euro podem não desaparecer em virtude disso. Mas eles em grande parte se tornariam cascas vazias do ponto de vista político e de elaboração de políticas, o que exigiria uma compensação por meio de uma expansão de um espaço político transnacional.

As reformas institucionais da UE até agora, depois da crise (união bancária, supervisão fiscal mais estrita), estão muito longe daquilo que é necessário. É compreensível que esses esforços tenham ido para as áreas mais imediatamente envolvidas na crise. Porém, em vários aspectos as reformas aumentaram o déficit democrático da União. Elas tornaram os arranjos da União como um todo mais tecnocráticos, menos responsáveis e mais distantes dos eleitorados europeus. No único espaço político peculiarmente europeu, o Parlamento Europeu, a voz dos grupos antieuropeus na verdade ficou mais forte, em parte como resultado do crescente déficit democrático.

ESCOLHAS DURAS

Como ilustra o exemplo americano, é possível entregar a soberania – como fizeram Flórida, Texas, Califórnia e outros estados americanos – sem abandonar a democracia. Porém, combinar a integração de mercados com a democracia exige a criação de instituições políticas supranacionais representativas e responsáveis. Do contrário, o conflito entre democracia e globalização se agudiza na medida em que a integração econômica restringe a articulação doméstica de preferências de políticas sem uma expansão compensadora do espaço democrático no nível regional/global. A Europa já está do lado errado desse limite.

Isso é o que chamei de trilema político da economia mundial: não podemos ter globalização, democracia e soberania nacional ao mesmo tempo. Precisamos escolher dois dos três. Em lugar nenhum esse trilema é mais claro do que na Europa. Se os líderes europeus querem manter a democracia, precisam escolher entre a união política e a desintegração econômica. Precisam ou renunciar explicitamente à soberania econômica ou ativamente fazê-la trabalhar em prol de seus cidadãos. A primeira opção obrigaria à clareza perante os eleitores e à construção de um espaço democrático superior em nível do estado-nação. A segunda significaria abandonar a união democrática a fim de poder empregar políticas monetárias e fiscais a serviço da recuperação de prazo mais longo.

Aqueles que propõem salvar a democracia na zona do euro com soluções intermediárias – um pouco de democracia no nível democrático, um pouco mais de democracia no nível da UE – ignoram quão extrema é a união econômica. Essas soluções intermediárias podem funcionar com interdependência econômica limitada ou gerenciada; elas são inadequadas quando os países individuais essencialmente abrem mão do gerenciamento econômico como um todo, como precisam fazer com a união econômica, financeira e democrática.

Quanto mais essa escolha é adiada, maior é o custo político e econômico que, em última instância, terá de ser pago.

Pode-se argumentar razoavelmente que aquilo que a crise demonstrou, inequivocamente, é a ausência de um *"dēmos"* europeu sobre o qual pode ser erguida uma democracia pan-europeia. Depois de muitas décadas de integração econômica, as comunidades políticas permanecem amplamente nacionais, e não transnacionais. Os cidadãos da Alemanha, da Espanha, da Grécia e de outros países não se sentem suficientemente europeus e, talvez mais importante, não *querem* sentir-se europeus. Há duas respostas possíveis a isso, uma esperançosa, outra nem tanto.

A resposta esperançosa é que nenhum "*dēmos*" surge necessariamente de forma endógena, e ele precisa ser ativamente construído. Historicamente, a criação de estados-nações foi um projeto de elite, exatamente como o próprio projeto europeu. As narrativas e os símbolos de uma entidade política pan-europeia precisam ser fornecidos por seus arquitetos. Por isso, se um "*dēmos*" europeu não surgiu, em grande parte foi porque seus líderes políticos não investiram nisso. O que faz disso uma abordagem esperançosa é que isso sugere que a deficiência pode ser remediada por uma mudança na estratégia política.

A resposta menos esperançosa é que ficou tarde demais para contemplar qualquer coisa do gênero. A crise aprofundou tanto as divisões nacionais que é apenas um sonho achar que as fidelidades políticas podem ser transferidas para instituições da UE como um todo. Isso valeria mesmo que a zona do euro diminuísse de algum modo para um número menor de países, excluindo talvez até a Itália. E construir uma relação institucional viável entre esse euro politicamente integrado e a UE, maior e mais frouxa, seria um pesadelo.

Se esse é o diagnóstico correto, ele tem graves implicações para a estratégia econômica da UE. Em vez de aprofundarem a integração, os elaboradores de políticas precisam procurar maneiras de desfazê-la seletivamente, abrindo espaço nas políticas para os governos nacionais nas áreas de moeda, finanças e regulamentação. Nesse cenário, o futuro da união monetária parece particularmente inóspito, pois é difícil ver como uma moeda comum pode ser reconciliada com múltiplas entidades políticas (democráticas).

Para ser direto, talvez já seja hora de abandonar as esperanças de que a união econômica vá ser compatível com a democracia do modo como ela pode reconstituir-se num futuro europeu distante, e de, no lugar disso, perguntar qual a extensão da integração econômica que é compatível com a democracia *como constituída no presente*.

Capítulo 4 | Larry Siedentop

- Nascido em Chicago em 1936.
- Filósofo político, membro emérito da Keble College, de Oxford.
- Obteve o doutorado em Oxford, orientado por Isaiah Berlin. Depois de passar alguns períodos na Nuffield College e na Universidade de Sussex, tornou-se membro da Keble College em 1973, e professor de Pensamento Político da Universidade de Oxford.
- Entre seus livros estão: *Tocqueville* (Past Masters) (Oxford, 1994); *Democracy in Europe* (Londres, 2000); *Inventing the Individual: the Origins of Western Liberalism* (Londres, 2014).
- Contribui regularmente para *The Times* e para o *Financial Times*.
- Siedentop é comandante do Império Britânico (2004).

***

Com *Democracy in Europe* (2000), Larry Siedentop, filósofo político da Universidade de Oxford, escreveu um dos livros mais notáveis e perspicazes da democracia europeia em anos recentes. Especialista no liberalismo político do século XIX francês, especialmente Guizot e Tocqueville (autor de *A Democracia na América*), Siedentop mostrou visão aguda do jogo político entre culturas políticas nacionais (francesa, alemã e britânica em particular). O livro enfatizou a necessidade de poderes que contrabalancem as tendências centralizadoras de Bruxelas a fim de preservar a liberdade; daí a proposta do livro para um "Senado" europeu, que consistisse em vozes de autoridade dos parlamentos nacionais.

Nesta contribuição, Siedentop explora três consequências impremeditadas da integração europeia que não receberam atenção suficiente. A primeira é que a mera existência da União Europeia incentivou movimentos separatistas em vários Estados-membros. Na Escócia, em Flandres ou nas regiões basca e catalã, tendências separatistas tornaram-se fatores políticos de primeira ordem. Na Escócia, o referendo de setembro de 2014 sobre a independência foi perdido por uma margem pequena pelos nacionalistas escoceses. Como um quase-estado, a UE oferece a esses movimentos a perspectiva de participação numa construção maior que lhes dará maior autogoverno sem os riscos de estar sozinhos num mundo grande. O desconforto e a ambiguidade com que as instituições da UE lidaram com a possibilidade de ter a Escócia como membro mostram que a questão de regiões que se separam toca em certos nervos constitucionais.

Uma segunda consequência impremeditada da integração, segundo Siedentop, é que a eleição direta para o Parlamento Europeu alienou as classes parlamentares dos Estados-membros de questões da UE; ela lhes deu um álibi para distanciar-se do projeto europeu, o que resultou na separação entre "políticas públicas" e "política". O Parlamento Europeu nunca obteve muito apoio dos cidadãos da Europa: pelo contrário, sua existência gerou cinismo. Uma última consequência impremeditada diz respeito ao Reino Unido. O fato de o RU não ter Constituição codificada, escrita, ao passo que a integração da UE é um produto de uma abordagem jurídica continental, ajuda a explicar o debate acalorado e constante sobre a participação britânica na UE.

***

ALGUMAS CONSEQUÊNCIAS IMPREMEDITADAS DA INTEGRAÇÃO

Falta algo nas discussões sobre a integração europeia. Uma gama de fatos associados com o desenvolvimento da União Europeia não recebeu atenção suficiente. Nem os amigos nem os adversários da integração olharam com cuidado as consequências impremeditadas da integração. Por quê? Os adeptos da integração estão inclinados a ver qualquer preocupação com consequências impremeditadas como uma forma de oposição, ao passo que os adversários da integração tendem a meramente selecionar entre os indícios dessas consequências aquilo que melhor se encaixa em seus propósitos polêmicos.

Tentemos explorar algumas importantes consequências não premeditadas da integração com espírito menos partidarista, porque essas consequências impõem desafios formidáveis para a União Europeia.

A TENTAÇÃO DO SEPARATISMO

A primeira consequência que vem à mente é uma tentação a tentação do separatismo. Não há dúvida de que a mera existência da União Europeia – algo que é menos do que uma federação, porém mais do que uma confederação – incentivou movimentos separatistas em vários Estados-membros. O drama em torno do referendo escocês sobre a independência – com a súbita percepção de que aquilo que amplamente se presumia ser um dos Estados-membros mais estáveis e de maior sucesso poderia dissolver-se de um dia para o outro – criou aquilo que alguns comentadores descreveram como "estupefação" não apenas dentro do Reino Unido, mas no continente inteiro. Porém, os sinais de alerta há muito estão presentes. Nos últimos anos movimentos nacionalistas catalães, flamengos, norte-italianos, bascos e corsos têm estado ativos e, em alguns casos, cada vez mais assertivos. A opinião separatista cresceu na Catalunha. De fato, parece que está em curso uma competição muda entre os nacionalistas escoceses e catalães para ver quem vai "dar a partida".

É claro que os descontentamentos subjacentes a esses movimentos nacionalistas muitas vezes são anteriores à criação da União Europeia. Porém, como um quase-estado, a UE lhes oferece a perspectiva de uma filiação que, na opinião deles, poderia tanto libertá-los dos descontentamentos acumulados com seu próprio estado-nação como lhes proporcionar maior autogoverno – uma "casa longe de casa". Sem querer lançar-se sozinhos num frio mundo exterior onde o tamanho de Estados como China e Rússia pode ser ameaçador, os movimentos separatistas buscam uma identidade sancionada dentro da Europa, sob uma autoridade política que, esperam eles, será menos descuidada com seus interesses do que seu atual estado-nação.

É justo dizer que a Comissão Europeia não está preparada para essa importante consequência impremeditada. Em retrospecto, é notável quão pouco se pensou em identificar as difíceis questões que surgem de uma candidatura de filiação de uma região dentro de um Estado-membro e em lidar com elas. Será que as provisões constitucionais desse Estado-membro seriam decisivas na hora de tomar uma decisão sobre a legitimidade da candidatura? Ou será que a União Europeia deveria ter suas próprias regras e procedimentos, que poderiam sobrepor-se às regras nacionais? Será que qualquer candidatura à filiação de uma região dentro de um Estado-membro existente teria prioridade sobre outras candidaturas? Devem os tribunais dentro dos Estados-membros ou a Corte de Justiça Europeia dar a última palavra? Considerando que as tradições e a cultura política dos Estados-membros existentes são marcadamente distintas, essas questões são difíceis de responder. Porém, a incerteza a respeito das respostas pode levar a fatos passíveis de causar sérios constrangimentos à UE. Seria surpreendente se Madri reagisse a uma tentativa de secessão catalã de maneira mais implacável do que Londres em seus tratos com a Escócia? E, se for assim, o que acontecerá?

Tanto os defensores quanto os adversários dos movimentos separatistas foram desencaminhados por esse vácuo de políticas. Consideremos, outra vez, a reação da Comissão Europeia à convocação do referendo escocês. Na ausência de qualquer posição preparada, a Comissão da UE de início hesitou, e pouco disse. Ainda que alguns *insiders* soubessem (e certos deles até comunicaram) que as perspectivas de filiação não eram totalmente claras, essa mensagem não foi absorvida. Essa ausência de assessoramento criou certo grau de complacência no movimento nacionalista escocês quanto a suas perspectivas. A liderança considerava que, como a Escócia já era parte da UE, dificilmente se poderia contestar seu estatuto de membro. Sem dúvida a relativa facilidade com que essa liderança negociou um referendo em Londres aumentou a complacência do Partido Nacionalista Escocês. Porém, quando, na última fase dos preparativos para o referendo, a incerteza quanto a seu resultado cresceu junto com a urgência em promover a clareza, a mensagem não foi de jeito nenhum aquilo que os nacionalistas escoceses tinham esperado...

Aparentemente os Estados-membros com tradição política mais estatista do que o Reino Unido tinham começado a manifestar firme oposição – em privado, quando não em público – a qualquer coisa que parecesse incentivar o separatismo. Uma nova insistência nas dificuldades de procedimentos e os longos prazos esperados para a consideração de qualquer candidatura como essa se assemelhavam muito à atitude do governo espanhol, que deixou claro que consideraria inconstitucional uma tentativa catalã de imitar o referendo de independência da Escócia. Porém, qualquer que seja sua origem, esse novo tom, mais duro, dos comentários de Bruxelas, foi altamente embaraçoso para a liderança nacionalista escocesa. Afinal, é verdade

> Mesmo que os fundadores do projeto europeu nos anos do pós-guerra fossem federalistas que não ousam dizer seu nome, pretenderia sua visão federalista subverter os estados-nações existentes e a cultura política de cada um?

que, no passado, havia ao menos algumas fontes em Bruxelas dispostas a incentivar o separatismo. Será que uma Europa das regiões não prepararia o caminho para um governo central mais poderoso da UE como um todo – um governo que poderia receber bem as "descosturas" de alguns dos maiores e mais poderosos Estados-membros representados no Conselho Europeu? Essa visão do futuro da Europa equivaleria a uma versão atualizada da Europa do século XV, uma Europa federal cujos estados-nações pouco a pouco perdiam seu papel, e o poder era entregue tanto para baixo, para unidades menores, quanto para cima, para o centro. Afinal, isso é que está no centro da tentação separatista, uma tentação que pode preparar o caminho tanto para a centralização quanto para a descentralização, com o esfacelamento das identidades nacionais.

É esse o objetivo da UE? Mesmo que os fundadores do projeto europeu nos anos do pós-guerra fossem federalistas que não ousam dizer seu nome, pretenderia sua visão federalista subverter os estados-nações existentes e a cultura política de cada um? Os fundadores sem dúvida queriam incentivar uma interdependência que impossibilitasse futuras guerras europeias. Mas queriam eles criar uma Europa ao mesmo tempo radicalmente centralizada em alguns aspectos, e muito mais descentralizada em outros? Buscaram eles reconstruir o sistema de Estados europeu? E, se sim, queriam uma aparente contradição em termos – uma Europa com nações, mas sem estados-nações? Levaram suficientemente em conta o modo como o processo de integração poderia não apenas dar nova moldagem aos interesses nacionais, mas também prejudicar as identidades nacionais? Se não levaram, deve o separatismo, como consequência impremeditada, ser visto como o legado de uma visão inicial ambígua da integração? Provavelmente.

UMA CRISE DO GOVERNO REPRESENTATIVO

Essas difíceis questões levam a uma segunda grande consequência impremeditada do processo de integração. Se a primeira revelou uma ambiguidade no objetivo original da integração, a segunda resulta de um objetivo claro, incontrovertido: introduzir maior democracia nas instituições europeias. Infelizmente, os meios adotados pela UE não atingiram efetivamente esse objetivo. Na verdade, levaram a nada menos que uma crise do governo representativo na Europa.

O louvável desejo de tornar os procedimentos da UE mais democráticos – de trazer seus "cidadãos" para mais perto da elaboração das políticas públicas – levou à decisão de mudar o método de escolha de membros do Parlamento Europeu. O modelo original para a escolha de membros – indireta, pelos parlamentos nacionais – foi considerado inferior ao método que prometia conectar os "cidadãos" individuais diretamente com o projeto europeu. Assim, em 1979, a primeira eleição direta de membros do Parlamento Europeu foi organizada, cada qual escolhido por eleitores em distritos por toda a União.

Qual foi a consequência? Não a pretendida, para dizer o mínimo. A mudança separou – também se poderia dizer "alienou" – as culturas e os processos democráticos nacionais do trabalho da UE. Enquanto o Conselho Europeu envolve os ministros e outros membros de executivas nacionais e ajuda a prepará-los para as questões da União, ele tem muito menos sucesso em alcançar e preparar as classes parlamentares dos Estados-membros. Isso, por sua vez, significa que a UE não usou os principais meios existentes oferecidos pelos sistemas políticos de seus Estados-membros para mobilizar e moldar a opinião pública no continente. De fato, a eleição direta do Parlamento Europeu deu às classes parlamentares nacionais uma desculpa para distanciar-se do projeto europeu – desculpa esta abraçada de imediato. A mudança na eleição direta do Parlamento Europeu efetivamente cortou a ligação entre as classes parlamentares nacionais e o projeto europeu. Por mais nobre que tenha sido a ambição pela mudança, ela foi prematura. A mudança, o envolvimento e a criação de um sentido pan-europeu de responsabilidade eram sem dúvida as esperançosas premissas subjacentes à decisão de mudar o modo de eleger o Parlamento Europeu. A eleição direta, presumia-se, logo daria aos "cidadãos" maior interesse e influência na formação das políticas europeias.

Porém, qual foi a realidade? O comparecimento cada vez menor em sucessivas eleições da Europa inteira foi acompanhado de cinismo crescente quanto ao Parlamento Europeu. Abundam rumores sobre despesas extravagantes e pouca frequência às sessões. Em alguns Estados-membros, os "cidadãos" parecem gabar-se de quão pouco sabem sobre os parlamentares e suas políticas. Uma ampla ausência de conhecimento e de simpatia pelo trabalho dos parlamentares coincidiu com o aumento das reclamações sobre a interferência de Bruxelas na elaboração de políticas nacionais – sobre a "mão morta" de uma burocracia distante, que mais diminui do que aumenta a escolha e a responsabilidade democráticas. Nesse sentido, o fato de o Parlamento Europeu não ter desenvolvido nenhuma capacidade de mobilizar e moldar o consentimento pelo continente criou uma grande ameaça à vida política por toda a Europa.

Afinal, se o Parlamento Europeu não capturou a atenção da opinião pública, seus poderes mesmo assim cresceram constantemente. Qual o desfecho? De um lado, temos parlamentos nacionais que retêm a autoridade popular, ao passo que seu poder foi constantemente reduzido; de outro, temos o Parlamento Europeu, com poderes ampliados, mas muito pouca autoridade popular. Essa situação abre as portas para o populismo. Surge, pois, a questão: quem nos representa? E a incerteza quanto à resposta dessa pergunta é o leito onde nasce o populismo. Ela põe em xeque as reivindicações do governo representativo enquanto tal. O crescimento rápido e recente dos movimentos populistas na Europa, alimentando a desconfiança em relação às classes políticas, atesta isso.

Essa situação lamentável deveria ser descrita como "crise de legitimidade" mais do que como "déficit democrático". Afinal, no governo representativo, há sempre uma lacuna entre a opinião pública, que é mutante, e não necessariamente coerente, e as necessidades de uma classe política de formular políticas públicas coerentes – necessidades que pedem liderança e justificam algum grau de déficit. Por outro lado, crise de legitimidade existe quando há incerteza profunda e disseminada quanto à localização da autoridade política definitiva. Essa é a consequência impremeditada da eleição direta do Parlamento Europeu.

O REINO UNIDO – UMA CRISE CONSTITUCIONAL A CAMINHO?

A terceira consequência não premeditada que desejo explorar não diz respeito à União Europeia como um todo, mas a apenas um de seus membros, o Reino Unido. Está cada vez mais claro que a UE criou uma crise constitucional no Reino Unido, crise que deveria ter sido prevista.

Por que essa crise não foi prevista? As nações europeias cujos sistemas políticos se baseiam em constituições escritas, codificadas, podem facilmente não captar a simplicidade quase primitiva e a sutileza notável da Constituição de *"common law"* da Grã-Bretanha. Sua simplicidade surge da norma constitucional básica – "a soberania da Coroa no Parlamento". Sua sutileza aparece em convenções, em normas e em práticas descritas como "constitucionais", mas que não estão entranhadas nem estão protegidas do processo legislativo normal, como nos sistemas políticos baseados em constituições codificadas.

Hoje a "Constituição" do Reino Unido ainda pode ser descrita pelos otimistas como uma Constituição de *"common law"*, ao passo que o observador mais cético, talvez – considerando seu fugidio conteúdo normativo – possa defini-la simplesmente como "o que quer que aconteça".

Assim, precisamos considerar em dois níveis as consequências da filiação à UE para o RU: de um lado, a norma constitucional e, de outro, as práticas em mudança. Quando consideramos a primeira, ela imediatamente esclarece por que o acalorado debate político sobre a filiação à UE nunca sossegou na Grã-Bretanha. Afinal, "a soberania da Coroa no Parlamento" obviamente não permite cerceamento nem diluição. Segue-se que qualquer cerceamento ou diluição da soberania é uma ameaça à identidade nacional britânica num sentido que não vale para sistemas políticos que cuidadosamente dispersam a autoridade e o poder por meio de constituições codificadas, escritas. A identidade do RU está associada a uma fórmula que não dispersa a autoridade final, mas sim a concentra. E o que se segue é que arranjos constitucionais característicos dos sistemas federais – por exemplo a divisão de soberania, direitos formalmente garantidos e a suprema corte com a palavra final sobre assuntos constitucionais – têm sido estrangeiros para o governo britânico e sua cultura.

Mesmo assim, a filiação à UE pouco a pouco forçou discussões a respeito desses dispositivos constitucionais a entrar na arena política britânica. Ela introduziu questões sobre o local da autoridade definitiva, obrigações de tratados, "douração da pílula" das diretivas da UE, delegação de poderes e legislação de direitos humanos, questões estas que a tradição de *common law* e os hábitos da classe política tornam desconfortáveis. Pode um parlamento, por meio de tratados, restringir outro? Os tribunais britânicos são obrigados a aceitar como definitivas as decisões da Corte Europeia em Luxemburgo?

No todo, o acesso à UE (na forma atual) criou um desafio sem precedentes. Como pode a idiossincrática Constituição britânica – que depende tanto dos modos de uma classe política coerente – ser conciliada com um sistema em que outros Estados-membros são capazes de ajustar suas constituições codificadas a sucessivos tratados europeus? Como pode a tradição de *common law* ser atada a sistemas baseados no direito romano? Esses problemas se tornam agudos no momento em que a Corte de Luxemburgo afirma a supremacia da lei europeia e é introduzida a eleição direta para o Parlamento Europeu. A simplicidade do sistema político britânico – a soberania da Coroa no Parlamento – desapareceu, ao passo que a importância cada vez maior da revisão judicial levou à introdução de um teste europeu de direitos humanos que muitas vezes traz desconforto aos tribunais britânicos, anteriormente restritos a "interpretar" a legislação parlamentar. O resultado foi uma controvérsia cada vez maior a respeito de leis "feitas por juízes" vindos de Estrasburgo e das Cortes de Luxemburgo.

Por muito tempo os hábitos da classe política britânica consistiram em evitar questões teóricas e contentar-se com passos "pragmáticos", bem graduais. Porém, os acontecimentos conspiraram para fazer com que a abordagem incremental tradicional hoje pareça inadequada. Não surpreende, talvez, que os primeiros passos para a delegação de poder no RU tenham sido marcados pela incoerência, com uma delegação assimétrica à Escócia e ao País de Gales – "solução" esta que mais gerou descontentamento que alívio. Novas concessões à Escócia, prometidas durante os preparativos para o referendo sobre a independência escocesa, agora criaram preocupações sobre a posição da Inglaterra dentro do Reino Unido: alguns pedem um Parlamento Inglês, outros propõem que os congressistas escoceses e galeses sejam excluídos de votações que dizem respeito principalmente à Inglaterra. Porém, é formidável a dificuldade de identificar esferas claras de interesse num Estado que há três séculos é governado de Londres.

Não admira, portanto, que agora haja conclamações frequentes por uma assembleia constituinte, como único meio de enfrentar assuntos dessa gravidade.

**

O leitor pode perguntar-se por que não descrevi algumas das consequências de adotar o euro como consequências impremeditadas importantes. E, de fato, fiquei tentado a fazer isso. Afinal, é difícil contradizer que a perda de controle das moedas nacionais nos Estados da zona do euro cobrou boa parte do entusiasmo pela integração nesses Estados – com amargor e ressentimento tão marcados nos Estados "doadores" do norte quanto nos Estados do sul que recebem empréstimos enquanto se submetem a um regime de austeridade. Não há dúvida de que a incapacidade de alguns membros da zona do euro de responder a uma crise desvalorizando as moedas nacionais inibiu a recuperação destas. No entanto, o motivo pelo qual decidi não incluir e explorar essas consequências da criação da zona do euro é que neste momento é difícil, se não impossível, separar as consequências da crise financeira global de 2008 da "crise" da zona do euro.

Apesar do que muitos podem achar dessa "omissão", tentei não atenuar a gravidade das consequências impremeditadas da integração. Isso porque, embora elas sejam sem dúvida formidáveis, acredito que os problemas e riscos que elas introduziram podem ser superados. Porém, não serão superados se forem ignorados, ou se sua gravidade for negada.

Capítulo 5 | Amartya Sen

- Nascido em Santiniketan (Índia) em 1933.
- Graduação em Economia na Universidade de Calcutá; graduação e doutorado em Economia, Universidade de Cambridge.
- Professor de Economia e de Filosofia da Universidade Harvard desde 1987, com interrupção entre 1998 e 2004, quando foi mestre da Trinity College, Cambridge. Anteriormente, professor da Universidade Jadavpur (Calcutá), da Delhi School of Economics, da London School of Economics, e da Universidade de Oxford.
- Laureado com o Prêmio Nobel de Economia (1998).
- Seus livros incluem: *Desenvolvimento e Liberdade* (Oxford, 1999); *Identidade e Violência* (Nova York, 2006); *A Ideia de Justiça* (Harvard, 2010); *Peace and Democratic Society* (Cambridge, 2011).

***

Não deve haver muitos cidadãos indianos, nem tantos professores de Harvard que tenham uma relação tão pessoal com a União Europeia quanto Amartya Sen. Em 1973, ele se casou com Eva Colorni, filha de Eugenio Colorni, coautor do *Manifesto de Ventotene para uma Europa Livre e Unida* (1941), e enteada (após o assassinato do pai, em 1944) de Altiero Spinelli, amigo do pai, e seu coautor. Spinelli posteriormente tornou-se comissário europeu e, até sua morte, foi uma voz vigorosa no Parlamento Europeu, cujo prédio principal em Bruxelas recebe seu nome.

Esse forte laço pessoal com um dos pais fundadores da Europa é sem dúvida uma razão para a insistente preocupação de Sen com o destino da União Europeia, mas há muitas outras. Situações de profunda crise, em que os objetivos últimos de uma empreitada comum estão sendo questionados, demandam o tipo de colaboração profunda entre o pensamento filosófico e o econômico que tem sido a grande marca do trabalho de Sen. E, como um dos expoentes de uma concepção de justiça social que abraça a humanidade como um todo, ele necessariamente tem grande interesse por aquilo que permanece o esforço mais ambicioso e de maior sucesso na integração econômica e política de um grande número de países.

Neste ensaio, em grande parte baseado numa palestra por ele proferida na Academia Real da Bélgica pouco antes de encontrar-se com Herman Van Rompuy, ele primeiro oferece uma ampla perspectiva histórica. Em certo sentido, a democracia foi inventada pela Grécia 25 séculos atrás, mas revelou-se frágil, e logo foi varrida e esquecida. Ela só reaparece de maneira gradual e hesitante na Europa e em suas colônias norte-americanas a partir do século XVIII. E outra vez está ameaçada. No rescaldo da crise financeira, "objetivos financeiros rigidamente fixados, escolhidos por oligarcas institucionais", receberam prioridade sobre aspirações democráticas de justiça social. Estabilidade financeira é preocupação legítima, mas é apenas uma das muitas que precisam ser consideradas no processo deliberativo que deveria estar no centro da vida democrática, tanto na Europa quanto em outros lugares. Do contrário, a União Europeia continuará a repetir o erro de associar o pedido por reformas estruturais sensatas com a imposição dogmática de medidas de austeridade tóxicas.

* * *

AS DEMANDAS DA DEMOCRACIA NA EUROPA[1]

A Europa liderou o mundo na prática da democracia. Ao dizer isso, não estou me referindo primariamente ao papel da Grécia Antiga em iniciar a prática de votar por decisões governamentais. Ainda que essa tenha sido de fato uma gigantesca realização para o mundo, é difícil ver a Grécia como a quintessência de país europeu no século VI a.C. De fato, a divisão do mundo em civilizações distintas com correlatos geográficos nos quais a Grécia Antiga é vista como parte de uma tradição "europeia" identificável é confusão cultural. Nessa perspectiva desorientada, não se percebe nenhuma grande dificuldade em ver os descendentes de, digamos, godos, visigodos e vikings como herdeiros da tradição grega ("todos europeus segundo a raça"), ao passo que há resistência em notar os elos intelectuais dos antigos gregos com os antigos egípcios, iranianos e indianos, apesar do interesse muito maior que os próprios antigos gregos demonstravam – como registrado em relatos contemporâneos – em falar com esses não europeus do que bater papo com os antigos visigodos.

Depois da inovação grega primeva, procedimentos eleitorais foram usados igualmente em outros países, mas na Ásia, a leste da Grécia. Não há nada que indique que a experiência grega com o governo eleitoral tenha tido grande impacto *imediato* nos países a oeste e norte de Grécia e Roma – Grã-Bretanha, França ou Alemanha, digamos. Isso só aconteceria muito depois. Por outro lado, algumas das antigas cidades da Ásia – em particular na Pérsia, Índia e Báctria – incorporaram elementos da democracia no governo municipal, em grande medida por influência grega. Por exemplo, por muitos séculos, desde a época de Alexandre Magno, a cidade de Susa, no sudoeste do Irã,

---

[1] Esta é uma versão mais curta de uma palestra proferida em Bruxelas em 1º de junho de 2013, a convite da Academia Real Belga de Ciências, Letras e Belas-artes.

teve um conselho eleito e magistrados que eram propostos pelo conselho e eleitos pela assembleia.

Esses experimentos asiáticos de votação democrática, mais de 2 mil anos atrás, infelizmente não duraram muito. Na Europa, porém, mais de mil anos depois, a arte da governança conheceu rápido progresso ao longo do segundo milênio, em particular nas florescentes cidades-estado italianas. Porém, a democracia como a entendemos hoje teve de esperar. Foi mais de 2 mil anos depois das eleições democráticas atenienses que a Europa começou a rumar decisivamente para a votação democrática. Isso ocorreu particularmente nos séculos XVIII e XIX. Porém, quando ocorreu, teóricos europeus como o marquês de Condorcet, John Stuart Mill e Alexis de Tocqueville ofereceram o argumento básico – e convincente – para a governança democrática, e os países europeus, cada um com sua própria velocidade, deram grandes exemplos de prática democrática.

Os Estados Unidos também entraram na história com peso, mas nem Jefferson nem Madison teriam negado que a prioridade que os americanos tentavam cultivar e segundo a qual tentavam viver era europeia por excelência. As demandas institucionais da democracia receberam defesas e apoios eloquentes dos líderes democráticos europeus, o que nos levou às enormes demandas institucionais de Estado de direito, garantia de liberdade pessoal e de liberdade de expressão, eleições livres e justas e, gradualmente, de sufrágio universal. Nesse sentido moderno, a democracia é uma parte muito forte da herança europeia, que ajudou a transformar a vida das pessoas na Europa e nos EUA de maneira decisiva e com a qual o resto do mundo aprenderia.

PODER EXCESSIVO PARA INSTITUIÇÕES FINANCEIRAS

É, portanto, particularmente preocupante que, na Europa de hoje, a importância da governança democrática não esteja recebendo a atenção que tanto merece. Há questões profundamente sérias a ser enfrentadas no que diz respeito a quanto se pode permitir que a tradição de governança democrática na Europa seja minada pelo papel maior das instituições financeiras e por seu poder peculiar de tomar decisões políticas centrais em muitas das áreas mais importantes da escolha social que afetam a vida humana de modo extraordinariamente poderoso. À questão institucional precisa ser acrescentado o papel diversionista que a precedência das considerações financeiras desempenhou na história recente da Europa, tornando as demandas de equidade e de justiça social subsidiárias de objetivos financeiros rigidamente fixados e escolhidos por oligarcas institucionais e muitas vezes submissas a estes. Isso se baseou numa espécie de crença epistêmica, que eu diria amplamente equivocada, de que, se esses rígidos objetivos financeiros não forem atingidos, a Europa será devastada por uma catástrofe. A convicção ética relacionada, de um punhado de poderosos líderes institucionais, de que esse cenário imaginado deve ser evitado a todo custo tem sido uma força dominante por trás das políticas econômicas praticadas na Europa – particularmente na zona do euro – sem que essas crenças passem pela crítica social ou busquem o endosso democrático.

O solapamento da democracia teve dois efeitos profundamente destrutivos. Um é o da confusão ética, que tendeu a minar a forte base tanto moral quanto política de uma sociedade democrática, em que o compartilhamento da voz e do poder políticos é seguido pela busca de objetivos acordados substanciosos, como segurança social, eficiência e equidade, e a contenção da injustiça econômica. Se o compromisso social que levou a aspiração europeia àquilo que foi chamado de "Estado de bem-estar social" devesse ser abandonado por dificuldades financeiras, essa mudança teria de ser precedida

> Na história recente da Europa, as demandas de equidade e de justiça social tornaram-se subsidiárias de objetivos financeiros rigidamente fixados e escolhidos por oligarcas institucionais e muitas vezes submissas a estes.

por vastos debates e discussões públicas sobre políticas alternativas distintas disponíveis e pela obtenção de apoio democrático significativo ao desmonte – se a escolha for essa – de aspectos específicos do Estado de bem-estar social de maneira clara e transparente.

É verdade, claro, que, considerando as exigências eleitorais de uma democracia majoritária, uma política sem consulta e sem acordo pode ser perfeitamente rejeitada *post hoc* em eleições nacionais obrigatórias. De fato, muitos governos europeus caíram por causa da indignação popular diante dos resultados das estratégias financeiras escolhidas pelos governos liderados pelos capitães das finanças, mas isso dificilmente pode ser visto como o jeito democrático de elaborar políticas – "primeiro escolher políticas sem fazer consultas, depois sair do cargo *se* as pessoas não as aprovarem".

A outra baixa causada pela indiferença em relação à democracia é o solapamento da epistemologia social pela prática governamental de depender de uma tese empírica motivadora (por exemplo, de que a austeridade vá rapidamente reduzir a proporção entre o déficit e o produto interno bruto), insistindo que a visão "escolhida" da realidade – independentemente da fragilidade do raciocínio – não precise ser aberta ao exame crítico do público antes de ser adotada como base da política pública. A fraqueza epistemológica assim reforça a confusão ética.

VOTAÇÃO PÚBLICA *VERSUS* RACIOCÍNIO PÚBLICO

Existem outras duas maneiras bem diferentes de ver a democracia, uma muito mais limitada do que a outra. As diferenças entre as duas interpretações têm implicações de longo alcance para nosso entendimento das bases da democracia.[2] Elas são relevantes

---

[2] A distinção entre as duas ideias de democracia é discutida em meu livro *The Idea of Justice*. London, Penguin Books; Cambridge, Harvard University

para entender também por que hoje a democracia está sob forte pressão na Europa.

A visão estreita interpreta a democracia inteiramente em termos de votação, principalmente como governo da maioria. Essa visão, que pode ser chamada de "perspectiva da eleição pública", foi defendida assertivamente por muitos teóricos organizacionais, como Samuel Huntington em seu livro *A Terceira Onda: Democratização no Fim do Século XX*: "Eleições abertas, livres e justas são a essência da democracia, seu *sine qua non* inescapável".[3]

A segunda interpretação – muito mais ampla – vê a democracia em termos de raciocínio público resultante de discussões e tomadas de decisão públicas. As reivindicações democráticas da ordem política precisam ser julgadas, nessa perspectiva, por seu compromisso em *proteger* e ao mesmo tempo *utilizar* o raciocínio público. Nesse entendimento mais amplo da democracia, eleger e votar constitui apenas uma parte – ainda que importante – de uma história muito maior. Há a necessidade de apoiar e cultivar discussões abertas e informadas e de trabalhar pela capacidade de resposta das decisões públicas a esse processo interativo. Esse modo de ver a democracia não é novo, mas foi particularmente explorado em anos recentes por filósofos políticos liderados por John Rawls e Jürgen Habermas. Hoje está bastante disseminado, especialmente entre os filósofos políticos, o entendimento de que – como disse Rawls – "a ideia definitiva da democracia deliberativa é a própria ideia de deliberação".[4]

Press, 2009. [*A Ideia de Justiça*. Trad. Denise Bottmann e Ricardo Doninelli Mendes. São Paulo, Companhia das Letras, 2011.]

[3] Samuel P. Huntington, *The Third Wave: Democratization in the Late Twentieth Century*. London, University of Oklahoma Press, 1991, p. 9. [*A Terceira Onda*. Trad. Sergio Gois de Paula. São Paulo, Ática, 1994.]

[4] John Rawls, *Collected Papers*. Cambridge, Harvard University Press, 1999, p. 579-80. Ver também Jürgen Habermas, *The Structural Transformation of the Public Sphere*. Cambridge, MIT Press, 1989.

Eu afirmaria que a Europa está passando por tempos complicados no que diz respeito aos dois aspectos da democracia. A prioridade que as instituições financeiras gozaram na estrutura institucional geral da governança europeia e o papel dominante no equilíbrio de políticas europeu atribuído a uma visão particular – e especialmente estreita – da saúde financeira (na busca de solução dos problemas da Europa com a austeridade) esbarraram em problemas na obtenção de aprovação pública. É fácil observar essa tensão em épocas de eleição, quando um líder depois do outro, de diferentes governos, em obediência a seus comandos obrigam o povo à extrema austeridade e passam da popularidade anterior à firme derrota, e os eleitores expressam sua raiva e frustração tanto nas urnas quanto nas ruas. Se esse aspecto da tensão tem sido bastante óbvio, e recebido atenção considerável, a outra tensão – com a ideia mais ampla de democracia em termos de deliberação democrática – demanda muito mais atenção do que parece ter recebido até agora.

No centro dessa questão mais ampla está o processo de determinação de prioridades decisórias para uma Europa democrática e a violação daquilo que John Stuart Mill e Walter Bagehot viam como a necessidade de "governo por meio da discussão". Suponha que aceitemos como razoável presumir que os poderosos chefes financeiros tenham um entendimento realista do que precisa ser feito e até do *timing* correto. Isso sem dúvida fortaleceria poderosamente o argumento em favor de dar grande atenção aos líderes financeiros num diálogo democrático. Porém, isso não é a mesma coisa que permitir que as instituições financeiras tenham o poder de decidir tudo, obrigando líderes eleitos democraticamente a executar uma lista de ordens específicas e drasticamente duras, sem base no diálogo público significativo.

O déficit democrático na Europa hoje, diria eu, é primariamente um déficit deliberativo, e isso afeta de maneira adversa tanto a qualidade da ética social subjacente às decisões públicas quanto a confiabilidade da epistemologia que serve de base para as decisões. Os problemas criados pelo abandono do diálogo democrático trabalham contra o pleno entendimento da natureza do mundo econômico e social – e, assim, contra uma epistemologia devidamente examinada e confiável – e contra a coerência e o equilíbrio da ética política.

APELO AO DEBATE PÚBLICO A FAVOR DA MUDANÇA INSTITUCIONAL

Como boa parte da Europa há alguns anos está empenhada na rápida redução do déficit público por meio de programas drásticos de cortes de gastos públicos, é muito importante examinar o que se poderia esperar que fosse o impacto provável das políticas escolhidas. Preciso aqui declarar meu interesse, pois venho discutindo o erro econômico dessa política de austeridade indiscriminada desde que foi introduzida como suposta cura do excesso de déficit e de dívida públicos nos países europeus. Em meu discurso intitulado "Desenvolvimento Mediado pelo Crescimento", proferido no encontro anual do Banco Mundial em Paris em maio de 2011, junto com a OCDE (Organização para a Cooperação e o Desenvolvimento Econômico), argumentei que o impacto da austeridade indiscriminada sobre o crescimento econômico seria muito desestabilizador para as economias europeias, e nem o objetivo alegado de reduzir a proporção entre déficit público e PIB seria muito bem servido por essa estratégia. Na mesma época, escrevi sobre isso no *Le Monde*, *La Repubblica*, *The Guardian* e *The New York Times* – sem nenhum impacto, se posso julgar, e, nos dois últimos anos, a epistemologia e as éticas problemáticas pareceram muito bem estabelecidas em poderosos círculos de elaboração de políticas europeias.

Não posso reivindicar originalidade nos argumentos que venho tentando apresentar, particularmente no que diz respeito às partes econômicas. O mundo teve muitas experiências de fracassos terríveis ao forçar cortes drásticos e austeridade severa em épocas de alto desemprego e subutilização da capacidade produtiva. As Grandes Depressões da década de 1930 foram inicialmente tratadas exatamente desse jeito, com resultados contraproducentes, e foi essa experiência que fez John Maynard Keynes advertir para a tolice dessa política, pois redução do gasto público aumenta a redução das rendas privadas e das demandas do mercado, o que tende a aumentar ainda mais o número de desempregados. E, com algumas óbvias variações entre países, isso é muito próximo do que está acontecendo na dura economia europeia de hoje.

Os poderes decisórios na Europa fizeram leitura diferente do que era necessário, e não estavam dispostos a ceder apesar das críticas de muitos economistas (eu estava em boa companhia na parte econômica da minha crítica). A experiência real, desde então, dos resultados esperados da austeridade relativa à diminuição do ônus do déficit e da dívida foi inteiramente lamentável. E mesmo que a importância do crescimento econômico tenha agora obtido reconhecimento tardio dos poderes financeiros da Europa, e que por certo a retórica esteja mudando, as políticas de austeridade ainda não foram adequadamente revisadas, mesmo que muitos dos países afligidos estejam recebendo mais tempo para executar sua mortífera tarefa de cortar e cortar.

Há, na verdade, muitos indícios na história mundial de que o modo mais eficaz de cortar déficits é resistir à recessão e combinar redução do déficit com rápido crescimento econômico. Os enormes déficits posteriores à Segunda Guerra Mundial em grande parte desapareceram com o rápido crescimento econômico dos anos do pós-guerra. Algo similar se verificou nos oito anos da presidência de Bill Clinton: ele começou com enorme déficit e terminou com nenhum. A tão elogiada redução do déficit orçamentário sueco no período 1994-1998 se deu num período de crescimento bastante rápido do PIB. A situação é bem diferente hoje em muitos países aos quais se pediu com muita firmeza que cortassem o déficit e cuja taxa de crescimento foi zero ou negativa sob a disciplina de austeridade imposta, colocada por cima da recessão. Apesar dos entraves políticos, os Estados Unidos foram muito mais inteligentes do que foi a Europa, nessa ocasião, ao tomar nota desse entendimento central.

Por outro lado, a proporção entre déficit e PIB caiu nos EUA graças ao crescimento econômico, que, é claro, é o modo padrão do passado de corte de proporção de déficit. Mais discussão pública e menos decisões unilaterais de líderes financeiros da Europa e dos partidários da visão peculiarmente estreita da prioridade financeira assumida pelos governos europeus relativamente mais poderosos teriam impedido os erros de políticas por meio do procedimento padrão de deliberação e exame. O grande fracasso epistemológico está em si associado ao déficit democrático, na Europa de hoje, do "governo por meio da discussão".

AS DEMANDAS DA DEMOCRACIA

Também é importante perguntar quais as razões de o debate econômico ter ficado tão confuso quando os valores curativos da austeridade estavam sendo amplamente defendidos. O descaso para com as advertências keynesianas e para com as de muitos outros economistas que viam a inviabilidade da ideia de que a austeridade era a cura, e não o problema, é certamente um fator importante. Porém, havia ainda outra história, mais sutil, por trás da economia desorientada. Havia uma estranha confusão no pensamento político entre a necessidade de *reforma* institucional na Europa e a necessidade de *austeridade*.

Pode haver pouca dúvida de que a Europa vem precisando, há bastante tempo, de muitas reformas institucionais (da evitação da evasão fiscal ao estabelecimento de idades de aposentadoria mais razoáveis e à eliminação da rigidez institucional). Porém, é preciso fazer distinção entre a causa sólida e verdadeira em prol da reforma institucional e a causa imaginada em prol da austeridade indiscriminada. Juntando os dois como se formassem uma espécie de composto químico, ficou muito difícil defender as reformas sem ao mesmo tempo cortar o gasto público como um todo. E isso, claro, não serviu bem à causa da reforma. Era como se uma pessoa pedisse um antibiótico para febre e recebesse uma mistura de antibiótico com veneno de rato. Se você defende reformas econômicas, então precisa ter, junto com elas, a austeridade econômica (era o que efetivamente diziam), ainda que não haja absolutamente motivo nenhum para que os dois ficassem unidos como se fossem um composto químico.

Assim, uma vítima dessa composição foi a viabilidade das próprias reformas institucionais: a oposição das pessoas à austeridade fez com que muitas pusessem de lado também a reforma institucional, pois vinham juntas, ainda que pudessem ter dado grande apoio às tão necessárias reformas institucionais se estas pudessem ser separadas da odiada política de austeridade.

Outro efeito contraproducente da política de austeridade foi a perda da força produtiva – e, ao longo do tempo, também de capacitação – resultante do contínuo desemprego dos jovens. Hoje a proporção de jovens desempregados é inacreditavelmente alta em muitos países europeus (cerca de 60% na Grécia). O próprio processo da formação de capacitações, que, como enfatiza Adam Smith, é o verdadeiro motor do sucesso econômico e do progresso humano, tem sido terrivelmente maltratado na união da austeridade sem motivo (país nenhum efetivamente precisava dela) com reformas necessárias (de que muitos países claramente precisavam). Vários países da Europa e de outros continentes precisam ainda de mais reformas institucionais (tem havido reforma na Europa, mas é preciso muito mais), mas eles não necessitam de mais austeridade, na verdade não precisam de nenhuma. Parece estar havendo aqui um "déficit de exame minucioso".

As raízes do empenho socialmente construtivo no raciocínio público esclarecido não são novas, ainda que tenham ganhado bastante foco depois das terríveis tragédias da Segunda Guerra Mundial. Na verdade, mais de duzentos anos trás, Adam Smith explicou com clareza em *A Riqueza das Nações* como julgar o bom funcionamento de economias bem dirigidas. A boa economia política, afirmava Smith, precisa ter "dois objetos distintos: primeiro, prover abundância de renda ou subsistência ao povo, ou, mais precisamente, capacitá-lo a obter por si mesmo essa renda ou subsistência; e, segundo, fornecer ao Estado ou à coisa pública renda suficiente para os serviços públicos".[5] O pai da economia moderna, e o melhor expositor do sistema de mercado, não teve nenhuma dúvida sobre como e onde o Estado se encaixa integralmente nas demandas da boa sociedade. O raciocínio público ao longo de gerações cada vez mais confirmou e apoiou a visão ampla de Adam Smith. Há bons motivos para pensar que ele hoje faria a mesma coisa caso o debate público aberto e informado tivesse tido a devida chance, em vez de ser descartado pela suposta superioridade dos juízos dos líderes financeiros, com sua visão estonteantemente estreita da sociedade humana e sua falta de interesse pelas demandas da democracia deliberativa.

A Europa foi extraordinariamente importante para o mundo, que aprendeu muito com ela. A Europa pode permanecer importante globalmente arrumando a própria casa – econômica, política e socialmente – e, acima de tudo, assumindo uma visão adequadamente ampla das demandas da democracia, sistema político para cujo desenvolvimento e estabelecimento ela tanto contribuiu. Há muito em jogo para a Europa – e para o mundo.

---

[5] Livro IV, Introdução.

PARTE II

JUSTIÇA E LEGITIMIDADE

Capítulo 6 | Jürgen Habermas

- Nascido em Düsseldorf (Alemanha) em 1929.
- Doutorado em Filosofia na Universidade de Bonn; bacharelado em Ciência Política na Universidade de Marburg.
- Professor de Filosofia da Universidade de Frankfurt entre 1964 e 1994, com intervalo entre 1971 e 1981, quando foi diretor do Instituto Starnberg Max Planck.
- Entre seus livros, estão: *Teoria do Agir Comunicativo* (Frankfurt, 1981); *Passado como Futuro* (Zurique, 1991); *A Constelação Pós-Nacional* (Frankfurt, 1998); *Ah, Europa!* (Frankfurt, 2008); *Sobre a Constituição da Europa* (Berlim, 2011).

***

Jürgen Habermas é um dos mais destacados filósofos contemporâneos da Europa. Seus primeiros livros estão firmemente fincados na tradição neomarxista da teoria crítica da Escola de Frankfurt. Depois ele os combinou com a tradição analítica anglo-americana a fim de desenvolver uma teoria da ação comunicativa com implicações diretas para a filosofia do direito e para a teoria política. Habermas tomou parte ativa nos principais debates públicos da Alemanha, particularmente – e cada vez mais nos últimos anos – sobre o papel da Alemanha na Europa.

Habermas está profundamente convencido de que precisamos de uma União Europeia forte, nem que seja para proteger a Alemanha de si própria. Por muitos anos, as elites europeias que partilharam essa convicção puderam prosseguir no aumento da integração com o consentimento tácito das populações suficientemente convencidas de que ela atendia a seus interesses materiais. Com a crise financeira, em especial com a crise da zona do euro, não se pode mais ter certeza desse consentimento. Decisões com enormes impactos distributivos foram tomadas, e precisam ser tomadas, em nível europeu. Seguindo a regra de que "não pode haver imposto sem representação", há uma necessidade urgente de que os procedimentos decisórios no nível da UE passem de tecnocráticos a democráticos.

Neste ensaio, amplamente baseado numa palestra por ele proferida em Leuven na presença de Herman Van Rompuy, Habermas apresenta fortes argumentos em prol de uma união política democrática, e sobre a responsabilidade particular do governo alemão de fazê-la concretizar-se.

* * *

DEMOCRACIA, SOLIDARIEDADE E A CRISE EUROPEIA

A União Europeia deve sua existência aos esforços de elites políticas que puderam contar com o consentimento passivo de suas populações mais ou menos indiferentes na medida em que elas podiam achar, considerando tudo, que a União atendia também a seus interesses econômicos. A União se legitimava aos olhos dos cidadãos primariamente por meio de seus resultados, não tanto do fato de que realizava a vontade política dos cidadãos. Esse estado de coisas é explicado não apenas pela história de suas origens, mas também pela constituição jurídica dessa formação única. O Banco Central Europeu, a Comissão Europeia e o Tribunal de Justiça da União Europeia interferiram de maneira profundíssima na vida cotidiana dos cidadãos europeus ao longo de décadas, ainda que sejam as instituições menos submetidas a controles democráticos. Além disso, o Conselho da Europa, que tomou energicamente a iniciativa durante a crise atual, é composto de chefes de governo cujo papel, aos olhos de seus cidadãos, é representar seus respectivos interesses nacionais na distante Bruxelas. Enfim, o Parlamento Europeu deveria ao menos construir uma ponte entre o conflito político de opiniões nas arenas nacionais e as grandiosas decisões tomadas em Bruxelas – mas essa ponte não tem praticamente trânsito nenhum.

Assim, até hoje há um abismo no nível europeu entre as opiniões e a formação da vontade dos cidadãos, de um lado, e as políticas efetivamente adotadas para resolver os problemas urgentes, de outro. Isso explica por que concepções da União Europeia e ideias para seu desenvolvimento futuro permaneceram difusas entre a população em geral. Opiniões informadas e posições articuladas são, em grande parte, monopólio de políticos profissionais, das elites econômicas e de estudiosos com interesses relevantes; nem mesmo intelectuais públicos que, em geral, participam de debates sobre questões prementes tomaram para si essa questão.[1] Aquilo que une os cidadãos europeus hoje é a mentalidade eurocética que se tornou mais pronunciada em todos os países membros durante a crise, ainda que, em cada país, por razões distintas e muito polarizadoras. Pode ser que essa tendência seja um fato importante que as elites políticas devam levar em conta; porém, a resistência cada vez maior não é realmente decisiva para o curso atual da elaboração de políticas na Europa, elaboração esta amplamente dissociada das arenas nacionais. O curso efetivo do gerenciamento da crise é levado adiante e implementado em primeiro lugar pelo vasto campo de políticos pragmáticos que buscam uma agenda incrementalista, mas carecem de perspectiva abrangente. Eles se orientam para o "Mais Europa" porque querem evitar a alternativa muito mais dramática, e presumivelmente mais custosa, de abandonar o euro.

Começando com o roteiro que as instituições europeias têm projetado para desenvolver uma genuína União Econômica e Monetária, primeiro explicarei o provável dilema tecnocrático no qual esse projeto ficou emaranhado. Depois, proporei passos alternativos em direção à democracia supranacional no coração da Europa e os obstáculos que teremos que remover pelo caminho.

UM NOVO PLANO PARA A EUROPA

A Comissão, a Presidência do Conselho e o Banco Central Europeu – conhecidos no linguajar de Bruxelas como "as instituições" – são os menos submetidos às pressões de legitimação por causa de sua distância relativa das esferas públicas nacionais. Assim, coube a eles apresentar, em dezembro de 2012, o primeiro documento mais

---

[1] Justine Lacroix e Kalypso Nicolaïdis (eds.), *European Stories: Intellectual Debates on Europe in National Contexts*. Oxford University Press, 2010.

detalhado em que a União Europeia desenvolve uma perspectiva de reformas a médio e a longo prazos que vai além das reações atuais, mais ou menos retardadas, a sintomas críticos.[2] Dentro dessa escala temporal expandida, a atenção não está mais voltada para o aglomerado de causas recentes que, desde 2010, conectaram a crise bancária global com o círculo vicioso de Estados europeus superendividados e bancos subcapitalizados refinanciando-se uns aos outros. O chamado Plano, importante, chegado já depois do tempo, dirige a atenção para causas estruturais de longo prazo intrínsecas à própria união monetária.

A União Econômica e Monetária ganhou forma nos anos 1990, seguindo as ideias ordoliberais do Pacto de Estabilidade e Crescimento. A união monetária foi concebida como pilar de apoio de uma constituição econômica que estimula a livre competição entre *players* de mercado que atravessam fronteiras nacionais e é organizada segundo regras gerais impostas a todos os Estados-membros.[3] Mesmo sem o instrumento de desvalorização de moedas nacionais que não está disponível numa união monetária, as diferenças nos níveis de competitividade entre as economias nacionais supostamente deveriam equilibrar-se por conta própria. Porém, mostrou-se falso o pressuposto de que permitir a competição desenfreada segundo regras equânimes levaria a unidades similares de custos de trabalho e a níveis iguais de prosperidade, assim removendo a necessidade de decisões conjuntas sobre políticas financeiras, econômicas e sociais. Como as condições ótimas para uma moeda única na zona do euro não foram satisfeitas, os desequilíbrios estruturais entre as economias nacionais, que existiam desde o começo, tornaram-se mais agudos; e

---

[2] COM/2012/777/FINAL/2: "Plano Pormenorizado para uma União Econômica Genuína e Aprofundada" (citado no que se segue como "Plano").

[3] Esse estado de coisas é expresso com polidez no "Plano" (p. 2): "A UEM constitui a única união monetária moderna, pois combina uma política monetária centralizada com a responsabilidade descentralizada pela maior parte das políticas econômicas".

ficarão ainda mais agudos enquanto o padrão europeu de políticas não romper com o princípio de que cada Estado-membro toma decisões soberanas dentro dos campos relevantes de políticas sem levar em consideração outros Estados-membros – em outras palavras, exclusivamente de sua própria perspectiva nacional.[4] Apesar de certas concessões, porém, até agora o governo federal alemão permaneceu firmemente agarrado a seu dogma.

Deve-se dar à comissão e à presidência do conselho o crédito de terem abordado a causa real da crise – isto é, o projeto falho de uma união monetária que, no entanto, se aferra ao autoentendimento político de uma aliança de Estados soberanos (como os "Herren der Verträge"). Segundo a proposta de reforma já mencionada, o chamado Plano, três objetivos essenciais, ainda que vagamente definidos, devem ser cumpridos ao fim da trajetória projetada para durar cinco anos. Primeiro, a tomada conjunta de decisões políticas no nível da UE quanto a "orientações integradas" para a coordenação das políticas fiscais, orçamentárias e econômicas dos Estados individuais.[5] Isso pediria um acordo que evitasse que a política econômica de um Estado-membro tivesse efeitos externos negativos na economia de outro Estado-membro. Além disso, um orçamento da UE baseado no direito de cobrar impostos com administração financeira europeia está previsto para programas de estímulos em países isolados. Isso geraria escopo para concentrar seletivamente investimentos públicos por meio dos quais os desequilíbrios estruturais dentro da União Econômica e Monetária podem ser combatidos. Por fim, títulos do euro e um fluxo de pagamentos de dívidas possibilitariam uma coletivização parcial

---

[4] Isso já foi notado num estágio inicial por Henrik Enderlein, *Nationale Wirtschaftspolitik in der europäischen Währungsunion*. Frankfurt am Main, Campus, 2004.

[5] A isto corresponde a autoridade da comissão para fazer a "exigência de revisão dos orçamentos nacionais de acordo com os compromissos europeus" ("Plano", p. 30); essa competência claramente pretende ir além das obrigações já existentes de disciplina orçamentária.

das dívidas dos Estados. Isso tiraria do Banco Central Europeu a tarefa de impedir a especulação contra Estados individuais da zona do euro, tarefa assumida informalmente pela instituição.

Esses objetivos só poderiam ser cumpridos se fossem aceitos pagamentos de transferências entre fronteiras, com os efeitos correspondentes de redistribuição transnacional. Da perspectiva da legitimação constitucionalmente exigida, portanto, a união monetária teria de ser expandida e tornar-se uma verdadeira união política. O relato da comissão naturalmente propõe o Parlamento Europeu para esse propósito, e afirma corretamente que "a cooperação interparlamentar não assegura, por si só, a legitimidade democrática das decisões da UE".[6] Por outro lado, a comissão leva em consideração as reservas dos chefes de Estado, e adere tão radicalmente ao princípio de exaurir a base jurídica atual do Tratado de Lisboa que concebe que a transferência de competências do nível nacional para o europeu ocorra só de maneira muito gradual e discreta.[7]

O objetivo óbvio é adiar ao máximo uma revisão dos tratados. A comissão concede, para a expansão das capacidades diretivas a curto e a médio prazos, prioridade sobre uma ampliação correspondente da base de legitimação. Assim, a democratização definitiva é apresentada como uma promessa, como uma luz no fim do túnel. A democracia supranacional permanece, no papel, o objetivo declarado de longo prazo. Porém, adiar a democracia é uma jogada muito perigosa. Se as restrições econômicas vindas dos mercados alegremente se combinam com a flexibilidade de uma tecnocracia europeia que flutua livremente, surge o risco imediato de que o processo gradual de unificação,

---

[6] "Plano", p. 35.

[7] A estratégia de "obter o melhor de dois mundos" adotada na proposta da comissão evita a decisão retardada ("Plano", p. 15): "O seu aprofundamento deve ser realizado no âmbito dos tratados, de modo que se evite qualquer fragmentação do quadro jurídico, o que enfraqueceria a União e poria em xeque a importância crucial do direito da UE para a dinâmica da integração".

que é planejado *para* o povo mas não *pelo* povo, empaque antes que se alcance o objetivo proclamado de reequilibrar o poder executivo e o poder parlamentar. Sem uma lei aplicada democraticamente, sem o retorno das dinâmicas prementes de uma esfera pública e de uma sociedade civil mobilizada politicamente, a gerência política carece do impulso e da força para conter e redirecionar para canais socialmente compatíveis os imperativos orientados para o lucro do capital de investimento. Como já podemos observar hoje, as autoridades cada vez mais cederiam a um padrão político neoliberal. Uma tecnocracia sem raízes democráticas não teria motivação para atribuir peso suficiente às demandas do eleitorado por distribuição justa de renda e de propriedade, segurança de *status*, serviços públicos e por bens coletivos quando estas entrarem em conflito com as demandas sistêmicas por competitividade e por crescimento econômico.[8]

Resumindo a análise, estamos presos ao dilema entre as políticas econômicas necessárias para preservar o euro e os passos políticos para uma maior integração.[9] Os passos necessários para atingir esse objetivo são impopulares e deparam com resistência popular espontânea. Os planos da comissão refletem a tentação de transpor, de maneira democrática, o abismo entre aquilo que é economicamente necessário e aquilo que só parece economicamente factível em separado do povo.

Essa abordagem abriga, de um lado, o risco de um espaço cada vez maior entre a consolidação de competências regulatórias, e de outro, a necessidade de legitimar esses poderes aumentados de maneira democrática. No empuxo dessa dinâmica tecnocrática, a União Europeia abordaria o dúbio ideal de uma democracia em conformidade

---

[8] Ver as obras relevantes de Wolfgang Streeck, das quais as mais recentes são *Gekaufte Zeit: Die vertagte Krise des demokratischen Kapitalismus*. Berlin, Suhrkamp, 2013; e minha resenha em *Blätter für deutsche und internationale Politik*, Heft 5, 2013.

[9] Ver Claus Offe, *Europe Entrapped*. Cambridge, Polity, 2014.

com o mercado que ficaria ainda mais indefesa perante os imperativos dos mercados por carecer de uma âncora numa sociedade civil politicamente irritável e excitável. Em vez disso, as capacidades de guiamento que hoje faltam, apesar de funcionalmente necessárias para qualquer união monetária, poderiam e deveriam ser centralizadas apenas dentro do arcabouço de uma comunidade política igualmente supranacional e democrática.

DE UNIÃO MONETÁRIA A UNIÃO POLÍTICA: UM SONHO DISTANTE?

Mas qual a alternativa para uma integração maior seguindo a linha do modelo atual de federalismo executivo? Consideremos primeiro as decisões que abrem caminhos e que deveriam ter sido tomadas no começo mesmo da estrada que leva a uma democracia supranacional na Europa. O que é necessário, em primeiro lugar, é uma decisão firme de ampliar a União Monetária Europeia para uma União Política (que, naturalmente, permaneceria aberta ao acesso de outros Estados-membros da UE, Polônia em particular). Esse passo pela primeira vez significaria uma diferenciação séria entre a União em núcleo e a periferia. A viabilidade de mudanças necessárias nos tratados europeus dependeria essencialmente do consentimento dos países que preferissem ficar de fora. Na pior das hipóteses, uma possível resistência baseada em princípios teria de ser superada apenas pela refundação da União (baseada nas instituições existentes).

A decisão por uma Europa nuclear como essa seria mais do que outro mero passo evolutivo na transferência de direitos soberanos particulares. Com o estabelecimento de um governo econômico comum, seria transposta a linha vermelha do entendimento clássico da soberania. A ideia de que os estados-nações são "os sujeitos soberanos dos tratados" teria de ser abandonada. Por outro lado, o passo para uma democracia supranacional não precisa ser concebido como a transição para os "Estados Unidos da Europa". Confederação *versus* "Estado federal" é uma falsa alternativa (e um legado específico da discussão constitucional da Alemanha oitocentista).[10] Os estados-nações podem perfeitamente preservar sua integridade como Estados dentro de uma democracia supranacional mantendo seu papel tanto de governos implementadores como de guardiões de última instância das liberdades civis.[11]

Em nível processual, o destronamento do Conselho da Europa significaria a mudança do intergovernamentalismo para o método comunitário. Enquanto o processo legislativo ordinário em que parlamento e conselho participam em pé de igualdade não se tornar a regra geral, a União Europeia compartilha uma deficiência de legitimação com todas as organizações internacionais baseadas em tratados entre Estados. Essa deficiência é explicada pela assimetria entre o escopo do mandato democrático de cada Estado-membro e o alcance abrangente de competências da organização, exercidas por todos os Estados-membros em concerto.[12] Aos olhos dos cidadãos nacionais, seu destino político é determinado por governos estrangeiros que representam os interesses de *outras* nações, e não por um governo obrigado apenas por seu próprio voto democrático. Esse déficit de responsabilidade é ainda mais intensificado pelo fato de que as negociações do Conselho Europeu são conduzidas longe das vistas do público.

O método comunitário é preferível não só por essa razão normativa, mas também pelo aumento da eficiência: ele ajuda a superar

---

[10] Stefan Oeter, "Föderalismus und Demokratie". In: Armin von Bogdandy e Jürgen Bast (orgs.), *Europäisches Verfassungsrecht*. Heidelberg, Springer, 2009, p. 73-120.

[11] Jürgen Habermas, *The Crisis of the European Union*. Cambridge, Polity, 2012.

[12] Christoph Möllers, *Die drei Gewalten: Legitimation der Gewaltengliederung in Verfassungsstaat, Europäischer Union und Internationalisierung*. Wielerswist, Velbrück, 2008, p. 158 ss.

particularismos nacionais. No conselho, mas também nos conselhos interparlamentares, os representantes que são obrigados a defender os interesses nacionais precisam apenas barganhar concessões entre posições obstinadas. Por outro lado, os deputados do Parlamento Europeu, que é dividido em grupos parlamentares, são eleitos da perspectiva da afiliação partidária. É por isso que, na medida em que um sistema partidário europeu toma forma, a tomada de decisão política no Parlamento Europeu já pode ser conduzida de acordo com interesses generalizados através de fronteiras nacionais.

Essas são as decisões fundamentais necessárias para transformar a união monetária numa união política que não vai cair na armadilha da tecnocracia. Isso, porém, também exigiria a superação do obstáculo institucional elevado, quase insuperável, de uma mudança no direito primário. O primeiro passo – convocar uma convenção autorizada a revisar os tratados – deve ser esperado do Conselho Europeu, portanto da instituição menos adequada para tomar resoluções cooperativas brandas. Não seria uma decisão fácil para os membros do Conselho Europeu que ao mesmo tempo são chefes de governos nacionais. De um lado, a ideia de sua reeleição já os leva a recuar diante desse passo impopular; além disso, eles não têm nenhum interesse em tirar poder de si mesmos. De outro, eles não poderão ignorar indefinidamente os constrangimentos econômicos que cedo ou tarde vão exigir maior integração, ou ao menos uma escolha manifesta entre alternativas dolorosas.

Por ora, o governo alemão insiste que deve ser dada prioridade à estabilização dos orçamentos dos Estados individuais pelos governos nacionais, principalmente à custa dos sistemas de seguridade social, dos serviços públicos e dos bens coletivos. Junto com um punhado de "países doadores" menores, ele veta a demanda do resto dos membros por programas direcionados de investimentos e por uma forma de responsabilidade financeira conjunta capaz de reduzir as taxas de juros dos títulos dos governos dos países atingidos pela crise.

A ALEMANHA TEM A CHAVE

Nessa situação, o governo alemão tem a chave do destino da UE: se há um governo entre os Estados-membros que é capaz de tomar a iniciativa de revisar os tratados, é naturalmente o da Alemanha. Claro que os outros governos poderiam pedir assistência, alegando solidariedade, apenas se eles próprios estivessem prontos para aceitar o passo complementar de transferir os direitos necessários de soberania para o nível europeu. De outro modo, qualquer assistência baseada na solidariedade violaria o princípio democrático de que a legislatura que cobra os impostos também se pronuncia sobre a decisão de como alocar os fundos, e em benefício de quem usá-los. Assim, a questão principal é se a Alemanha não apenas *está em posição* de tomar a iniciativa, mas também se *teria interesse* em tomá-la. Em particular, procuro um interesse especificamente alemão que vá além do tipo de interesse compartilhado por todos os Estados-membros (como o interesse nos benefícios econômicos de estabilização da união monetária, ou o interesse em preservar a influência europeia na agenda política internacional na emergente sociedade multicultural mundial, influência que, de qualquer modo, está diminuindo).[13]

---

[13] O fato de a *finalité* do processo de unificação não ter ainda sequer sido definida oferece uma oportunidade para ampliar o foco da discussão pública, que até agora se limitou a questões econômicas. A percepção da mudança no poder político global do Ocidente para o Oriente e da mudança no relacionamento com os Estados Unidos, por exemplo, lança uma luz diferente sobre as vantagens sinergéticas da unificação europeia. No mundo pós-colonial, o papel da Europa mudou não apenas quando visto à luz da dúbia reputação das antigas potências imperiais, para não falar do Holocausto. As projeções com base estatística para o futuro também preveem, para a Europa, o destino de um continente com população e peso econômico cada vez menores e importância política minguante. As populações europeias precisam aprender que apenas juntas podem sustentar seu modelo de sociedade de bem-estar social e a diversidade cultural de seus Estados nacionais. Elas terão de combinar suas forças se quiserem exercer alguma influência sobre a agenda da política

No rescaldo do choque da derrota de 1945 e da catástrofe moral do Holocausto, razões prudenciais de recuperação da reputação internacional destruída por suas próprias ações tornaram imperativo para a República Federal da Alemanha promover uma aliança com a França e buscar a unificação europeia. Além disso, estar envolta num contexto de países europeus vizinhos sob a proteção hegemônica dos Estados Unidos ofereceu o contexto no qual a população alemã de modo geral pôde desenvolver pela primeira vez um entendimento liberal de si própria. Essa árdua transformação de uma mentalidade política, que na antiga República Federal permaneceu por décadas cativa de continuidades fatídicas, não pode ser desconsiderada. Essa mudança de mentalidade ocorreu junto com uma promoção cautelosamente cooperativa da unificação europeia. Além disso, o sucesso dessa política foi precondição importante para resolver o problema histórico de maior alcance que me interessa antes de tudo.

> A questão principal é se a Alemanha não apenas está em posição de tomar a iniciativa, mas também se teria interesse em tomá-la.

Depois da fundação do Império Alemão, em 1871, a Alemanha assumiu um "*status* semi-hegemônico" fatal na Europa – nas palavras de Ludwig Dehios, ela era "fraca demais para dominar o continente, mas forte demais para ajustar-se".[14] É do interesse da Alemanha evitar a volta desse dilema, que só foi superado graças à unificação europeia. É por isso que a questão europeia, que foi intensificada pela crise, também envolve um desafio político doméstico para os alemães. O papel de liderança que hoje cabe à Alemanha por razões demográficas e econômicas não está apenas despertando fantasmas históricos à nossa volta, mas também nos tenta a escolher um curso nacional

---

internacional e sobre a solução dos problemas globais. Renunciar à unificação europeia seria virar as costas para a história mundial.

[14] Para uma análise interessante, apesar de ainda colorida pela perspectiva histórica nacional, ver Andreas Rödder, "Dilemma und Strategie", *Frankfurter Allgemeine Zeitung*, 14 jan. 2013, p. 7.

unilateral, ou até a sucumbir às fantasias de poder de uma "Europa alemã" em vez de uma "Alemanha *na* Europa". Nós alemães deveríamos ter aprendido com as catástrofes da primeira metade do século XX que é do nosso interesse nacional evitar permanentemente o dilema de um Estado semi-hegemônico que mal consegue sobreviver sem resvalar em conflitos. A realização de Helmut Kohl não é a reunificação e o restabelecimento de certa normalidade nacional em si, mas o fato de que esse acontecimento feliz veio junto com a promoção constante de uma política que liga firmemente a Alemanha à Europa.

A Alemanha não apenas tem interesse numa política de solidariedade; eu proporia que ela tem até uma obrigação normativa correspondente.[15]

---

[15] Ver Jürgen Habermas, *The Lure of Technocracy*. Cambridge, Polity, 2015, p. 24-28.

Capítulo 7 | Dieter Grimm

- Nascido em 1937 em Kassel, Alemanha.
- Professor emérito da Universidade Humboldt em Berlim.
- Entre 1987 e 1999, atuou como juiz no Tribunal Federal Constitucional da República Federal da Alemanha.
- PhD e bacharelado em Direito na Universidade de Frankfurt am Main, depois dos estudos de Direito e Ciência Política em Frankfurt e em Friburgo, e na Universidade Livre de Berlim, em Paris-I Sorbonne, e em Harvard.
- Seus livros incluem: *Souveränität: Herkunft und Zukunft eines Schlüsselbegriffs* (2009); *Das öffentliche Recht vor der Frage nach seiner Identität* (2012); *Die Zukunft der Verfassung II: Auswirkungen von Europäisierung und Globalisierung* (2012). Artigo famoso: "Does Europe Need a Constitution?", *European Law Journal* 1 (1995) 3, p. 282-302.

* * *

Dieter Grimm é uma das principais figuras do debate da Europa. Entre 1987 e 1999, foi juiz no Tribunal Federal Constitucional da Alemanha. Nessa capacidade, ajudou a redigir o famoso Tratado de Maastricht (1993), em que os juízes superiores da Alemanha deram o sinal verde para a recém-estabelecida União Europeia. Eles estipularam que a ampliação da integração europeia deve proteger a vida democrática dos Estados-membros. A União era mais próxima do que uma clássica confederação de Estados, disseram, mas ao mesmo tempo mais frouxa do que um Estado federal. Eles usaram um novo termo, falando em condomínio de Estados. Grimm continuou a manter essa posição no debate público como professor na Alemanha e nos Estados Unidos, muitas vezes convidado a comentar questões sociais e políticas do momento.

Em sua contribuição para este livro, Grimm examina o que considera um desequilíbrio dentro do arranjo institucional da UE. Ele não considera o parlamento o organismo certo para resolver o déficit democrático dentro da União. A expansão das competências do Parlamento Europeu sempre se dará à custa das competências das instituições políticas nacionais. Além disso, competências formais não podem compensar uma carência de envolvimento cultural e político no debate público. Essa hesitação quanto ao Parlamento Europeu destaca Grimm de muitos outros pensadores alemães (incluindo Jürgen Habermas). Ele está convencido de que a "parlamentarização" plena chegaria mesmo a enfraquecer a União.

Como ex-juiz do Tribunal Constitucional, Grimm tem familiaridade com o teste de compatibilidade entre os tratados europeus e a Constituição alemã. Aqui, ele lança luz na enorme influência que a Comissão e o Tribunal de Justiça da União Europeia obtiveram à custa de instituições políticas, especificamente os parlamentos nacionais e o Parlamento Europeu de um lado, e o Conselho de Ministros da UE de outro. Ele também oferece soluções e modos de recuperar o apoio dos cidadãos para o projeto europeu. Ele acredita que as leis europeias e sua interpretação pelo Tribunal de Justiça devem ser expostas sempre a decisões políticas. A lei europeia tem hoje *status* quase constitucional, e só pode ser alterada com grande dificuldade, ao passo que as preferências políticas dos cidadãos estão sujeitas a mudanças.

* * *

O PODER DE AUTOCONTENÇÃO
NA UNIÃO EUROPEIA[1]

A maior parte das soluções apresentadas para a falta de legitimidade da União Europeia de algum modo envolve o Parlamento Europeu. Assim que ele obtiver os poderes que os parlamentos nacionais costumam ter, diz o argumento, o corpo eleito pelos cidadãos da UE vai passar para o foco da União. Só nesse momento a União obterá a legitimidade democrática de que hoje carece. A eleição de Jean-Claude Juncker para a presidência da comissão está sendo louvada como um passo a mais nessa direção. Ele era o *Spitzenkandidat* do grupo que prevaleceu nas eleições. O conselho, então, hesitantemente o nomeou para o cargo. Na medida em que a seleção de *Spitzenkandidaten* na eleição europeia pretendia ser uma tentativa de arrancar do conselho o poder de nomear o presidente, a aposta compensou. Porém, a eleição em si não ficou mais atraente. A personalização da eleição não atingiu esse objetivo. O comparecimento dos eleitores foi tão baixo como antes.

Aumentar a influência do parlamento, porém, só funciona como meio de tratar a falta de legitimidade da UE se o motivo dessa falta estiver na fraqueza do parlamento. Se houver um motivo diferente para essa falta de legitimidade, corremos o risco de aplicar a terapia errada. Em outras palavras, é preciso levar a sério o sucesso da iniciativa de investir o parlamento de poder. Se sem dúvida é difícil imaginar a democracia sem um parlamento livremente eleito e devidamente investido de poder, esses elementos por si apenas corporificam os pré-requisitos formais da democracia. Se a democracia é efetivamente vivida em comunidade é outra questão. A resposta depende de outros

---

[1] Este ensaio foi originalmente publicado no *Frankfurter Allgemeine Zeitung* em 11 de agosto de 2014.

critérios. Apenas se esses critérios forem plenamente levados em conta poderemos ter certeza de que o aumento dos poderes do Parlamento Europeu cumprirá sua promessa.

O primeiro desses critérios é a representação. Todo parlamento deve ser uma aproximação da sociedade que representa, senão as decisões obrigatórias que ele toma carecem de legitimidade. A maior parte dos parlamentos hoje luta para atender a esse critério. Em nossas sociedades ocidentais altamente individualizadas, os laços tradicionais de família, igreja, classe e meio estão deslindando-se, e o resultado é pluralismo de valores. Isso alimenta a fadiga eleitoral. Ao mesmo tempo, o protesto *ad hoc* contra medidas políticas específicas é fácil de organizar. Pouco há que fazer contra essas tendências modernas. A necessidade de legitimação permanece, e fica cada vez mais difícil atendê-la. A União Europeia não é exceção. Pelo contrário; a fragmentação de entidades políticas nacionais na União exacerba o problema. O resultado é que todos julgam o valor da integração da Europa apenas pela utilidade para seu próprio país.

ELEIÇÕES PARA O PARLAMENTO EUROPEU: UM EXERCÍCIO NÃO DEMOCRÁTICO

Porém, a UE necessariamente complica os problemas. Ela reforça a fragmentação nacional por meio de seu procedimento eleitoral, em vez de mitigá-la. Por conseguinte, o Parlamento Europeu não é tão representativo quanto os parlamentos nacionais. Isso se deve apenas em parte à baixa participação eleitoral. Um fator mais importante talvez seja o fato de as eleições europeias não serem europeizadas. As eleições são realizadas em separado em cada Estado-membro, ao passo que as cotas nacionais do parlamento não refletem o número de habitantes dos Estados-membros. As eleições, além disso, são governadas pela lei nacional, e apenas partidos nacionais podem ser eleitos – partidos nacionais que fazem campanhas nacionais. Esses partidos, porém, não aparecem como atores no Parlamento Europeu. Em vez disso, são partidos europeus que nele atuam. Eles consistem em frouxas alianças de partidos nacionais filiados. Desse modo, elas não têm raízes na sociedade.

Por isso, os partidos nacionais não agem como intermediários entre os cidadãos da União e os órgãos europeus. Eles não estão associados aos eleitores, e não podem ser responsabilizados por estes. Ao mesmo tempo, os partidos nacionais não podem prometer com credibilidade que o programa de campanha com o qual concorrem será o programa das facções europeias no parlamento depois das eleições. A associação de agência e responsabilidade entre a eleição e o trabalho no parlamento – associação que é um pré-requisito para a democracia – está rompida. Os partidos nacionais que podem ser eleitos não dirigem o trabalho do parlamento. Os partidos europeus que dirigem o trabalho do parlamento não podem ser eleitos. A seleção de *Spitzenkandidaten* promete mais democracia do que consegue entregar.

> A seleção de *Spitzenkandidaten* promete mais democracia do que consegue entregar.

Mesmo assim, alguns têm a esperança de que a participação eleitoral vá aumentar, e que verdadeiros partidos europeus venham a existir se o Parlamento Europeu tiver os plenos poderes de um parlamento nacional. Isso, porém, não é evidente. Quanto mais poderes o Parlamento Europeu recebeu no passado, menos os cidadãos da União participaram das eleições. Mesmo que a avaliação tenha sido correta, nem todos os problemas teriam sido automaticamente superados. O processo democrático não termina quando acabam as eleições. O parlamento eleito só pode cumprir sua função democrática se estiver ancorado na sociedade que representa, e se absorver as opiniões, interesses e necessidades da sociedade – os quais, então, ele torna reais entre as eleições e o processo de tomada de decisão. O caso ser esse não depende tanto dos poderes, mas sim do envolvimento do parlamento num animado discurso público que é inconcebível sem a mídia correspondente. A UE não chega nem perto desse ideal.

O parlamento eleito precisa ter influência nas decisões políticas. Contudo, a maioria dos parlamentos nos Estados democráticos está vendo sua importância diminuir. A confiança eleitoral está minguando. No equilíbrio interinstitucional, o poder afasta-se do legislativo e vai para o executivo e o judiciário. A "cientificação" e a internacionalização da política, enquanto a discussão e a decisão são substituídas por acordos e negociações, beneficiam os governos. Seria uma verdadeira surpresa se apenas o Parlamento Europeu fosse poupado das consequências. A situação é até exacerbada na UE, onde o corpo executivo e o judicial – a Comissão e o Tribunal de Justiça da UE (TJUE) – estão dissociados dos processos democráticos tanto nos Estados-membros quanto na UE.

A concepção original da integração europeia era diferente. Era apenas o conselho que tomava as decisões-chave e adotava a legislação europeia. Os Estados-membros eram representados no conselho, e adotavam decisões por unanimidade. Como consequência, nenhum Estado-membro ficava sujeito a atos legislativos europeus sem seu prévio consentimento. A Comissão e o TJUE apenas aplicavam a lei adotada pelos Estados-membros, em vez de criá-la. Nessas circunstâncias, a necessidade de democracia europeia era integralmente atendida pelos Estados-membros, que em si mesmos eram democráticos. A participação do povo no nível dos Estados era suficiente para legitimar os atos legislativos europeus. O Parlamento Europeu não servia para legitimá-los. Ele tinha poderes apenas consultivos.

Com o tempo, ocorreram duas mudanças básicas. Uma delas foi o Ato Único Europeu, que, depois de anos de estagnação política em nível europeu, interveio em 1986. Ele introduziu a tomada de decisão por maioria no conselho. Desde então, é possível que um Estado-membro seja submetido a atos legislativos que não consentiu, ou que às vezes foram até explicitamente rejeitados pelo processo democrático nacional. O elo de legitimidade entre povo, governo nacional e UE permaneceu intacto apenas para os tratados, ao passo que foi rompido para os atos legislativos. Foi aberta uma lacuna de legitimidade que não podia ser preenchida em nível nacional. A segunda mudança foi anterior. Ela não resultou da conclusão de um tratado pelos Estados-membros, mas de julgamentos feitos pelo TJUE. Em 1963, o tribunal determinou que os tratados europeus eram diretamente aplicáveis nos Estados-membros. Assim, os participantes do mercado puderam aplicar os tratados contra os Estados-membros. Em 1964, foi acrescentada a decisão de precedência dos tratados sobre a lei nacional.

JULGAMENTOS REVOLUCIONÁRIOS

Isso não necessariamente seguiu-se do texto dos tratados europeus. Antes, o próprio TJUE preparou o caminho para essa conclusão por um trabalho de base metodológico e teórico. Segundo o tribunal, os tratados europeus não eram parte da lei internacional ordinária. Eles constituíam uma ordem jurídica autônoma. Por isso não deveriam ser entendidos como tratados internacionais, isto é, à luz da vontade das partes estatais, e estreitamente no ponto em que limitavam sua soberania. Pelo contrário, deveriam ser interpretados como a lei nacional, à luz de um propósito objetivo que é independente da vontade dos Estados. Os julgamentos são considerados revolucionários – e justamente. Sem eles, a UE teria permanecido uma organização internacional entre muitas; provavelmente teria ainda mais poder e estrutura institucional mais densa do que outras organizações internacionais, mas certamente não seria a entidade singular que hoje conhecemos, um misto de organização internacional e federação.

Logo se reparou que uma lacuna de legitimidade tinha sido aberta com o Ato Único Europeu de 1986. A resposta foi um *upgrade* contínuo do Parlamento Europeu a partir do Tratado de Maastricht. Ele vinha sendo eleito pelos cidadãos dos Estados-membros desde 1979, mas só então ele começou a participar da legislação, ainda que não em pé de igualdade com o conselho. Assim, a legitimidade exógena resultante dos procedimentos democráticos nos Estados-membros foi suplementada por uma legitimidade europeia adequada, endógena, vinda do parlamento. Porém, também foi amplamente negligenciado o fato de que os dois julgamentos diziam respeito ao déficit democrático europeu. Eles são normalmente percebidos como parte de uma história de sucesso – e foram mesmo, quanto à integração, mas não quanto à legitimidade e à aceitação das consequências. Os cidadãos dos Estados-membros e seus representantes nem foram consultados, e para eles nem era possível interferir.

Foi Joseph Weiler, estudioso americano, que interpretou os dois julgamentos ao lê-los como o começo de uma "constitucionalização" dos tratados. Isso significa que eles funcionalmente transformaram os tratados internacionais numa Constituição. As quatro liberdades fundamentais dos tratados – livre movimento de bens, de pessoas, de serviços e de capital – foram as que mais se beneficiaram disso. Se elas originalmente tinham sido concebidas como critérios objetivos que alteravam as leis nacionais segundo as exigências do mercado comum, agora eram transformadas em direitos subjetivos dos participantes do mercado, e podiam ser aplicadas perante tribunais nacionais. A lei nacional que fosse incompatível com as liberdades econômicas e suas especificidades nos tratados tornava-se automaticamente inaplicável. Em caso de dúvida, o Tribunal de Justiça da União Europeia reservava-se o direito de esclarecer a compatibilidade. Os tribunais nacionais tinham de referir questões sobre a compatibilidade da lei nacional com a lei europeia ao TJUE, e eram legalmente atados pela decisão de Luxemburgo.

TRATADOS SEM DEMOCRACIA

Como consequência dessa jurisprudência, os parlamentos – fossem nacionais ou o europeu – não eram mais necessários para o estabelecimento do mercado comum. A comissão e o tribunal conseguiram enfrentar sozinhos o desafio. Bastou que desaplicassem a lei nacional, que, na opinião deles, impedia o livre movimento econômico. Por isso, ao lado do caminho direto de integração por meio do consenso político dos Estados-membros, surgiu um caminho indireto, por meio da interpretação dos tratados pelo TJUE. O tribunal percorreu esse caminho com zelo missionário. Assim, interpretou as proibições de discriminação de competidores estrangeiros tão amplamente que incluiu proibições regulatórias, porque quase qualquer regulamentação nacional poderia ser entendida como obstáculo de acesso ao mercado. A proibição de subsídios estatais distorcedores de mercado foi estendida de empreendimentos privados para instituições de serviço público, e empurrou a privatização independentemente dos motivos para confiar certas tarefas aos serviços públicos.

Como consequência, os Estados-membros perderam amplamente a possibilidade de impor seus próprios padrões de segurança de produtos, de proteção ao consumidor, de segurança no trabalho, etc., além do poder de determinar o limite entre o setor privado e o setor público, entre mercado e Estado. Porém, eles não conseguiram defender-se da perda de poder. O motivo, mais uma vez, será encontrado na constitucionalização dos tratados. O que está estabelecido no nível da Constituição é removido da regulamentação política. Os resultados das eleições tampouco têm influência nisso. Apesar de serem altamente políticas em seus efeitos, as decisões da comissão e do TJUE, do ponto de vista jurídico consistiram na implementação de uma Constituição. Foram tomadas em modo apolítico, isto é, administrativo e judicial, ao mesmo tempo que eram imunes a correções em virtude de seu estatuto constitucional. As instâncias políticas democraticamente legitimadas dos Estados-membros e da UE estavam fora do jogo. Os mecanismos democráticos não atuavam em relação aos tratados.

A completa magnitude dessa mudança de poder só pode ser entendida se os tratados europeus forem comparados a uma Constituição. As constituições regulam a tomada de decisão política, mas deixam as decisões políticas em si para o processo político, de modo que o resultado das eleições tem impacto sobre elas. Os tratados, por sua vez, tomam as decisões eles mesmos. Eles estão repletos de regras que de hábito não são estabelecidas em constituições, mas na lei ordinária. Isso explica a extensão épica dos tratados. Porém, por causa da constitucionalização, a interpretação dessas regras pela Comissão e pelo TJUE equivale a uma interpretação constitucional. Mesmo que os órgãos políticos, o conselho e o parlamento tenham a opinião de que a interpretação vai muito além de suas intenções enquanto partes a fazer tratados, qualquer correção por via de emenda legislativa está além de suas capacidades. Somente uma emenda dos tratados atingiria esse objetivo, mas, para esse fim, ela está quase sempre fora de alcance.

Mesmo assim, a comissão e o tribunal só podem desaplicar a lei nacional. Eles não podem preencher as fendas que abriram na lei nacional com a lei europeia. Somente a legislatura europeia pode fazer isso, o que de início significava o conselho sozinho, e depois o conselho em cooperação com o Parlamento Europeu. Porém, é mais difícil criar leis europeias do que esmagar a legislação nacional. A legislação nacional é invalidada com uma canetada, ao passo que legislar em nível europeu exige a iniciativa da comissão, assim como uma decisão do conselho e o consentimento do Parlamento Europeu. Fritz Scharpf descreveu essa situação como uma assimetria entre integração negativa – por meio do cancelamento da regulamentação nacional – e integração positiva – por meio da regulamentação europeia. Essa assimetria é a raiz da tendência liberalizante da jurisprudência do TJUE, que vai contra os compromissos da maior parte dos Estados-membros com o Estado social.

É este o cerne do problema democrático europeu. A instituição executiva e a instituição judicial da UE – a Comissão e o TJUE – deram adeus aos processos democráticos dentro dos Estados-membros bem como na UE, e dissociaram-se. Tomam decisões de grande importância política de modo apolítico, ao passo que sua prática não está submetida à direção política por causa da constitucionalização dos tratados. São mais independentes e mais livres do que qualquer executivo e qualquer judiciário nacionais jamais foram. Parlamentarizar a UE deixaria esse estado de coisas totalmente intocado. O próprio parlamento está afastado do jogo na medida em que a lei europeia foi constitucionalizada.

> A instituição executiva e a instituição judicial da UE – a Comissão e o TJUE – deram adeus aos processos democráticos dentro dos Estados-membros bem como na UE, e dissociaram-se.

Investir o parlamento de poder em nada mudaria a dissociação entre o corpo executivo e o corpo judicial da UE.

Todo parlamento tem de atender à necessidade de legitimidade democrática na entidade política. Será que o Parlamento Europeu estaria à altura dessa tarefa caso seus poderes se estendessem a ponto de igualar-se aos dos parlamentos nacionais? À primeira vista, a dotação do Parlamento Europeu com poderes típicos de parlamentos nacionais parece fortalecer a democracia europeia. Porém, isso não deve ser observado isoladamente, porque investir um órgão de poder implica fazê-lo sempre à custa de outros órgãos, cuja contribuição para a legitimidade democrática da UE deve também ser levada em conta. De fato, a proposta de fortalecer o parlamento costuma estar embutida em planos mais amplos de reforma da UE. Segundo esses planos, a comissão é elevada a governo – parlamentar – da Europa, ao passo que o conselho é rebaixado a uma segunda câmara do parlamento.

Isso é obviamente o plano de qualquer federação. Segundo essa ideia, a UE chegaria perto de ser um Estado. Conforme o julgamento de Lisboa dado pelo Tribunal Constitucional Alemão, a transformação da UE em Estado federal é proibida por sua Lei Básica. Porém, é o caso de perguntar se isso resolveria o problema europeu de legitimidade. O fato de que o déficit democrático é uma consequência nem tanto das instituições, mas sim das precondições societárias da democracia, milita contra uma resposta positiva, porque essas precondições não seriam afetadas pelas reformas. É verdade que o parlamento teria mais poderes, mas ele permaneceria tão distante da base da sociedade quanto antes. O conselho sofreria a perda correspondente, seja no papel do Conselho Europeu de chefes de Estado e de governo, seja no do Conselho de Ministros. O Conselho Europeu só continuaria a ser necessário como órgão encarregado de emendas aos tratados – e alguns gostariam até de tirar dele esse poder e entregá-lo à UE –, enquanto o Conselho de Ministros permaneceria a parte júnior da legislatura, sem influência na composição do governo e do orçamento.

Porém, como o conselho é o único órgão europeu que representa os interesses dos Estados-membros que fundaram a UE a fim de buscar certos objetivos comuns, a remoção da UE do alcance dos Estados-membros seria levada ainda mais adiante. A cadeia de legitimidade seria transformada. A cadeia de legitimidade que se origina nos Estados-membros seria enfraquecida. Esta, aliás, é a cadeia que originalmente fora a única fonte de legitimidade da UE, e de fato ainda é a fonte mais importante, porque o Conselho Europeu é o único órgão encarregado das decisões evidentes, e o Conselho de Ministros é a parte principal da legislatura. Como o governo de cada Estado-membro seria marginalizado, o fato de ser legitimado democraticamente, controlado "em casa" e ter de ser receptivo a eleições não mais transmitiria legitimidade democrática à UE, ao menos não na mesma medida de hoje. O fardo da legitimação democrática da UE teria de ser sustentado de maneira avassaladora pelo parlamento.

A IMPORTÂNCIA DA DEMOCRACIA EM NÍVEIS NACIONAIS

Sucintamente falando, a UE passaria da legitimação exógena, por meio dos Estados-membros, eles próprios legitimados democraticamente, para uma devida legitimação endógena por meio do Parlamento Europeu. A questão, portanto, é se a UE tem recursos suficientes para a devida legitimação. Nesse aspecto, porém, aquilo que se disse antes sobre as precondições societárias da democracia viva pesa muito. Essas precondições são subdesenvolvidas em nível europeu, ou absolutamente ausentes. O Parlamento Europeu teria de suportar o ônus da legitimação sem ser capaz de funcionar como mediador entre os cidadãos europeus e os órgãos europeus. A conclusão, portanto, só pode ser esta: a UE depende de uma corrente de legitimidade que vem dos Estados-membros, nos quais o ambiente para o funcionamento da democracia é consideravelmente melhor do que na UE – ainda que seja preciso admitir que muitas vezes está longe do ideal.

Por isso, nossa avaliação da democracia revela que a UE ficaria mais fraca depois da democratização plena do que antes. Isso agravaria os problemas de legitimidade em vez de resolvê-los. E não milita contra investir de mais poder o parlamento, que pode funcionar como contrapeso ao conselho, no qual dominam os interesses nacionais, e à comissão, na qual prevalecem tendências tecnocráticas e liberais. Porém, o melhor meio nesse aspecto não é a extensão dos poderes, e sim a ampliação da representatividade do parlamento. Nesse aspecto, são fatores-chave a europeização das eleições europeias e a criação de partidos verdadeiramente europeus que estejam em contato com a sociedade, que façam campanhas baseadas em plataformas eleitorais europeias, e que então transmitam as visões da política europeia e os interesses de seu eleitorado aos processos de tomada de decisão em Bruxelas.

É ainda mais importante colocar um fim ao distanciamento da Comissão e do Tribunal de Justiça da União Europeia dos processos democráticos da UE e dos Estados-membros. Considerando que a UE vai continuar a depender da legitimação por meio dos Estados-membros, a UE precisa desenvolver um interesse em causa própria numa democracia forte nos Estados-membros, em vez de solapá-la, aleijando cada vez mais os poderes nacionais. Porém, esse distanciamento só vai acabar quando os tratados forem limitados a uma dimensão propriamente constitucional, isto é, aos objetivos, poderes, órgãos, procedimentos e direitos fundamentais da União Europeia. As provisões extensivas sobre as políticas da UE devem ser rebaixadas ao nível de lei ordinária, a fim de tornar possível o que é padrão em todo Estado democrático, a saber, mudar, por meio da política, o curso da jurisprudência para o futuro.

Seria ao menos mais fácil para a União Europeia, assim reorganizada, a tarefa de conquistar a aceitação dos cidadãos da UE. Os cidadãos poderiam desenvolver consciência da capacidade de influenciar o curso da integração europeia. Isso provavelmente não faria da UE seu lar emocional, ao qual eles estariam ligados do mesmo jeito que estão ligados a seus Estados-membros. A UE não pode substituir os estados-nações, mas permanece a parceria com o propósito especial de encarar desafios que os estados-nações não conseguem mais abordar plenamente num mundo globalizado. É essa sua lógica forte e essencial. Sem a UE, a divisão entre o alcance dos atores econômicos globais e a política seria muito mais ampla do que é hoje. Essa lógica basta para sustentar uma parceria de Estados. Porém, a tentativa da UE de redirecionar o laço entre cidadãos e seu Estado para si própria parece inútil. A UE deveria abandonar essa tentativa e aceitar seus limites.

Capítulo 8 | Koen Lenaerts[1]

- Nascido em 1954 em Mortsel, na Bélgica.
- Tese de doutorado na Universidade Católica de Leuven sobre a jurisprudência constitucional do Tribunal Europeu e da Suprema Corte Americana, depois dos estudos na Universidade de Namur, na Universidade Católica de Leuven e em Harvard.
- Professor de Direito Europeu na Universidade Católica de Leuven; desde 2003, juiz no Tribunal de Justiça da UE, e, desde 2012, vice-presidente do tribunal.
- Publicações importantes: *Constitutional Law of the European Union* (Londres, 2005); *European Union Law* (com Pieter van Nuffel, Oxford, 2011).
- Ganhador da Medalha de Ouro de Honra da Comunidade Flamenga (2012), e elevado ao pariato belga.

***

Como vice-presidente do Tribunal de Justiça da UE, Koen Lenaerts está profundamente envolvido com os dilemas cotidianos da ordem jurídica e política da Europa. Como encontrar um equilíbrio entre as reivindicações dos Estados-membros, das instituições e dos cidadãos quando se trata dos direitos e das obrigações do Tratado da UE?

Por meio de suas publicações acadêmicas, Lenaerts tornou-se uma das vozes de maior autoridade do tribunal a expressar e a sintetizar suas perspectivas para o público – falando por "Luxemburgo" de modo análogo ao do ex-juiz Dieter Grimm (alhures neste volume) ao falar por "Karlsruhe", o Tribunal Constitucional Alemão.

Em sua contribuição, Lenaerts explica como o Tribunal de Justiça Europeu dá sentido jurídico ao princípio da democracia. "A justiça

---

[1] Todas as opiniões aqui expressas pertencem exclusivamente ao autor.

e a democracia têm ligação intrínseca", afirma ele. Lenaerts observa que existem duas visões contrastantes da Europa, ambas centradas no Estado. A primeira visão privilegia a soberania: as democracias nacionais devem ser protegidas contra o poder supranacional. A segunda pretende que a UE se torne um Estado federal de pleno direito. Partindo do conceito de "demoicracia" (de *demoi*, "povos"), Lenaerts defende uma terceira via: a camada nacional e a camada europeia do governo devem complementar-se e fortalecer-se mutuamente. Tanto os parlamentos nacionais quanto o Parlamento Europeu devem desempenhar seus papéis.

Para o Tribunal de Justiça, isso significa toda vez acertar o equilíbrio entre unidade e diversidade, bem como favorecer o diálogo entre o direito da UE e as constituições nacionais. A diversidade de valores deve, sempre que possível, ser respeitada e preservada pelas instituições da UE. Porém, segundo Lenaerts, ela não pode ser sustentada incondicionalmente, não quando isso for contra a Carta de Direitos Fundamentais da União Europeia. Na crise do euro, surgiram dilemas similares entre a necessidade de mais unidade e a necessidade de respeitar a diversidade. Ao lidar com esses dilemas, "a integração e a legitimidade devem progredir em paralelo". Respostas *ad hoc* a crises, justificadas sob pressão, devem, em última instância, encontrar seu caminho no tratado.

* * *

"DEMOICRACIA", PLURALISMO CONSTITUCIONAL E O TRIBUNAL DE JUSTIÇA DA UNIÃO EUROPEIA

Na União Europeia, a justiça e a democracia têm ligação intrínseca. Não há justiça sem democracia, e não há democracia sem justiça. Isso significa, essencialmente, que nós europeus acreditamos fortemente que o princípio da democracia deve ser incorporado ao Estado de direito dentro da UE. Cabe ao Tribunal de Justiça da União Europeia (TJUE), ao qual foi confiada a tarefa de "garant[ir] o respeito do direito na interpretação e na aplicação dos tratados",[2] dar sentido jurídico a esse princípio.

A questão que então se impõe é *como* o tribunal deve expressar o princípio da democracia ao exercer seus poderes judiciais,[3] considerando que, ao contrário dos estados-nações, a UE não é o produto de uma autodeterminação coletiva por um "*dēmos* europeu". O propósito de meu ensaio é lançar luz sobre a questão.

VISÕES DE DEMOCRACIA CENTRADA NO ESTADO

Tradicionalmente, os estudiosos do direito, os filósofos e os cientistas políticos dividem-se em dois campos na hora de avaliar as consequências de a UE carecer de um "*dēmos*".

Por outro lado, alguns estudiosos afirmam que, "se não há *dēmos*", isso significa que necessariamente "não há democracia".[4]

---

[2] Artigo 19 do TUE.

[3] Ver, em geral, Koen Lenaerts, "The Principle of Democracy in the Case Law of the European Court of Justice". *International and Comparative Law Quarterly*, vol. 62, 2, 2013, p. 271-315.

[4] Ver, por exemplo, David Miller, *On Nationality*. Oxford University Press, 1995.

Nenhum sistema de governança que não é o resultado da autodeterminação coletiva do povo poderia ser de natureza democrática. Como o estado-nação é o *locus* da democracia, esses estudiosos acreditam que a democracia deve ser protegida do poder supranacional. Quanto mais poder permanecer no nível nacional, melhor para a democracia. Como mal menor, eles postulam que a tomada de decisão intergovernamental deve ser a força motriz da integração europeia.

Esse entendimento da democracia daria sustento a uma teoria *em prol da soberania* na interpretação constitucional: como a transferência de poderes regulatórios dos Estados-membros para a UE traz um risco para as democracias nacionais, essa transferência deve ser interpretada de maneira estreita. Em casos difíceis de importância constitucional, em que o sentido da provisão da UE em questão fosse ambíguo, o tribunal deveria optar pela interpretação mais favorável aos Estados-membros. Quanto aos conflitos interinstitucionais entre o conselho e a comissão, essa teoria opera em defesa das prerrogativas da antiga instituição, pois representa os governos dos Estados-membros.[5] A teoria *em prol da soberania* na interpretação constitucional milita a favor da limitação do princípio de reconhecimento mútuo e dos direitos associados à cidadania europeia.

Por outro lado, há estudiosos segundo os quais a integração europeia deveria concentrar-se em despertar um "*dēmos* europeu" adormecido.[6] A UE é vista como um projeto incompleto, que precisa cruzar o Rubicão e tornar-se um Estado federal de pleno direito. Além de apoiarem reformas no desenho institucional da UE que ampliariam a "democracia de *input*", esses estudiosos afirmam que a integração europeia deveria girar em torno de um entendimento amplo da cidadania da UE.

---

[5] Artigo 16 do TUE.

[6] Ver, por exemplo, Jürgen Habermas, "Why Europe Needs a Constitution", *New Left Review*, 11, 2001, p. 3.

Esse entendimento da democracia apoiaria uma teoria *federalista* da interpretação constitucional: as forças que unem os europeus devem ser interpretadas amplamente. Graças à experiência dos Estados Unidos, essa teoria da interpretação constitucional, por exemplo, não se oporia à incorporação dos direitos reconhecidos na Carta de Direitos Fundamentais da União Europeia ("a Carta"), incluindo direitos sociais ao *status* de cidadão da UE. Assim, os direitos associados a esse *status* não seriam mais dependentes da questão de o cidadão ser economicamente ativo,[7] mas exigiria maior solidariedade dos Estados-membros. Maior solidariedade, por sua vez, forçaria a transferência de poderes redistributivos dos Estados-membros para a UE. O argumento, portanto, diz que a transferência aproximaria a UE de tornar-se um "Estado federal", porque colocaria um fim ao que Scharpf chama de "assimetria constitucional" da UE, segundo a qual esta goza de amplos poderes para liberalizar mercados e incentivar a competição, mas é quase impotente para adotar medidas de bem-estar social.[8]

Porém, o problema dessas duas visões opostas de democracia é que elas são centradas no Estado. Ao aplicar padrões tradicionais de estado-nação à UE, elas não captam o modo como a democracia deveria operar num sistema de governança em vários níveis. Além disso, tanto a teoria *em prol da soberania* quanto a *federalista* da interpretação constitucional são, nada mais, nada menos, que uma justificação normativa para que o Tribunal de Justiça da UE faça ativismo judicial. De fato, teoria nenhuma encontra apoio nos tratados. O mais importante é que a própria ideia de justiça impede o tribunal de assumir uma postura sobre como a integração europeia deveria evoluir (ou involuir), considerando que essa é uma questão que deve ser resolvida pelo processo político.

---

[7] Ver, por exemplo, o julgamento em *Dano*, C 333/13, EU:C:2014:2358.
[8] Fritz W. Scharpf, "The Asymmetry of European Integration, or Why the EU cannot be a 'Social Market Economy'", *Socio-Economic Review*, 8, 2, 2010, p. 211-50.

UMA TERCEIRA VIA: A DEMOCRACIA

A fim de encontrar o modo como o Tribunal de Justiça da União Europeia deveria dar expressão ao princípio da democracia, é preciso em primeiro lugar olhar os tratados. Nesse sentido, o Tratado de Lisboa contribuiu para lançar nova luz sobre a questão. Atualmente, os artigos 9 a 12 do Tratado da União Europeia (TUE) expressam o princípio da democracia na ordem jurídica da UE. "Esses artigos baseiam-se nas principais posições propostas naquilo que é um debate de vinte anos."[9]

A meu ver, segue-se dessas provisões dos tratados que a UE está baseada numa "estrutura dual de legitimidade democrática", composta não apenas do corpo dos cidadãos da UE coletivamente, mas também de vários povos individuais da UE, organizados em suas constituições nacionais e segundo elas. Isso fica claro no artigo 10 do TUE, segundo o qual "os cidadãos estão diretamente representados, no nível da União, no Parlamento Europeu", "os Estados-membros estão representados no Conselho Europeu pelo respectivo chefe de Estado ou de governo, e no conselho pelos respectivos governos, eles próprios democraticamente responsáveis, quer perante os respectivos parlamentos nacionais, quer perante os seus cidadãos".

Essa estrutura dual não busca substituir as estruturas democráticas dos Estados-membros; ela tenta suplementá-las. É por isso que o artigo 9 do TUE enfatiza a importância dos parlamentos nacionais. Sua participação ativa contribui para o bom funcionamento da UE, principalmente por monitorar *ex ante* que as propostas de legislação da UE estejam de acordo com os princípios de proporcionalidade e de subsidiariedade.

À luz do artigo 11 do TUE, a estrutura dual de legitimidade democrática da UE não se limita à participação do Parlamento

---

[9] Armin von Bogdandy, "The European Lesson for International Democracy: The Significance of Articles 9-12 EU Treaty for International Organizations", *European Journal of International Law*, vol. 23, 2, 2012, p. 315-34.

Europeu no processo legislativo, mas também abrange outras formas de governo, em particular a participação ativa da sociedade civil e a obtenção de consenso por parceiros sociais.[10] Além disso, o funcionamento adequado dessa estrutura demanda que as instituições políticas da UE levem em consideração novos mecanismos que busquem fortalecer o princípio da democracia, como o princípio da transparência.[11] Ao fazerem isso, esses mecanismos buscam ampliar a legitimidade democrática da UE ao oferecer meios suficientes para que os cidadãos da UE possam pedir contas a seus representantes.[12]

Segue-se que a democracia em vários níveis de governança deve ser movida por uma relação de reforço mútuo, segundo a qual as duas fontes de legitimidade democrática se complementam mutuamente. A democracia na UE, de fato, é de natureza composta. É uma "demoicracia",[13] expressão que Nicolaïdis definiu como "união de povos, entendidos tanto como Estados como quanto cidadãos, que governam juntos, mas não como um".[14] Cheneval e Schimmelfennig acrescentam a essa definição que "as ideias de representação centradas tanto no povo quanto no cidadão devem [...] ser sustentadas ao

---

[10] Ver, a esse respeito, o julgamento do Tribunal Geral em *UEAPME v Council*, T-135/96, EU:T:1998:128.

[11] Julgamento em *Sweden v MyTravel and Commission*, C 506/08 P, EU:C:2011:496.

[12] Julgamento em *Council v Access Info Europe*, C 280/11 P, EU:C:2013:671.

[13] No contexto europeu, o termo foi originalmente cunhado por Philippe Van Parijs, "Should the European Union Become More Democratic?". In: A. Føllesdal and P. Koslowski (eds.), *Democracy and the European Union*. Berlin and New York, Springer, 1997, p. 287-301.

[14] Ver Kalypso Nicolaïdis, "The Idea of European Demoicracy". In: Julie Dickson e Pavlos Eleftheriadis (eds.), *The Philosophical Foundations of European Union Law*. Oxford University Press, 2010, p. 247. Ver também Kalypso Nicolaïdis, "The New Constitution as European 'Demoi-cracy'?", *Critical Review of International Social and Political Philosophy*, vol. 7, 1, 2004, p. 76-93.

mesmo tempo".¹⁵ Assim, a "demoicracia" deve constantemente manter o equilíbrio entre essas duas ideias diferentes de representação. Isso significa, essencialmente, que a transferência de poderes dos Estados-membros para a UE não deve afetar adversamente as democracias nacionais. Analogamente, estas não podem prejudicar o projeto de integração europeia como um todo. Pelo contrário, a UE e os processos nacionais de tomada de decisão devem ser acomodados para criar "mais democracia", seja em nível nacional, seja em nível da UE.

"DEMOICRACIA" E PLURALISMO CONSTITUCIONAL

À luz dos artigos 9-12 do TUE, parece que a ideia de "demoicracia" está incorporada no tecido constitucional da UE. Assim, o Estado de direito dentro da UE deve ser interpretado como sistema de normas que busca proteger a estrutura dual de legitimidade democrática da UE.

A fim de sustentar o Estado de direito dentro da UE, o TJUE deve, portanto, endossar uma teoria da interpretação constitucional que garanta essa estrutura dual. Nesse sentido, creio que o pluralismo constitucional seria uma dessas teorias.¹⁶ Ao contrário de teorias *em prol da soberania* e *federalistas* de interpretação constitucional, o pluralismo constitucional não se predica no favorecimento de um resultado em casos difíceis, mas concentra-se num método de análise que permite um diálogo construtivo entre a lei da UE e as constituições nacionais.

O TJUE e os tribunais constitucionais nacionais devem cooperar para atingir o equilíbrio certo entre unidade europeia e diversidade

---

[15] Francis Cheneval e Frank Schimmelfennig, "The Case for Demoicracy in the European Union", *Journal of Common Market Studies*, vol. 51, 2, 2013, p. 334-50.

[16] Ver Matej Avbelj e Jan Komárek (eds.), *Constitutional Pluralism in the European Union and Beyond*. Oxford, Hart Publishing, 2012.

nacional. O pluralismo constitucional se encaixa bem no éthos da "demoicracia", pois permite que o Tribunal da UE acomode as reivindicações democráticas dos cidadãos da UE, tanto como corpo coletivo como indivíduos organizados em suas constituições nacionais e por elas.

O pluralismo constitucional apoia a convicção de que o projeto de integração europeu não exclui escolhas democráticas nacionais. Pelo contrário, como afirma o artigo 4(2) do TUE, a UE está comprometida em respeitar a identidade nacional de seus Estados-membros, inerente a suas estruturas fundamentais, políticas e constitucionais, incluindo o autogoverno regional e local.[17] Pluralismo significa que cada sociedade nacional permanece livre para evoluir distintamente segundo sua própria escala de valores. A diversidade de valores deve, onde possível, ser respeitada e preservada pela UE.

Porém, nem a unidade nem a diversidade são absolutas. A UE não deve privar os Estados-membros de sua própria identidade. E essa identidade nacional não deve tampouco prejudicar o projeto de integração como um todo. A sobrevivência da UE demanda que aquilo que nos une permaneça mais forte do que aquilo que nos afasta. Segue-se que o pluralismo é um valor relativo, que deve respeitar um núcleo fundamental composto dos princípios básicos da UE, isto é, o consenso constitucional.

O consenso constitucional leva à adoção de normas da UE do mais alto nível (a lei primária da UE), que protegem o núcleo normativo da democracia. É assim porque, a fim de reformar as regras básicas que governam a UE, todos os Estados-membros, e, onde apropriado, seus cidadãos, devem concordar. Assim, as provisões nos tratados que consagram a estrutura dual de legitimidade democrática da UE são parte da "suprema *lex terrae*". O mesmo vale para os princípios que

---

[17] Ver julgamentos em *Sayn-Wittgenstein*, C 208/09, EU:C:2010:806; *Runevič-Vardyn and Wardyn*, C 391/09, EU:C:2011:291; e *Las*, C 202/11, EU:C:2013:239.

governam sua operação, sobretudo os princípios de que a União observará "a igualdade de seus cidadãos" e respeitará "a igualdade dos Estados-membros perante os tratados".[18]

Em seguida, a questão que surge é *como* o pluralismo deve ser ordenado. Como atingir o equilíbrio entre "as ideias centradas no povo e as ideias centradas no cidadão"? Cabe ao TJUE atingir esse equilíbrio?

Há espaço para escolhas democráticas nacionais onde o legislador da UE ou não tem poder para determinar, ou não determinou, o nível de proteção a ser dado a um bem comum. Por exemplo, onde uma questão está dentro do escopo da lei da UE, e o legislador da UE ainda não determinou o nível preciso de proteção que deve ser dado a um direito fundamental, cabe à sociedade de cada Estado-membro fazer essa determinação. Assim pode haver diversidade de valores.[19]

Porém, como o pluralismo não é um valor absoluto, o nível de proteção dado a um bem comum por uma ordem jurídica nacional deve estar de acordo com qualquer consenso constitucional que exista no nível da UE. No âmbito dos direitos fundamentais, isso significa que a diversidade de valores pode ser expressa, desde que "o nível de proteção oferecido pela Carta, como interpretada pelo tribunal [de Justiça], e a primazia, a unidade e a eficácia da lei da União Europeia não sejam [...] comprometidos".[20]

Por contraste, a diversidade de valores é descartada onde o legislador da UE determinou o nível preciso de proteção que deve ser concedido a um bem comum específico.[21] Claro que a legislação da UE também deve estar de acordo com o consenso constitucional da UE.[22] No âmbito dos direitos fundamentais, isso significa que as esco-

---

[18] Ver artigos 4(2) TUE e 9 TUE.

[19] Julgamento em *Jeremy F.*, C 168/13 PPU, EU:C:2013:358.

[20] Julgamento em *Åkerberg Fransson*, C 617/10, EU:C:2013:105.

[21] Julgamento em *Melloni*, C 399/11, EU:C:2013:107.

[22] Julgamentos em *Schwarz*, C 291/12, EU:C:2013:670 e *Sky Österreich*, C 283/11, EU:C:2013:28.

lhas de políticas públicas feitas pelo legislador da UE devem oferecer um nível de proteção que é no mínimo dos mínimos igual àquele oferecido pela Carta.[23]

Assim, não cabe ao Tribunal de Justiça da UE decidir quando e como a diversidade nacional deve ser substituída pela unidade europeia. Essa é uma decisão a ser tomada pelas instituições políticas da UE em cooperação com os parlamentos nacionais. As ideias centradas no povo e as ideias centradas no cidadão de representação devem cooperar a fim de determinar se a diversidade nacional deve ser posta de lado. Como a UE é governada pelo princípio de democracia, cabe ao processo político da UE traçar o limite entre unidade e diversidade. Como tribunal que mantém o império da lei, o Tribunal de Justiça em Luxemburgo pode apenas verificar que, ao traçarem essa linha, as instituições políticas da UE cumpriram o consenso constitucional da UE, isto é, que a estrutura dual de legitimação democrática foi preservada.

A CRISE DO EURO E O FUTURO DA "DEMOICRACIA"

A fim de fazer frente à crise do euro, a lei sobre a União Econômica e Monetária (UEM) passou por uma reforma dramática, cujas consequências não se limitam a essa área específica do direito da UE, mas afetam o equilíbrio constitucional no qual a UE está fundada. A reforma da UEM girou em torno de quatro pilares. Primeiro, concentrou-se em fortalecer regras de disciplina fiscal. Segundo, novas regras que buscam impedir desequilíbrios macroeconômicos foram

---

[23] Ver julgamentos em *Kadi and Al Barakaat International Foundation v Council and Commission*("*Kadi I*"), C-402/05 P e C 415/05 P, EU:C:2008:461, e *Commission v Kadi* ('*Kadi II*'), C-584/10 P, C-593/10 P e C-595/10 P, EU:C:2013:518. Ver também julgamentos *Volker und Markus Schecke and Eifert*, C-92/09 e C-93/09, EU:C:2010:662; *Association Belge des Consommateurs Test-Achats and Others*, C-236/09, EU:C:2011:100, e *Digital Rights Ireland*, C 293/12 e C 594/12, EU:C:2014:238.

adotadas. Terceiro, a coordenação de políticas econômicas nacionais foi melhorada, apesar de ainda basear-se em quase-direito. Quarto, a reforma se concentrou também em gerenciar crises financeiras pela inserção de um mecanismo de assistência financeira.

Ao comentarem as medidas adotadas para conter a crise do euro, alguns estudiosos declaram que, apesar de essas reformas terem conseguido ajudar Estados-membros em dificuldades financeiras, elas produziram uma nova crise, isto é, uma crise democrática.[24]

No nível da UE, eles observaram que a crise do euro levou ao aumento da cooperação intergovernamental, tanto dentro quanto fora do arcabouço jurídico da UE.[25] Internamente, a cooperação intergovernamental desempenhou um papel proeminente na elaboração da estratégia para superar a crise. A ascensão da cooperação intergovernamental levou ao estabelecimento de canais informais de tomada de decisão que não estão sujeitos aos princípios de abertura e transparência. Além disso, os estudiosos afirmam que o Conselho Europeu usurpou a competência de propor legislação da comissão, considerando que o conselho não se limitou a oferecer guiamento estratégico, mas chegou a detalhes significativos sobre o modo como a comissão deveria redigir suas propostas legislativas. Além disso, as reformas da UEM enfatizaram a importância do "diálogo econômico" entre o Parlamento Europeu, de um lado, e os presidentes do conselho, a Comissão e, onde apropriado, o Conselho Europeu ou o Eurogrupo, de outro. Porém, esse diálogo não pode ser considerado um contrapeso adequado à ascensão da cooperação

> A fim de fazer frente à crise do euro, a lei sobre a União Econômica e Monetária (UEM) passou por uma reforma dramática, cujas consequências não se limitam a essa área específica do direito da UE, mas afetam o equilíbrio constitucional no qual a UE está fundada.

---

[24] Ver Ingolf Pernice et al., *A Democratic Solution to the Crisis*. Baden-Baden, Nomos, 2012.

[25] Mark Dawson e Floris de Witte, "Constitutional Balance in the EU after the Euro-Crisis", *The Modern Law Review*, vol. 76, 5, 2013, p. 817-44.

intergovernamental, o que é fonte significativa de preocupação para o Parlamento Europeu.[26]

Externamente, um novo método de ação que reforça a cooperação intergovernamental foi empregado visando reforçar a disciplina fiscal – o Tratado sobre a Estabilidade, Coordenação e Governança (TECG) – e gerenciar crises financeiras – o tratado que estabeleceu o Mecanismo de Estabilidade Europeu (MEE). Esse novo método de ação foi qualificado por Keppenne como "método semi-intergovernamental",[27] porque, ainda que seja verdade que os tratados de ECG e de MEE estão "ligados" à lei da UE, permanece o fato de que são instrumentos de cooperação intergovernamental. Assim, nem a comissão, nem o Parlamento Europeu nem, na verdade, os parlamentos nacionais participam da adoção dessas decisões.

Em nível nacional, o cumprimento do princípio da democracia exige o devido envolvimento dos parlamentos. Como todos nós sabemos, há um laço íntimo entre democracia e decisões orçamentais, e estas são parte das prerrogativas parlamentares. Isso significa que os parlamentos nacionais precisam ser capazes de monitorar eficazmente as decisões executivas relativas à implementação das medidas da UEM. Isso significa também que eles não devem ser privados de seus poderes de gastar e tributar. Sua autonomia orçamentária e fiscal deve ser preservada. Os parlamentos nacionais precisam gozar de autonomia para assumir compromissos financeiros e para adotar medidas de austeridade. Porém, no exercício dessa autonomia, eles devem ter em mente que as economias são interdependentes, e que a estabilidade da zona do euro como um todo diz respeito a cada membro cuja

---

[26] Ver, por exemplo, Ben Crum, "Saving the Euro at the Cost of Democracy?", *Journal of Common Market Studies*, vol. 51, 4, 2013, p. 614-30.

[27] Jean-Paul Keppenne, "Institutional Report". In: U. Neergaard, C. Jacqueson e J. Hartig Danielsen (eds.), *The Economic and Monetary Union: Constitutional and Institutional Aspects of the Economic Governance within the EU*. The XXVI FIDE Congress in Copenhagen, 2014, Congress Publications, vol. 1, Copenhagen, DJOF Publishing, 2014, p. 203.

moeda é o euro. Além disso, as regras do *Bundesverfassungsgericht* (o Tribunal Federal Constitucional da Alemanha) no caso do MEE e as do Tribunal Constitucional Português demonstram que tanto compromissos financeiros quanto medidas de austeridade devem estar de acordo com as constituições nacionais.[28]

Vale a pena recordar que as instituições da UE são regidas pelo princípio de atribuição.[29] Isso significa, no âmbito da UEM, que, se a UE tem o poder de estabelecer a disciplina orçamentária e as regras de saldo às quais todos os Estados-membros devem obedecer, ela não tem o poder de impor-lhes escolhas redistributivas socioeconômicas. Cabe à UE estabelecer objetivos orçamentais e fiscais, e aos Estados-membros escolher os meios de atingi-los. Por exemplo, quando o conselho estabelece a existência de excessivo desequilíbrio macroeconômico, ele dirige uma recomendação ao Estado-membro em questão para que este apresente um plano de ação corretiva. Apesar da obrigatoriedade de aprovação pelo conselho do plano de ação corretiva, cabe ao Estado-membro em questão adotar as "ações específicas de políticas públicas". Assim, o papel do conselho fica limitado a determinar se essas ações são suficientes para corrigir desequilíbrios macroeconômicos excessivos. Porém, como observaram alguns estudiosos, podem surgir conflitos com o princípio de atribuição, pois, com o intuito de tornarem mais eficaz a vigilância da UE, essas recomendações, por sua vez, "exigem certas reformas específicas para atingir esses objetivos".[30] Nesse caso, essas recomendações excessivamente detalhadas fariam escolhas redistributivas socioeconômicas, e

---

[28] Ver BVerfG, 2 BvR 1390/12 vom 12.9.2012, Absatz-Nr. (1-248). Ver também Frederico Fabbrini, "The Euro-Crisis and the Courts: Judicial Review and the Political Process in Comparative Perspective", *Berkeley Journal of International Law*, vol. 32, 1, 2014, p. 64-123.

[29] Artigo 5(1) TEU.

[30] Alicia Hinarejos, "Fiscal Federalism in the European Union: Evolution and Future Choices for EMU", *Common Market Law Review*, vol. 50, 2013, p. 1621-42.

assim seria possível que usurpassem as competências dos parlamentos nacionais. Porém, a condicionalidade associada à assistência financeira do MEE pode envolver escolhas redistributivas socioeconômicas, como mudanças na lei trabalhista, em pensões, no imposto de renda, na educação e no sistema de saúde. Isso porque o MEE não é uma instituição da UE, e assim não está atado ao princípio de atribuição da UE.

Os presidentes do Conselho da Europa, da Comissão, do Eurogrupo e do Banco Central Europeu observaram que a reforma da UEM ainda não está completa. Nesse sentido, concordo com a opinião dos quatro presidentes de que "a integração e a legitimidade devem avançar em paralelo".[31] Isso significa, essencialmente, que uma solidariedade financeira maior deve ser subordinada a uma coordenação econômica mais forte e a regras fiscais mais estritas. Isso significa que uma reforma dos tratados deve ter precedência sobre o semi-intergovernamentalismo. De fato, se os tratados de ECG e de MEE são apropriados como soluções pragmáticas em momento de urgência para superar um impasse político, eles não devem tornar-se o "método padrão de ação da UEM". Se uma reforma dos tratados conferiria poderes redistributivos à UE, o cumprimento do princípio de democracia milita em favor da concessão de poderes decisórios reais ao Parlamento Europeu, ao mesmo tempo que não priva os parlamentos nacionais de sua autonomia orçamental. Se a UE deve permanecer uma "demoicracia", sua estrutura dual de legitimidade democrática deve ser preservada.

---

[31] Herman Van Rompuy, "Towards a Genuine Economic and Monetary Union", Relatório do Presidente do Conselho da Europa em cooperação próxima com os presidentes da Comissão Europeia, do Eurogrupo e do Banco Central Europeu (Relatório dos Quatro Presidentes), 5 de dezembro de 2012. Disponível em: <http://www.consilium.europa.eu/uedocs/cms_Data/docs/pressdata/en/ec/134069.pdf>. Ver também o Relatório de 26 de junho de 2012, EUCO 120/12. Disponível em: <http://ec.europa.eu/economy_finance/crisis/documents/131201_en.pdf>, p. 3.

Capítulo 9 | Fritz W. Scharpf

- Nascido em Schwäbisch Hall, Alemanha, em 1935.
- Mestrado em Direito, Universidade Yake; *Staatsexam* em Direito e Ciência Política, Universidade de Friburgo; doutorado em Direito, Universidade de Friburgo.
- Diretor do Instituto Max Planck de Pesquisa Social em Colônia entre 1986 e 2003. Anteriormente, nas universidades de Chicago, Yale, e de Konstanz.
- Entre seus livros, estão: *Optionen des Föderalismus in Deutschland und Europa* (Frankfurt, 1994); *Governing in Europe: Effective and Democratic?* (Oxford, 1999); *Welfare and Work in the Open Economy* (Oxford, 2000).

* * *

Poucos atores a contribuir para a literatura acadêmica sobre o federalismo e a União Europeia são respeitados de maneira tão unânime quanto Fritz W. Scharpf, tanto por advogados e economistas quanto por cientistas políticos muito além de sua Alemanha natal. No que diz respeito à União Europeia, ele introduziu a distinção hoje clássica entre integração positiva e integração negativa. *Grosso modo*, a integração positiva dos Estados-membros da União Europeia refere-se à convergência que resulta de decisões tomadas explicitamente pelos representantes dos Estados-membros ou pelos órgãos relevantes da UE. A integração negativa refere-se à convergência que surge como consequência (presumivelmente) impremeditada da operação do mercado único, e, depois da moeda comum, por causa da aplicação, pela Comissão Europeia e pelo Tribunal de Justiça, das regras que pretendem garantir a livre competição e a estabilidade monetária.

Há muitos anos Scharpf adverte para as consequências potencialmente desastrosas da integração negativa, especialmente no que diz respeito à legislação trabalhista e ao Estado de bem-estar social.

Suas advertências são mais relevantes do que nunca à luz da crise do euro. Em seu ensaio, um dos mais sombrios deste volume, ele afirma que o regime do euro não tem legitimidade democrática e deveria ser desmontado. Porém, seu colapso ofereceria uma oportunidade de reconstruir a União Europeia de maneira mais democrática, com muito menos legislação europeia constitucionalizada *de facto* por ser parte de um tratado, e sem que a comissão fosse a única iniciadora de novas legislações.

***

DEPOIS DO *CRASH*: UMA DEMOCRACIA EUROPEIA MULTINÍVEL

Como argumentei em publicações anteriores,[1] a União Europeia sofre há muito tempo de deficiências estruturais de eficiência e legitimidade que hoje geram um estado de crise persistente e mal suprimida que ainda pode irromper na forma de colapso econômico e caos político. Essas deficiências estruturais reduziram enormemente a capacidade de ação política eficaz em nível nacional e impediram a ascensão de capacidades democraticamente legítimas de ação política em nível europeu. Em combinação, duas dessas deficiências têm o efeito de impedir a resolução da crise atual.

A SUPREMACIA DA LEI EUROPEIA

Desde os anos 1960, quando o Tribunal de Justiça da União Europeia (TJUE) anunciou as doutrinas de supremacia e de efeito direto, a lei europeia tem preponderado sobre as leis e as constituições dos Estados-membros. E, como o tribunal interpretou os compromissos dos tratados de criar um mercado comum como direitos diretamente aplicáveis de indivíduos e de empresas, o avanço da "integração por meio da lei", não da política, poderia eliminar, e eliminou, as regulamentações, instituições e práticas nacionais que na visão do tribunal

---

[1] Ver, por exemplo, Fritz W. Scharpf, "The Asymmetry of European Integration, or Why the EU Cannot Be a 'Social Market Economy'", *Socio-Economic Review*, 8, 2, 2010, p. 211-50; Fritz W. Scharpf, "Monetary Union, Fiscal Crisis and the Preemption of Democracy", *Journal for Comparative Government and European Policy*, 9, 2, 2011, p. 163-98; Fritz W. Scharpf, "Legitimacy Intermediation in the Multilevel European Polity and Its Collapse in the Euro Crisis". MPIfG Discussion Paper 12/6, Colônia, Instituto Max Planck de Estudo das Sociedades, 2012.

poderiam ser empecilhos ao exercício das liberdades econômicas. Uma das consequências foi que as economias políticas dos Estados-membros foram progressivamente desreguladas e liberalizadas por meio de uma "integração negativa" promovida judicialmente, até mesmo na ausência de apoio político em nível europeu.

Em nível europeu, além disso, a ação política é restringida também pela "constitucionalização" excessiva da lei europeia: os tratados incluíram ampla gama de assuntos que, em democracias constitucionais, teriam sido deixados para a legislação "ordinária". E, como os tratados se aplicam também à legislação europeia, a interpretação extensiva do tribunal teve o efeito de imunizar grandes partes dos *acquis* contra a possibilidade de correção política. Por isso, boa parte da legislação europeia está efetivamente reduzida a "codificar" a jurisprudência do tribunal. Mais importante ainda, porém, são as restrições políticas. A legislação europeia em geral depende da iniciativa por parte da comissão, de maioria absoluta no parlamento e de pelo menos uma maioria qualificada no conselho. Considerando a heterogeneidade cada vez maior das condições econômicas, das instituições e das culturas políticas dentro dos Estados-membros de uma UE cada vez maior, o amplo consenso exigido pela legislação segundo o "Método Comunitário" é difícil de obter quando questões de grande saliência política envolvem interesses nacionais conflitantes. Antecipando-se a bloqueios políticos, portanto, a comissão muitas vezes evita ou adia iniciativas legislativas, ou os resultados que enfim aparecem terão a natureza de concessões ao mínimo nível comum, e com eficácia limitada para resolver problemas.

Em suma, a UE impõe rígidas restrições políticas às escolhas democráticas de políticas públicas em nível nacional, ao passo que a capacidade para ação política eficaz em nível europeu é politicamente bloqueada por interesses divergentes numa constelação de múltiplos vetos.

O RESGATE DO EURO: UM DESASTRE DEMOCRÁTICO

O Tratado de Maastricht anulou politicamente advertências bem fundamentadas que previam o fracasso econômico de uma união monetária entre economias políticas extremamente heterogêneas, com moedas fracas e fortes. Quando as advertências foram mais do que confirmadas depois da crise financeira internacional de 2008/2009, a decisão de resgatar o euro, em vez de desmontá-lo, levou à criação de um regime do euro economicamente repressor, politicamente autoritário e economicamente contraproducente que solapa a viabilidade democrática da entidade política europeia em ambos os níveis.

Em termos econômicos, o euro e sua crise aumentaram ainda mais a heterogeneidade e a desigualdade socioeconômica dos Estados-membros da zona do euro. E, como as taxas de câmbio e as políticas monetárias do Banco Central Europeu precisam ser uniformes para as economias de todos os membros, o atual regime do euro fica com apenas um único tipo de política para responder aos "desequilíbrios macroeconômicos" que surgem inevitavelmente: deve-se exigir que os Estados-membros em dificuldade reduzam as importações a fim de fortalecer sua competitividade exportadora por meio de austeridade fiscal e de "desvalorização interna" – o que significa "reformas estruturais" para reduzir as unidades de custo de trabalho. Como essas políticas têm o efeito de estratégias do jogo *Beggar-My-Neighbour*, elas não conseguem gerar um equilíbrio econômico estável. Em vez disso, criam um regime de ruinosa competição entre os Estados-membros da zona do euro que exerce pressões redutoras permanentes sobre os salários e sobre o nível de transferências sociais e de serviços públicos nelas todas.

Em termos políticos, é óbvio que as políticas necessárias para salvar o euro podem ser extremamente impopulares e que não se deve confiar que governos nacionais que tenham de prestar contas democraticamente vão adotá-las e implementá-las por conta própria, como exigido. Para garantir seu efeito econômico, portanto, elas precisam ser definidas da perspectiva da zona do euro e, caso necessário, impostas por uma autoridade que pode passar por cima das escolhas nacionais de políticas públicas. O novo regime do euro de regulações em *Six-Pack* e *Two-Pack* e o Pacto Fiscal investiram a comissão dessa autoridade, e ela em grande parte invalidou intervenções políticas da regra de maioria qualificada invertida para decisões do conselho. Ao mesmo tempo, é óbvio que as intervenções da comissão devem responder de maneira flexível a condições extremamente diversas e altamente contingentes na economia individual de cada membro. Elas não poderiam ter sucesso se tivessem de executar regras gerais definidas pela legislação europeia.

O que ficou estabelecido, portanto, é uma autoridade discricionária europeia que intervém em escolhas nacionais de políticas públicas altamente salientes. Seu exercício não é, e não pode ser, regulado por regras legislativas, e está imunizado contra intervenções políticas no conselho. Em combinação com o exercício igualmente discricionário (e igualmente intervencionista) da autoridade monetária do Banco Central Europeu, esse novo regime do euro afasta as escolhas de políticas públicas legitimamente democráticas de seus Estados-membros, e é em si totalmente desprovido de legitimidade democrática. Sua justificação, se é que há alguma, depende por completo de doutrinas econômicas altamente questionáveis e da decisão política de manter a todo custo uma união monetária econômica, social e politicamente contraproducente que deveria ter sido desmontada assim que a crise atual começou.

Enquanto continuar o atual regime do euro, a democracia não tem chance na Europa. Porém, o euro permanece econômica e politicamente frágil, e pode perfeitamente sofrer um colapso em outra crise financeira internacional, ou em virtude de uma rebelião política em um ou mais de seus Estados-membros. E, no tumulto de uma crise fundamental do euro, a previsão feita em 2010 por Angela Merkel – *"scheitert der Euro, dann scheitert Europa"* ["se o euro fracassar, fracassa a Europa"] – ainda pode vir a confirmar-se. E, mesmo que isso certamente não vá ser o fim da história europeia, pode de fato abalar os ocupantes das atuais posições de veto político o suficiente para abrir uma janela de oportunidade para a refundação democrática da União Europeia. E, se essa oportunidade efetivamente surgir, seria melhor que houvesse ideias plausíveis do ponto de vista normativo e pragmático de como uma entidade política europeia poderia ser organizada. É dessa perspectiva que ofereço a seguinte lista de mudanças substanciais e de procedimentos na constituição da UE que aumentariam a eficácia em resolver problemas e a legitimidade democrática da ação política no nível nacional e no europeu.

> Enquanto continuar o atual regime do euro, a democracia não tem chance na Europa.

MAIS ESBELTA E FUNCIONAL

Em comparação com o tratado atual, a abrangência de um futuro Tratado Básico deveria ser grandemente reduzida. Além das regras para a organização e para os procedimentos das instituições de governo da Europa,[2] e da alocação de competências legislativas entre a União e seus Estados-membros, ela deveria garantir a proteção dos direitos individuais cívicos e civis, mas não deveria incluir regras para a governança da economia europeia. Além disso, as regras do presente tratado permaneceriam em vigor como lei europeia "ordinária" – que ainda seria obrigatória para os Estados-membros, mas poderia ser revista por meio da legislação europeia.

---

[2] Não estou discutindo a arquitetura política da futura UE. As propostas a seguir só teriam eficácia se as estruturas do Parlamento Europeu, do Conselho e da Comissão permanecessem inalteradas.

Não apenas a comissão, mas também minorias qualificadas no parlamento e no conselho deveriam poder apresentar iniciativas legislativas.

O Método Comunitário, com suas exigências de consenso supermajoritário, não poderia ser simplesmente trocado pela maioria absoluta[3] numa legislatura de duas câmaras sem violar o princípio básico de igualdade democrática que exige a proteção de "minorias persistentes".[4] Dada a extrema heterogeneidade econômica, institucional, cultural e política dos Estados-membros da UE, qualquer um deles poderia encontrar-se numa situação em que seus interesses altamente salientes ou suas preferências normativas poderiam ser persistentemente anuladas por maiorias europeias. Por isso, se as elevadas exigências de consenso do Método Comunitário devem ser reduzidas em nome da ação política eficaz, a possibilidade de não participação nacional deveria oferecer uma proteção alternativa à legítima diversidade das entidades políticas dos membros individuais.

Em algumas questões, permitir a não participação pode ir contra o propósito da legislação ao criar incentivos para caronas ou competições ruinosas. Porém, se a aplicação uniforme for considerada essencial, uma legislação "moderada" deve outra vez ser adotada pelas regras supramajoritárias do Método Comunitário atual.

Mesmo que a maior parte dos *acquis* seja desconstitucionalizada, isso continuará a restringir as escolhas democráticas de políticas públicas em nível nacional. Boa parte deles foi imposta segundo o modo não político de interpretação judicial, e agora poderia ser revisada pela legislação europeia. Porém, considerando a diversidade de condições e de preferências políticas, será difícil mobilizar maiorias europeias para uma revisão *geral* caso a regra europeia em questão

---

[3] A maioria absoluta poderia supor uma pluralidade de votos no parlamento e uma pluralidade de Estados-membros no conselho.

[4] Thomas Christiano, "Democratic Equality and the Problem of Persistent Minorities", *Philosophical Papers*, vol. 23, 3, 1994, p. 169-90.

esteja primariamente em conflito com preferências políticas altamente salientes em um ou em alguns poucos Estados-membros. Nessas condições, é preciso que haja algum tipo de recurso político, mas participações unilaterais – que talvez violem valores comuns ou imponham externalidades negativas a outros Estados-membros – não seriam a solução apropriada. Em vez disso, sugere-se que os Estados-membros notifiquem a comissão de iniciativas legislativas que possam conflitar com a lei europeia existente. Depois de serem analisadas à luz do caso específico, podem-se negar a essas iniciativas as maiorias paralelas no parlamento e no conselho.

De fato, a possibilidade de reexaminar os *acquis* caso a caso provavelmente resultaria num padrão mais detalhado da lei europeia baseado numa avaliação política da efetiva necessidade de uniformidade na Europa inteira que contrabalança tendências atuais de centralização excessiva.[5] No mesmo sentido, ela provavelmente acabaria reduzindo o corpo da legislação europeia obrigante a normas que servem a um propósito europeu positivo e têm o apoio político das maiorias legislativas atuais em nível europeu.

COMUNIDADE E AUTONOMIA

Em combinação, essas regras fortaleceriam a capacidade de ação política democrática em ambos os níveis da entidade política europeia.

Elas protegeriam a autonomia dos Estados-membros da UE contra constrangimentos legais que não estão efetivamente servindo a

---

[5] Por razões cognitivas, a legislação geral fará sempre generalizações em excesso, porque ela nunca pode considerar todas as constelações de casos possíveis. Nos sistemas federais, porém, onde é combinada com a supremacia da lei federal sobre a estadual, a legislação geral produzirá supercentralização se ambos os níveis de governo legislarem na mesma área de políticas públicas (o que é verdade na Alemanha e na UE, mas não, em geral, nos EUA).

propósitos europeus comuns no julgamento político considerado das maiorias legislativas europeias atuais, e permitiriam defesas eficazes para os interesses das "minorias persistentes".

Ao mesmo tempo, elas liberariam iniciativas políticas no nível europeu do jugo de leis superestendidas dos tratados e do sistema de veto múltiplo do Método Comunitário. Deve-se esperar, portanto, que a combinação de governo da maioria com opções de não participação amplie a gama potencial de escolhas legislativas e permita escolhas europeias mais salientes de políticas públicas. Assim, é provável que aumente a atenção da mídia, e mais provável ainda que os partidos políticos e os parlamentos nos Estados-membros debatam a importância das políticas europeias (e a desejabilidade das não participações) de perspectivas nacionais e talvez também europeias. Esses debates ganhariam interesse, porque é possível que legislações politicamente controversas sejam efetivamente adotadas em nível europeu em vez de empacar em barganhas sem-fim.

Como consequência, o nível de conflito a respeito da legislação europeia pode perfeitamente aumentar. Porém, deve ser relevante que esses conflitos agora tenham a oportunidade de ser resolvidos por meio da ação política, em vez de gerarem atrasos infindos e concessões frustrantes. E, se a resolução desses conflitos por meio do voto da maioria gerasse graves problemas de legitimidade democrática, a possibilidade de não participação nacional evitaria confrontos diretos. E, como essas decisões aumentariam o envolvimento político nas escolhas de políticas públicas europeias (e em decisões a respeito da não participação), elas aumentariam também a legitimidade política da entidade política europeia multinível.

No atual arcabouço institucional da UE e na união monetária, essas sugestões tão claramente violariam os constrangimentos da viabilidade política que atores políticos responsáveis se recusariam, com razão, a promovê-las. E se as compulsões socioeconômicas e políticas da união monetária continuassem, elas não fariam muita diferença, mesmo se fossem adotadas. Porém, se uma crise futura abalasse não apenas o atual regime monetário, mas também a UE, seria útil ter ideias bem exploradas a respeito do futuro formato de uma entidade política democrática multinível na Europa. É no espírito dessa exploração que ofereço este ensaio.

Capítulo 10 | Ivan Krastev

- Nascido em 1965 em Lukovit, Bulgária.
- Presidente do Centro de Estratégias Liberais em Sófia, *fellow* permanente do Instituto de Ciências Humanas em Viena.
- Membro fundador do conselho do European Council on Foreign Relations; membro do conselho editorial do *Journal of Democracy and Transit Europäische Revue*; diretor executivo da Comissão Internacional para os Bálcãs (2004-2006).
- Autor de *Democracy Disrupted. The Global Politics of Protest* (Filadélfia, 2014); *In Mistrust We Trust: Can Democracy Survive When We Don't Trust Our Leaders?* (e-book do TED, 2013); *The Anti-American Century* (coeditado com Alan McPherson, Budapeste, 2007).

* * *

Nos últimos anos, só tem aumentado a demanda pelo pensador político búlgaro Ivan Krastev como comentarista recalcitrante. De sua base em Viena, ele compartilha seus *insights* com várias plateias em conferências no mundo inteiro. Ele sempre faz até a crítica mais aguda com um sorriso, e não foge da mídia moderna, como as palestras do TED e *e-books*. Em parte inspirado pelo ensaio "La Contre-Démocratie", de Pierre Rosanvallon, Krastev é fascinado pela importância política da desconfiança. É crucial obter a confiança dos eleitores, mas, para o sucesso da democracia, é igualmente vital organizar a desconfiança. Ela mantém os representantes eleitos na linha e impulsiona a inovação.

Nesta contribuição, Krastev lança um olhar filosófico para o fenômeno das eleições. Outrora o momento sagrado da democracia, sua importância diminuiu nos últimos anos. Vamos às urnas com frequência cada vez menor, mas o interesse nas eleições só faz diminuir, e novos governos enfrentam desconfiança desde seu primeiro dia no poder. No que diz respeito à União Europeia, o autor acredita que eleições diretas para o Parlamento Europeu na verdade não ajudaram a aumentar seu conteúdo democrático. As eleições europeias de 2014 marcaram um novo ponto baixo, afirma ele. Nesse sentido, ele apoia a posição de Dieter Grimm e de outros: não é sensato colocar todas as nossas esperanças no Parlamento Europeu para salvar a democracia na Europa.

Krastev leva em conta também a ascensão de novos movimentos de protesto, as "pessoas na praça", ou manifestantes em praças como a Tahrir, no Cairo, a Syntagma, em Atenas, e a Maidan, em Kiev. Tais movimentos expressam desconfiança nas instituições políticas existentes. O novo homem e a nova mulher democrática já estão fartos de eleições, preferindo levar os membros do governo ao tribunal, ou promover uma iniciativa cidadã. Krastev lança uma luz original e contemporânea sobre alguns fenômenos políticos antigos.

***

DEMOCRACIA DE REJEIÇÃO

Em "O Dia de um Escrutinador", um dos primeiros contos de Ítalo Calvino, o grande autor inventa uma história eleitoral imbuída de loucura, paixão e razão. Amerigo Ormea, o protagonista, intelectual de esquerda solteiro, concordou em ser monitor eleitoral no famoso Hospital Cottolengo para doentes físicos e mentais incuráveis. Desde que o voto se tornou obrigatório na Itália, depois da Segunda Guerra Mundial, lugares como Cottolengo serviram como grande reserva onde os democratas cristãos, de direita, iam recrutar adeptos. Durante a eleição, os jornais ficavam cheios de histórias de inválidos que iam votar; de eleitores que comiam as cédulas; e de idosos, paralisados pela arteriosclerose, pressionados a votar nos conservadores. Foi no Hospital Cottolengo que os críticos esquerdistas da democracia puderam demonstrar que, na sociedade burguesa, as eleições têm menos a ver com as pessoas que governam do que com as elites que as manipulam.

Porém, foi no Cottolengo que o jovem intelectual esquerdista, atraído pelo marxismo e simpatizante dos comunistas, foi enfeitiçado pela democracia. Ele ficou hipnotizado pelo modo como o ritual das eleições, de pedaços de papel cerimonial dobrados como telegramas, triunfava sobre a marcha dos fascistas, e como as eleições estavam dando sentido à vida humana. O que ele achou mais impressionante foi o igualitarismo inimaginável da democracia; o fato de ricos e pobres, educados e iletrados, os prontos a morrer por seus ideais e os sem ideais ter todos uma cédula, e de seu voto ter o mesmo poder. As eleições se parecem com a morte porque forçam você a olhar tanto para a frente quanto para trás, a julgar sua vida e a imaginar outra. Foi no hospital para incuráveis que Ormea detectou o gênio da democracia de transformar loucura em razão e de traduzir paixões em interesses.

Não foi o gênio de representar da democracia, mas seu talento para deturpar que fez de Amerigo Ormea um crente. Não foi sua transparência, mas sua mística que o converteu. O voto dá voz a todo cidadão, mas sob a condição de que o eleitor seja incapaz de representar a intensidade de suas crenças. O voto do fanático para quem as eleições são uma questão de vida e morte, e o voto do cidadão que mal sabe em quem está votando ou por que, todos têm o mesmo poder. O resultado é que votar tem "caráter dual", permitindo-nos trocar os que estão no poder e nos defendendo do "Estado repressivo excessivo", mas também mantendo as paixões sub-representadas, e nos defendendo do "cidadão excessivamente expressivo".

O MISTÉRIO DAS ELEIÇÕES

A arte da democracia é uma estranha combinação de restringir a intensidade dos atores políticos enquanto superdramatiza o jogo político. Espera-se que a democracia desperte o interesse pela vida pública nos que se garantem apáticos, ao mesmo tempo que esfria a paixão dos fanáticos. Mobilizar os passivos e pacificar os escandalizados está no cerne das eleições. Porém, as eleições têm caráter também transcendental. Elas nos pedem que julguemos os políticos não simplesmente pelo que fizeram, mas pelo que prometem fazer. Nesse sentido, as eleições são uma máquina de produção de sonhos coletivos. Proíba as eleições e você consente em viver num presente no qual o futuro está ausente, ou você subscreve um futuro decretado pelo Estado. As eleições conseguem deixar o futuro aberto. Elas trazem mudança; elas não trancam.

Alexis de Tocqueville foi um dos primeiros a sugerir que o discurso da crise é a linguagem natural de qualquer democracia verdadeira. A política democrática, observou ele, precisa de drama. "À medida que a eleição se aproxima, as intrigas ficam mais ativas, a agitação mais animada e mais disseminada. A nação inteira cai num frenesi [...] Assim que a fortuna pronuncia [...] tudo se acalma, e o rio, um instante transbordante, retorna pacificamente a seu leito."[1]

"Tocqueville descobriu em sua viagem americana [que] a vida democrática é uma sucessão de crises que na verdade não são crise nenhuma."[2] A democracia, portanto, opera formulando o normal como catastrófico, ao mesmo tempo que promete que todas as crises são superáveis. A política democrática funciona como uma terapia para a nação inteira, em que os eleitores são confrontados com seus piores pesadelos – uma nova guerra, o colapso demográfico, a crise econômica, o horror ambiental –, mas estão convencidos de que têm o poder de evitar a devastação. Quando as eleições acabarem, o mundo vai magicamente voltar ao normal. Assim, será surpreendente que os políticos e a mídia apresentem quase toda eleição como um ponto de virada – como uma escolha que vai definir o destino da nação pela próxima geração?

A política democrática é impossível sem a persistente oscilação entre a dramatização e a trivialização excessivas dos problemas que enfrentamos. As eleições perdem força quando não produzem uma crise de mentirinha ou inspiram a sensação de que uma crise pode ser resolvida.

Na pertinente observação de Stephen Holmes, para que as eleições funcionem o que está em jogo não pode ser nem grande demais, nem pequeno demais. Se é a vida do indivíduo que depende delas, é irrealista esperar que o jogo eleitoral possa ter sucesso. Os desenvolvimentos recentes no Iraque e no Afeganistão são um exemplo clássico de como os cidadãos optam por armas, não por votos, quando a aposta é alta demais. Por outro lado, se nada fosse decidido no dia da

---

[1] Devo esta intuição ao livro de David Runciman, *The Confidence Trap: A History of Democracy in Crisis from World War I to the Present*. Princeton University Press, 2013.

[2] Runciman, *The Confidence Trap*, p. 23.

eleição – se as eleições perdessem seu "drama" – por que alguém se daria ao trabalho de votar?

Quase sessenta anos depois de Amerigo Ormea ser enfeitiçado pela democracia no Hospital Cottolengo, as eleições não apenas estão perdendo sua capacidade dramática de capturar a imaginação do povo, como não estão efetivamente superando as crises. As pessoas começaram a perder interesse nelas. É difundida a suspeita de que as eleições se tornaram uma "armadilha para tolos". É verdade que passaram a ser globais (mais livres e mais justas do que jamais foram), e que votamos com mais frequência do que no passado, mas as eleições deixaram de mobilizar os passivos e de pacificar os escandalizados. O declínio no comparecimento eleitoral nas democracias ocidentais ao longo dos últimos trinta anos e a erupção de protestos políticos de massa nos últimos cinco anos são as mais poderosas manifestações da crise. As eleições, em suma, tornaram-se secundárias. E, o que é igualmente grave, elas dão à luz governos dos quais se suspeita desde o dia da posse.

A HORA DA MUDANÇA NO PROCESSO DEMOCRÁTICO

O problema com as eleições não é apenas que elas deixam os desprivilegiados sub-representados. No que diz respeito a efetivamente governar, as eleições são menos importantes não apenas porque as escolhas de políticas públicas diminuíram, mas porque as eleições não "manufaturam" maiorias e mandatos de políticas. A fragmentação da esfera pública faz das democracias um local para maiorias em desaparecimento. Em 2012, entre os 34 membros da OCDE (o clube dos países ricos) apenas 4 tinham governo apoiado por maioria absoluta no Parlamento Nacional. E se as eleições não trazem maiorias claras e mandatos políticos sem ambiguidades, isso acelera a crença dos eleitores de que eles não são mais obrigados a apoiar o governo em que votaram. Isso é exacerbado pela realidade de que, mesmo no governo, os partidos têm dificuldade em cumprir suas promessas.

O efeito paradoxal da perda do drama eleitoral, então, é sua mutação num ritual de humilhação do partido no poder, e não num voto de confiança na oposição. Hoje em dia seria milagroso encontrar um governo que goza do apoio da maioria um ano depois de eleito. O dramático declínio no apoio ao presidente François Hollande demonstra perfeitamente como a relação entre governo e seus apoiadores, que outrora se parecia com um casamento católico infeliz, mas sólido, hoje mais parece uma transa de uma noite. Os eleitores simplesmente não enxergam seus votos como contratos de longo prazo com o partido que escolheram. Não mais fundado nas expectativas de futuro, o voto é hoje um juízo do desempenho pregresso.

> A relação entre governo e seus apoiadores, que outrora se parecia com um casamento católico infeliz mas sólido, hoje mais parece uma transa de uma noite.

Não surpreende, então, que estudos mostrem que as vantagens auferidas pelos incumbentes estejam desaparecendo. Os governos estão caindo mais rápido do que antes, e sendo reeleitos com menos frequência.[3] "Ninguém é mais realmente eleito", afirmou Pierre Rosanvallon. "Os que estão no poder não gozam mais da confiança dos eleitores; eles apenas colhem os benefícios da desconfiança de seus oponentes e antecessores."[4]

Há outro efeito perverso dessa diminuição do drama: as eleições não estão desmobilizando a oposição. Tradicionalmente, a vitória eleitoral significava que o partido vencedor poderia governar. Como na guerra, as eleições tinham vencedores e perdedores claros, e os

---

[3] Moisés Naím, *The End of Power: From Boardrooms to Battlefields and Churches to States, Why Being in Charge Isn't What It Used to Be*. New York, Basic Books, 2013.

[4] Pierre Rosanvallon, *Counter-Democracy: Politics in an Age of Distrust*. Cambridge University Press, 2008, p. 176.

vencedores impunham seu programa – ao menos na primeira parte do mandato. A oposição podia nutrir fantasias de vingança, mas impedir o governo de governar não era boa ideia. Esse dado do senso comum está mudando. Quando os partidos não elegem maiorias, ou as perdem no segundo dia de governo, ninguém fica chocado porque as oposições não se sentem obrigadas a tratar como definitivo o veredito dos eleitores. A proliferação das eleições – parlamentares, locais, regionais, presidenciais –, a onipresença das pesquisas de opinião e o novo apetite por referendos facilitam para a oposição afirmar que o governo perdeu seu mandato popular. As eleições estão perdendo sua feição dramática não só por causa do mercado ou da União Europeia (para os Estados-membros da UE), mas porque a vitória eleitoral não é mais o que era.

MOVIMENTOS POPULARES DE PROTESTO SÃO A RESPOSTA?

Poderíamos então esperar que, neste momento em que as eleições perdem seu poder de mobilizar a imaginação dos cidadãos, seria por meio de eleições que o projeto europeu seria relegitimado? Não surpreende que a resposta seja "não". E as eleições para o Parlamento Europeu em 2014 são a melhor ilustração. As esperanças de que elas assinalassem o nascimento de uma política europeia comum desapareceram. Nem a crise econômica, nem a ameaça de ascensão de partidos populistas eurocéticos, nem a promessa de que o principal candidato do maior partido seria o presidente da Comissão Europeia motivaram as pessoas a votar. A esperança de que as eleições vão politizar o projeto europeu e a de que a política de Bruxelas será estruturada em torno do tradicional eixo direita/esquerda não se materializaram. Foi ingênuo acreditar que, no momento mesmo em que a oposição entre direita e esquerda agonizava em nível nacional, ela ressuscitaria em nível europeu. O projeto da UE continua dependente de políticas públicas sem política no nível europeu, e de política sem políticas públicas no nível nacional. A única mudança produzida pela crise é que os principais partidos estão confusos, e, se as eleições não indicaram um claro movimento à direita ou à esquerda, há um claro movimento para longe do centro em que a maioria dos partidos de esquerda na Europa está indo mais para a esquerda, e os partidos de centro-direita mais para a direita.

É nesse contexto que alguns pensadores políticos afirmam que a linguagem de protesto pode se tornar a linguagem comum da política da UE, e que a energia dos protestos populares pró-democracia fora e dentro da União poderia ser a melhor maneira de reformar Bruxelas.

Mas até que ponto essas expectativas são realistas?

A ascensão do "povo na praça" nos últimos cinco anos é um fenômeno global. A "praça" pode ser a Praça Tahrir no Cairo, a Praça da Independência em Kiev, a Praça Taksim em Istambul, a Avenida Habib Bourguiba em Túnis, a Praça Bolotnaya em Moscou, o Bulevar Rothschild em Tel Aviv, a Puerta del Sol em Madri, a Praça Syntagma em Atenas, ou quaisquer outras praças como essas. As pessoas vieram a público para fazer protestos de tamanho considerável, sustentados, que ignoram os partidos políticos, desconfiam da grande mídia, têm poucos líderes específicos, quando os têm, e em grande parte deixam de lado a organização formal, baseando-se em vez disso na internet e em assembleias *ad hoc* para debate e tomada de decisão coletiva. A Europa estava no epicentro da atividade de protesto.

Na Ucrânia, o povo nas ruas sacudia bandeiras europeias, pronto para morrer defendendo seu direito a um futuro europeu; nos protestos antiausteridade na Grécia e na Espanha, as políticas de Bruxelas encontravam resistência, não admiração. Porém, não foi a raiva contra políticas econômicas específicas, mas a decepção dos cidadãos com aquilo "que eles chamam de democracia" que levou o povo às ruas no sul da Europa. Assim, seriam protestos sem líderes, e não eleições europeias e a reforma de Bruxelas que poderiam mobilizar apoio para o projeto europeu?

É inegável que os protestos contribuíram para a europeização da política nacional. Os jovens rebeldes na Grécia inspiraram os manifestantes em Madri; as demandas políticas feitas em Kiev foram ecoadas na Bósnia. Os protestos criaram um ambiente de mídia específico, de natureza pan-europeia. Os protestos também trouxeram novas questões e nova urgência ao debate político. Foi o barulho dos manifestantes que obrigou os líderes europeus a discutir o problema do aumento da desigualdade, e foram os manifestantes que colocaram a questão da corrupção no centro da política europeia.

Apesar de não reivindicarem o poder, os protestos oferecem uma estratégia eficaz de conferir poder ao cidadão na era da globalização. Num mundo em que os governos têm menos poder do que antes, as corporações têm mais mobilidade, e os partidos políticos estão desprovidos da capacidade de construir uma identidade política em torno de visões do futuro, o poder dos cidadãos deriva de sua capacidade de perturbar. Ao contrário das eleições, os protestos conseguiram efetivamente representar a intensidade do sentimento público, e, num país depois do outro, a hostilidade em relação às elites estava no coração desse sentimento. Os protestos mostraram que as coisas poderiam mudar, mas eles não esboçaram a direção da mudança.

Em sua obra mais famosa, *Exit, Voice, and Loyalty* [Saída, Voz e Lealdade] (1970), Albert Hirschman contrastou duas estratégias que as pessoas têm para lidar com instituições e organização de mau desempenho. As pessoas podem "sair" – votando com os pés, expressando seu descontentamento ao levar seu ofício para outro lugar – ou decidir "dar voz" a suas preocupações – permanecendo e se pronunciando, escolhendo votar pela reforma do lado de dentro. "Sair" é a estratégia preferível para o consumidor. "Dar voz" representa um tipo diferente de ativismo: quando as pessoas não podem simplesmente "sair", ou quando não querem "sair" por valorizar demais a organização que se deteriorou, elas são forçadas a tentar melhorar o desempenho participando, dando ideias e assumindo o risco de contrapor-se aos que tomam decisões. No ativismo de voz, o que tem importância crítica é a natureza construtiva do protesto e a disposição de assumir a responsabilidade por aquilo que você sugere. Para muitos, a história da UE é a corporificação do sucesso de políticas reformistas. A UE foi um projeto passo a passo marcado pelo poder do idealismo, mas também pela disposição de fazer concessões.

A dicotomia entre voz e saída de Hirschman é muito popular e usada muitas vezes nas ciências sociais para explicar a dinâmica de mudança de regime e os incentivos para o reformismo político. É sabido que quando a "saída" está facilmente disponível, é menos provável que as pessoas optem pela "voz", ou que, se todos os consumidores ao mesmo tempo decidirem sair, não poderá haver mudança. O que não é tão bem entendido é que, em certos contextos, a "voz" pode funcionar como "saída". E é justo observar que os protestos políticos dentro da UE, ao contrário dos protestos fora dela, como o da Ucrânia, foram muito mais uma "saída" coletiva que uma "voz" coletiva.

Os protestos são uma rejeição da política sem possibilidade, mas são também uma forma de aceitação dessa nova realidade. Independentemente da miríade de manifestações de coragem cívica e de idealismo político, e dos vídeos inspiradores e das ricas expressões da imaginação da contracultura, os protestos não são a solução para a política de "não há alternativa". No fim das contas, os protestos demonstram a resiliência da política, mas apontam um declínio na reforma política. O minguar da opção "voz" é um efeito colateral dessa nova geração de mobilização política. Num ativismo político tão individualista e simbólico, não há lugar para os reformistas de Hirschman, nem para aqueles que escrevem cartas abertas ao poder e advogam reformas em pequenos passos. Portanto, os protestos contemporâneos têm muito mais a ver com "saída" do que com "voz". Eles não introduzem novos atores políticos, nem restauram a confiança nos políticos. Em certo sentido, os protestos transformam a desconfiança nas instituições em sua própria norma.

A NOVA DEMOCRACIA: UMA DEMOCRACIA DE REJEIÇÃO

Em seu notável livro *Counter-Democracy* [Contrademocracia], o filósofo político francês Pierre Rosanvallon é quem melhor captura essa natureza ao mesmo tempo pré e pós-política da nova geração de ativismo cívico. Rosanvallon antecipou o surgimento do protesto sem líder como instrumento para a transformação da democracia no século XXI. Aceitando a realidade da democracia de desconfiança, ele não chega a sugerir que o que hoje vivemos é uma crise que será superada inevitavelmente, e na qual a confiança nas instituições e nos líderes vá ser devolvida a seu devido lugar. Segundo Rosanvallon, tudo o que a democracia pode ser é um modo de organizar a suspeita dentro de um mar de desconfiança. De fato, para ele a desconfiança sempre esteve no coração do projeto democrático. "A desconfiança [...] está para a profunda emoção da liberdade assim como o ciúme está para o amor", afirmava o nada sentimental Robespierre mais de dois séculos atrás. Para Rosanvallon, está claro que, passo a passo, a "democracia positiva" das eleições e das instituições jurídicas ficará cercada pela "soberania negativa" da sociedade civil.[5] A soberania popular vai afirmar-se como o poder de recusar. Não espere políticos com visão de longo alcance, nem movimentos políticos que inspirem projetos coletivos. Não espere partidos políticos que vão capturar a imaginação dos cidadãos e garantir a lealdade de seus seguidores. A democracia do futuro parecerá muito diferente. As pessoas vão colocar-se sob os holofotes apenas para recusar certas políticas ou desconstruir alguns políticos. Os conflitos sociais nucleares que vão estruturar o espaço político serão entre o povo e a elite, não entre direita e esquerda. A nova democracia será uma democracia de rejeição.

Estamos rumando para uma nova era democrática, em que os políticos não terão nossa confiança, e os cidadãos estarão preocupados

---

[5] Rosanvallon, *Counter-Democracy*, p. 14.

em controlar seus representantes. A representação política é hoje algo de uma era antiquada num novo mundo habitado por pessoas com múltiplas identidades. "Por que para mim seria mais importante ser alemão do que ser ciclista?", perguntou-me uma jovem membro do Partido Verde no Parlamento Europeu. Ela se recusava a pensar em termos de grupos sociais e étnicos, e recusava-se a levar a história em conta. Nada deve restringir ou questionar a liberdade de suas escolhas individuais.

Na nova era democrática, a política eleitoral não vai mais ocupar o lugar de honra. As eleições perderam sua conexão com o futuro. "O amanhã nunca vem. É sempre a mesma merda de dia, cara", canta Janis Joplin. Podemos dizer que é "a vez dos chineses", porque são eles que acreditam que o que está à nossa frente é o passado, não o futuro. Hoje as eleições são um julgamento do passado, não uma aposta no longo prazo. Até há pouco tempo, votar tinha a ver com escolher não só um governo, mas também uma política. Porém, as eleições contemporâneas na verdade dizem respeito só à seleção de governantes, uma espécie de "gerentes do presente". Os eleitores sabiamente separaram políticas e elaboradores de políticas. Quando você não acredita que o governo realmente toma decisões sobre a economia ou sobre as relações exteriores, o que importa não são as ideias dos políticos, mas sua capacidade de implementá-las. O eleitor hoje basicamente desempenha o papel do lendário Pavel Pichugin, ou "Pasha Gente Bonita", o famoso sujeito na porta da boate mais cara da Rússia, com o poder soberano de decidir quem entra e quem não entra. O novo cidadão democrático está cansado de votar. Quando se trata de abordar problemas sociais, o "novo homem político" talvez escolha entre processar o governo, fundar uma ONG, ou associar-se a alguma iniciativa *ad hoc* projetada para melhorar o mundo. Quando ele crê que alguns direitos democráticos básicos estão sendo violados, ele pode ir às ruas ou usar seu perfil no Facebook para mobilizar protestos em massa. E não devemos nos surpreender se milhares aparecerem.

Aquilo que torna a nova era democrática tão diferente é a profunda primazia dada ao indivíduo. O indivíduo decide se processa ou não processa o governo. O indivíduo, privado de quaisquer qualidades sociais ou de conexões com organizações, ocupa as praças. O novo homem político não tem ilusões a respeito da ineficiência do governo, mas acredita que as pessoas têm a responsabilidade de controlá-lo. A paixão por transparência e a obsessão por responsabilidade são uma reação natural à falta de representação. A participação cívica não tem mais a ver com poder – e sim com influência. Os novos movimentos de suspeita são mais apropriados do que os movimentos revolucionários tradicionais para uma era em que "o objetivo da política é mais *lidar com situações* do que organizar grupos estáveis e gerenciar estruturas hierárquicas".[6]

Se confiarmos em Rosanvallon, é o "escrutinador" e não o eleitor que está se tornando a figura crucial da política democrática. Porém, se o escrutinador de Calvino era responsável pela equidade do processo eleitoral, e por garantir que as pessoas obtivessem a justa representação, os novos escrutinadores se ocupam em observar os que já estão no poder. As eleições perdem seu papel central; em vez disso, ficamos com três modos distintos de ativismo político. No nível individual, toda vez que achamos que nossos direitos estão sendo violados, podemos processar o governo. Podemos também promover certas questões e políticas por meio de ONGs e de outras formas de ativismo cívico *ad hoc* (e não precisamos ser membros de partidos políticos, nem votar). E, por fim, há o nível simbólico da política – quando queremos criar confusão e chocar o sistema. Nesses momentos, podemos ir às ruas.

Os protestos em massa pretendem desempenhar o papel historicamente desempenhado pelas insurreições. Eles precisam dar testemunho de que o soberano existe, e de que está zangado. Funcionam como alternativa às eleições, ou seja, desenvolvem uma representação

---

[6] Rosanvallon, *Counter-Democracy*, p. 65.

alternativa do povo. Porém, para que os protestos desempenhem seu papel simbólico, eles precisam observar alguns critérios. Precisam ser de massa e espontâneos – não organizados por um partido político. Devem juntar pessoas que na política normal não seriam vistas juntas. Elas não devem nem poder nem querer formar partidos políticos ou formular alternativas políticas. Precisam falar em moralidade, não em políticas públicas. Em suma, devem ser como os movimentos de protesto que testemunhamos nos últimos anos. E não devemos esperar novo entusiasmo pelo projeto europeu, ou esperar que as pessoas na Europa marchem em favor da UE. "Quem está falando em vitória?", escreveu o poeta alemão Rainer Maria Rilke. "Resistir é tudo."[7]

---

[7] "Réquiem para Wolf Graf von Kalckreuth."

PARTE III

SOLIDARIEDADE E PROTEÇÃO

Capítulo 11 | Paul Scheffer

- Nascido em 1954 em Nijmegen, Países Baixos.
- Colunista de jornal e professor de Estudos Europeus da Universidade de Tilburg.
- Atua desde 1978 como jornalista, com períodos como correspondente em Paris e em Varsóvia; membro do Partido Trabalhista Holandês (PvDA).
- Mestre em Ciência Política pela Universidade de Amsterdã (1986).
- Publicações importantes: *Een tevreden natie: Nederland en het wederkerend geloof in de Europese status quo* (Amsterdã, 1988); "Het multiculturele drama", NRC Handelsblad, 29 de janeiro de 2000; *Het land van aankomst* (Amsterdã, 2007).

* * *

O intelectual holandês e influente social-democrata Paul Scheffer é provavelmente mais conhecido por seu artigo de jornal "O Drama Multicultural" (2000), com o qual rompeu o consenso progressista a respeito do suposto sucesso da integração das minorias étnicas nos Países Baixos. Sempre fascinado pela migração, fascina-o também outro desafio à identidade nacional: a integração europeia. Desde cedo ele observou que os elaboradores europeus de políticas públicas não estavam dando atenção suficiente às necessidades de proteção dos cidadãos – o que foi severamente punido em seu próprio país no referendo de 2005 sobre a Constituição europeia.

Scheffer desenvolve o tema da proteção em sua contribuição para esta coletânea. Segundo sua tese, ao longo dos últimos sessenta anos, a integração europeia girou em torno, sobretudo, da abolição das fronteiras internas, com vistas a tornar realidade o mercado interno e a livre movimentação das pessoas. Esta, nas décadas que virão, estará relacionada às fronteiras externas da União. Por vários motivos, elas terão de ser fortalecidas, porque a União faz fronteira com regiões instáveis, como as antigas repúblicas soviéticas e o Oriente Médio, a fim de fazer frente à imigração ilegal e, em geral, dar aos europeus a sensação de segurança, algo que até hoje a União Europeia não fez adequadamente. Segundo Scheffer, essa é uma causa importante da ascensão do populismo.

Scheffer não se alinha com os profetas do Apocalipse segundo os quais o Velho Continente vai ficar atrás de nações emergentes como China, Índia ou Brasil. Esses países têm seus próprios problemas políticos e econômicos internos, e vai demorar um pouco até que eles alcancem a UE. Ainda que seja tanto realista quanto crítico, Paul Scheffer, em sua contribuição, mesmo assim enfatiza os pontos fortes da UE, que às vezes recebem atenção insuficiente.

* * *

A VITALIDADE OCULTA DA EUROPA

Numa manhã de domingo, 12 de novembro, mais de 25 anos atrás, observei com grande emoção uma empilhadeira levantar a primeira seção do Muro de Berlim na Potsdamer Platz. Multidões se aglomeraram, e, para ver melhor, apoiei-me nos ombros de um alegre guarda da fronteira. Por muitos anos, aquilo que outrora fora um *hub* de trânsito mostrou-se uma barreira intransponível. Agora, contudo, a terra de ninguém estava repleta de uma multidão exultante – um milhão de *Ossis* visitaram a parte ocidental de Berlim naquele dia – e sabíamos estar vivendo o começo de uma nova narrativa.

Um quarto de século depois, pouco resta daquela euforia primeira, a julgar pelos resultados das últimas eleições para o Parlamento Europeu. Elas não foram mais do que uma resolução de rixas com os principais partidos, que não apresentaram aos cidadãos europeus uma perspectiva convincente do futuro. O Front National e o UKIP surgiram como vencedores, cada um em seu país. Ouvi um comissário europeu de saída do cargo fazer pouco do resultado com as seguintes palavras: "Enquanto 30% fazem todo o barulho, 70% continuam a fazer todas as leis". Isso é subestimar a situação terrivelmente. Parece que não estamos conseguindo imaginar que os movimentos europeus de direita e de esquerda poderiam causar um cisma real, um colapso da maioria política.

A ascensão de partidos como o UKIP, o Front National e o Syriza na Grécia e do movimento italiano Grillo pode ajudar a criar maiorias para aqueles que querem que seu país deixe a zona do euro, a área Schengen, e até a União Europeia. O que parece inimaginável hoje pode não ser tão absurdo em 2017 – o ano provável de um potencial referendo britânico e das eleições presidenciais francesas. Que esses partidos pudessem ser os maiores de seu respectivo país em maio de 2014 era inimaginável alguns anos atrás. Em outras palavras: a integração europeia não é irreversível.

Se quisermos preservar nosso mais importante ideal de civilização, então é hora de criar uma nova imagem da Europa. A ideia que eu gostaria de investigar aqui é simples, mas de longo alcance: por muito tempo, a unificação europeia concentrou-se nas fronteiras internas, mas nas décadas vindouras terá de concentrar-se cada vez mais nas fronteiras externas da Europa. Essa não é uma observação isolada. Cada vez mais as pessoas afirmam que a integração é uma resposta para o lugar cambiante do Velho Continente num mundo novo. Não há dúvida de que uma imagem do "lado de dentro" só é possível se pudermos formar uma imagem do "lado de fora".

UM PROJETO POLITICAMENTE CARREGADO

Se olharmos o começo da Comunidade Europeia, veremos que as preocupações sobre a unificação do continente foram moldadas por divisões pregressas e motivadas amplamente pelo desejo de transcender fronteiras nacionais. Podemos até dizer que a imagem da Europa era refém do passado. Em suas memórias, Jean Monnet, o fundador da integração europeia, escreveu sobre "o medo de que outra vez sejamos confrontados com a guerra no futuro próximo". Algo precisava ser feito "antes que fosse tarde demais".

Visto desse modo, o projeto europeu como ideal de civilização inclui uma série de tabus que o acompanham. O objetivo é tão carregado politicamente que é difícil conduzir um debate racional sobre como atingi-lo. Isso já era óbvio durante a preparação do Tratado do Carvão e do Aço. Segundo Monnet, desde aquele momento "o método, os meios e o objetivo ficaram inextricavelmente entremeados". Muitos sentem o mesmo desconforto no debate sobre a Europa: quando objetivo e meios coincidem, é possível ter opiniões diferentes sobre os meios e concordar com os fins? De qualquer maneira que se olhe, uma convicção arraigada colocou em movimento a integração, e dificilmente chega a surpreender que muitos ainda se sintam inspirados por ela.

O lema "nunca outra vez" foi também mencionado nos últimos anos durante a crise do euro. A Polônia, a França e, naturalmente, a Alemanha usaram linguagem dramática: o fracasso do euro significa maior probabilidade de guerra na Europa. Angela Merkel foi inequívoca: "A história nos ensina que países que têm uma moeda comum não entram em guerra um com o outro". Ela esqueceu por um instante a antiga Iugoslávia. Herman Van Rompuy, presidente da Comissão Europeia, apresentou a versão mais curta: "O colapso do euro seria o colapso da União, e, com ele, da melhor garantia da paz". Ele esqueceu por um instante sua crítica aos populistas por explorarem o medo.

Parece-me que essas palavras já não têm o mesmo impacto. Com o desaparecimento das fronteiras internas, uma nova guerra europeia também saiu gradualmente do horizonte do imaginável. A intenção da Europa sempre foi que a política externa se tornasse política doméstica. Essa transformação está plenamente a caminho, com consequências de longo alcance – positivas e negativas – que não estão sendo esclarecidas para os cidadãos. Nossa solidariedade faz do déficit orçamental grego nosso próprio déficit orçamental; faz com que o presidente provisório da França seja o nosso presidente; e transforma a crise dos refugiados na Itália em questão de consciência para todos nós. É esse o objetivo da integração; o que é estrangeiro passa a ser doméstico. Isso explica por que a relação entre o novo mundo do lado de dentro e o mundo maior do lado de fora está se tornando tão importante.

Junto com o destino comum que desejamos – compromissos obrigatórios entre Estados-membros que reduzirão sua área comum de manobra –, a União sempre teve um destino comum, que busca evitar. Aí está o outro motivo da unificação europeia: a percepção de que cada país tem de representar uma potência em declínio no mundo, e a sensação de que a integração pode compensar essa perda relativa. Isso tem menos a ver com dever moral e mais a ver com poder. Se falarem com uma só voz em todo tipo de domínio, os estados-nações soarão mais alto. Nesse sentido, o discurso na Europa não tem a ver com entregar soberania, mas com recuperar a autodeterminação por meio do trabalho conjunto.

Junto da ideia de integração como dever moral, depois daquilo que foi descrito como a longa guerra civil europeia de 1914-1945, há outra experiência concreta do começo da unificação, a saber, a descolonização e seus efeitos impremeditados, mas inevitáveis, no pós-guerra. A iniciativa definitiva de reaproximação foi tomada por antigas potências coloniais como a França, que via a integração do Velho Continente como meio de impedir seu próprio declínio. Elas foram obrigadas a contar apenas com seus próprios recursos antes de começar a ver umas às outras como vizinhas. Foi uma tentativa de transformar uma necessidade pós-imperial em virtude continental.

Testemunhamos a mesma história na década de 1980. A ascensão de países como o Japão e a Coreia serviu de catalisador para a criação do mercado interno. Dessa perspectiva, um mercado de mais de 500 milhões de pessoas era uma importante precondição para que a Europa continuasse a buscar seu próprio modelo de sociedade, segundo o qual a força competitiva viria da coesão social. Isso foi expresso na Declaração de Copenhague sobre a Identidade Europeia de 1973: "A Europa precisa unir-se e falar cada vez mais com uma única voz se pretende fazer-se ouvir e desempenhar seu devido papel no mundo".

JUSTIFICAÇÃO EXTERNA PARA A INTEGRAÇÃO EUROPEIA

A ascensão de países como Índia, China e Brasil só fez aumentar a importância dessa consideração. Não é exagero dizer que a justificação da integração europeia está lentamente passando das fronteiras internas para as fronteiras externas, de questões de moralidade para questões de poder, da solidariedade voluntária para a involuntária, do autocontrole para a força maior. De fato, o tema da política do poder tem grande peso para a maior parte dos defensores da integração continuada.

Em *An Age of Empires*, Guy Verhofstadt afirma que, em meio à rivalidade econômica das potências regionais, a Europa só pode sobreviver como Estado federal: "Se ainda deseja desempenhar um papel no mundo multipolar de amanhã, ela precisa dar um novo passo quantitativo e qualitativo em sua integração". Em outros textos, ele afirmou que a crise anunciava um novo mundo de blocos regionais de poder, e que, portanto, era hora de "transformar a União numa federação política, os 'Estados Unidos da Europa'".

Verhofstadt toca num ponto importante. A população europeia está diminuindo como porcentagem da população mundial. Ao mesmo tempo, aproximadamente 40% dos seres humanos vivem na China e na Índia. Como observou um diplomata de Cingapura: "É inconcebível que os 12% da população mundial que vivem no Ocidente continuem a estabelecer a lei para os demais 88%". Essa não é uma declaração isolada. Não apenas a população europeia está diminuindo em relação ao resto do mundo, como o europeu é o único continente cuja população vai permanecer mais ou menos a mesma ao longo das próximas décadas. Quando dizemos que toda população jovem habitualmente se inclina para a renovação política e social, que devemos concluir de uma Europa em processo de envelhecimento? De quanta inovação e quanta adaptação nossa sociedade ainda é capaz?

O desenvolvimento chinês começou de um nível baixo, certamente, mas, com a escala demográfica do país, seu crescimento tem consequências enormes. O economista Aravind Subramanian calculou a proporção do peso econômico e demográfico da China, da Índia, da Indonésia e do Brasil combinados. Em 1960, sua porção da economia global não passava de 29% de seu escopo, com base em cifras populacionais. Hoje, ela cresceu a 65%, e sua previsão para 2030 é

95%. Assim, nessa época, a porção desses países na economia global refletirá quase plenamente sua porção da população mundial.

O historiador britânico Arnold Toynbee previu esse desenvolvimento muito tempo atrás: "O paradoxo de nossa geração é que o mundo inteiro hoje se beneficiou da educação provida pelo Ocidente, exceto o próprio Ocidente. O Ocidente ainda hoje observa a história do velho autocentrado ponto de vista paroquiano, que a esta altura as demais sociedades vivas foram compelidas a transcender". Porém, essa visão de mundo satisfeita de si é insustentável, porque "cedo ou tarde, o Ocidente, por sua vez, receberá inevitavelmente a reeducação que as outras civilizações já obtiveram", como escreveu Toynbee em 1948, e a ascensão dos Brics confirma essa previsão. A Europa afetou o mundo, e agora está sendo afetada de volta pelo mundo.

Segundo muitos, uma nova narrativa sobre a "Europa" deveria, portanto, começar não com Berlim, mas com Pequim, não com Paris, mas com São Paulo. Nosso "Guerra: nunca mais" tornou-se uma forma de eurocentrismo. Inadvertidamente fixamos nosso olhar para dentro, enquanto o verdadeiro motivo da integração está fora do continente. As fronteiras internas não são mais a preocupação mais importante; é a fronteira externa que constitui o núcleo de uma abordagem da política europeia voltada para o futuro.

MUDANÇA RELATIVA NAS RELAÇÕES DE PODER

Mesmo assim, precisamos colocar em perspectiva a mudança nas relações de poder e, junto com ela, o destino comum que a Europa buscou evitar. Quando prestamos atenção tanto aos pontos fortes quanto aos pontos fracos das economias emergentes, logo vemos que a Europa tem a liberdade de moldar-se e que não precisa agir primariamente em resposta a uma situação inevitável. A invocação da força maior é uma abordagem paradoxal, porque a ênfase no declínio alimenta impremeditamente o euroceticismo.

A distância entre as potências emergentes e estabelecidas ainda é substancial. Quem afirma que a China quase alcançou os Estados Unidos como maior economia do mundo deveria lembrar que a renda média *per capita* da população chinesa é ainda menor do que um quarto da média americana. Ruchir Sharma, autor do amplamente lido *Breakout Nations*, recentemente chegou a uma sóbria conclusão: poucos países chegarão aos níveis de renda do mundo desenvolvido. Uma ilustração é que na década de 1990 os Estados-membros da UE eram responsáveis por cerca de 30% da produção econômica global; isso declinou apenas 1 ou 2% nos últimos dez anos.

Isso não equivale a dizer que não há mudanças fundamentais a caminho, particularmente se incluirmos fatores demográficos. É na verdade bastante notável que uma nova convergência econômica esteja em ascensão, ao passo que não se tenta explicar suas duas versões anteriores: a ideia, corrente nos anos 1950 e 1960, de que os Estados Unidos e a União Soviética logo se equipaxariam, e, nos anos 1980, a de que o Japão estava prestes a ultrapassar os Estados Unidos.

As diferenças no mundo diminuíram, mas ainda são consideráveis. Basta olharmos o Índice de Desenvolvimento Humano, *ranking* introduzido pela ONU. Os cinco primeiros colocados em 2012 foram Noruega, Austrália, Estados Unidos, Holanda e Alemanha, nessa ordem. A França aparece em 20º lugar, e o Reino Unido em 26º. Nesse sentido, os Brics só podem ser modestos: a Rússia está em 55º lugar, o Brasil em 85º, a China em 101º, e a Índia lá embaixo, em 136º.

Outro bom indicador é a lista das melhores 200 universidades do mundo, *ranking* do *The Times Higher Education Supplement*. Só há duas universidades chinesas – a Universidade de Pequim em 45º, e Tsinghua em 50º –, nem sequer uma universidade indiana ou brasileira. Ao mesmo tempo, as 200 primeiras incluem nada menos que 79 universidades americanas, e 87 universidades europeias, das quais

31 são britânicas, 12 holandesas, 10 alemãs e 8 francesas. Isso dá uma ideia das relações e deixa claro por que a separação britânica da União seria um golpe significativo.

Olhando essas estatísticas, gradualmente descobrimos a vitalidade oculta da maioria das sociedades europeias: um nível comparativamente alto de igualdade, baixos níveis de corrupção e sistemas jurídicos de funcionamento razoavelmente bom, assim como um grau de urbanização maior do que o do resto do mundo. Não é difícil reconhecer o padrão societário particular característico da Europa, padrão este que não é fácil reproduzir.

A formação de um Estado constitucional estável ou de uma cultura de pesquisa independente é um processo longo e difícil. Nenhuma cultura judicial pode ser mudada por decreto; demora muito tempo para que suas normas penetrem na sociedade. Tudo isso levou o sinólogo David Shambaugh, em seu livro *China Goes Global* [A China se Globaliza], a fazer cautelosa avaliação do impacto da ascensão da China. Particularmente no que diz respeito ao *soft power*, que ele descreve como a "capacidade intrínseca de atrair os outros", a China não tem bom desempenho. Escreve ele: "Afirmo que a China é um *ator* global sem ser (ainda) uma verdadeira potência global – a distinção é que verdadeiras potências *influenciam* outras nações e acontecimentos". E o que vale para a China certamente vale para o Brasil e para a Índia.

A UNIÃO COMO AMORTECEDOR DE PROTEÇÃO

O desafio econômico e cultural para as potências emergentes não é tão grande quanto pensam muitos. Devemos, portanto, refletir sobre a integração não do ponto de vista do declínio, mas primeiro reconhecendo a vitalidade das sociedades europeias. Isso para dizer que a maior importância das fronteiras externas – que sem dúvida permanece uma questão significativa – emerge em primeiríssimo lugar da dinâmica da integração. Precisamente por causa da importância reduzida das fronteiras internas, precisamos urgentemente buscar formas de proteger nossa fronteira externa comum. O sucesso da Europa como sociedade aberta requer iniciativas que promovam uma comunidade de segurança, mas é forte a resistência à colaboração nessa área. O controle de fronteiras é ainda considerado sobretudo uma questão nacional.

Há ainda outro motivo por que as fronteiras externas se tornaram mais importantes como resultado de nossa própria dinâmica de integração. A expansão da União significa que ela hoje faz fronteira, direta ou indiretamente, com várias regiões instáveis: as antigas repúblicas soviéticas, o Oriente Médio e o norte da África. As guerras civis na Líbia, Iraque e Síria, a anexação da Crimeia e a guerra na Ucrânia oriental significam retorno à geopolítica, o que exige da União políticas de segurança mais claras. A chegada de enormes números de refugiados tornou-se a consequência mais urgente e de maior complexidade moral de todos esses conflitos violentos em nossas fronteiras externas.

A União é terrivelmente inadequada como comunidade de segurança – consideremos apenas a imigração ilegal –, e isso em parte explica a emergência daquilo que viemos a chamar de populismo. Apesar de todas as diferenças entre os partidos – e elas são numerosas –, há um padrão claro. Os partidos antiestablishment estão em ascensão por toda parte. Isso parece reminiscente dos anos 1960, mas com uma grande diferença: o fator que une o protesto é a segurança, não a liberdade. Por falta de palavra melhor, referimo-nos a esses movimentos como populistas, mas seria mais exato descrevê-los como protecionistas. Se há um clamor a ressoar na Europa nos últimos anos, é um pedido de proteção.

A questão é antes de tudo o protecionismo social, o medo de que o Estado de bem-estar social esteja sendo desmontado por

> A União é terrivelmente inadequada como comunidade de segurança – consideremos apenas a imigração ilegal –, e isso em parte explica a emergência daquilo que viemos a chamar de populismo.

políticas "neoliberais" que produzem desemprego e pressionam a classe média. Vemos isso principalmente no sul da Europa, onde partidos como o Syriza na Grécia e o Podemos na Espanha usam argumentos bem fundamentados para resistir à camisa de força das medidas de austeridade necessárias para salvar o euro.

Trata-se também de um problema de protecionismo cultural a ideia de que as identidades nacionais estão sendo solapadas num mundo sem fronteiras. Deparamos com esses temas particularmente no norte, onde partidos como o Popular dinamarquês e o Partido da Liberdade holandês estão ganhando popularidade. São partidos que resistem à imigração, o que em parte é consequência do livre movimento de pessoas dentro da Europa. Eles têm bons argumentos – junto com muitas afirmações exageradas, quiçá até histéricas, quanto à "islamização do mundo ocidental".

A confusão do lado da ordem estabelecida é grande, e não só porque esses partidos protecionistas não podem ser facilmente categorizados como de direita ou de esquerda. Basta olhar a estranha união que governou a Grécia desde a eleição, ou o modo como o Front National e o FPÖ se apresentam como guardiães da seguridade social e apoiam os sindicatos em sua oposição ao aumento da idade de aposentadoria. O espectro político está dividindo-se ao longo de uma nova linha de falha: internacionalismo *versus* protecionismo. Se essa linha de falha dividir a política a longo prazo – e a União hoje reforça esse desenvolvimento –, então é real o risco de que a maioria dos eleitores em última instância vá unir-se em torno de uma ideia de união nacional.

Isso não é apenas previsão ousada. O protecionismo na política é a expressão natural de uma sociedade cujos cidadãos, em sua maioria, não são particularmente dotados de mobilidade. O horizonte para a maioria das pessoas está longe de ser amplo no que diz respeito a emprego, ou ao idioma que elas conseguem usar com proficiência real, ou ao mercado matrimonial em que se movem, ou ao grupo de pessoas com quem se sentem permanentemente conectadas. Quem quer que deseje entender o Front National na França deveria começar com uma simples estatística que encontrei no jornal *Le Monde*: de cada dez franceses, sete moram na região em que nasceram.

A tragédia da União Europeia, segundo Daniel Cohn Bendit, congressista do Partido Verde, é que muitas pessoas acham que ela não lhes oferece proteção. Herman Van Rompuy referiu-se a isso ao aceitar o Prêmio Charlemagne: "A Europa, a grande 'abridora' de oportunidades, é hoje percebida por muitos como uma 'intrusa' indesejada; a amiga da liberdade e do espaço é vista como ameaça à proteção e ao lugar. Precisamos restaurar o equilíbrio. É essencial para a União estar do lado da proteção". A União precisa começar a ver a si mesma mais como amortecedor de proteção, permitindo que a Europa busque sua própria forma de sociedade num mundo tumultuado.

Para esse fim, os estados-nações ainda desempenham um papel crucial como mantenedores primários do Estado de direito e da democracia parlamentar. Ao mesmo tempo, está claro que os Estados-membros deixados a si não mais seriam capazes de oferecer a proteção que esses políticos populistas sugerem ser. Consideremos apenas a política energética. Podemos fugir da discussão estéril sobre se devemos ter mais Europa ou menos Europa, do esmagador impasse institucional a respeito da forma federal ou intergovernamental de governo? Há muito em jogo, pois a pacífica rotina de concessões entre o que hoje são 28 Estados-membros é a maior realização da Europa do pós-guerra.

Capítulo 12 | David Miller

- Nascido em Bournemouth, Reino Unido, em 1946.
- Graduação na Universidade de Cambridge; doutorado em Filosofia, Universidade de Oxford.
- *Fellow* oficial e professor de Teoria Social e Política da Nuffield College, Universidade de Oxford.
- Seus livros incluem: *On Nationality* (Oxford, 1995); *Principles of Social Justice* (Harvard, 2001); *National Responsibility and Global Justice* (Oxford, 2007); *Justice for Earthlings* (Cambridge, 2013).

* * *

David Miller é um dos teóricos mais influentes da Grã-Bretanha. Em seu cargo na Nuffield College, na Universidade de Oxford, ele dirigiu mais de cinquenta dissertações de doutorado, e seus muitos livros, com argumentação cerrada e texto lúcido, são amplamente lidos ao redor do mundo na comunidade acadêmica.

A posição substantiva por ele desenvolvida gradualmente e com vigor cada vez maior pode ser descrita como uma forma civilizada de nacionalismo. Junto com autores "comunitarianos" como Michael Walzer e John Rawls (*The Law of the Peoples*), ele atribui grande importância ética ao conceito de "povo" como comunidade política que compartilha uma cultura e um sentimento de "nós". E, contra os defensores da "justiça global", ele afirma que as demandas da justiça igualitária se aplicam só aos membros de um mesmo povo. É improvável que essa abordagem faça dele um grande fã da União Europeia.

Como John Stuart Mill, que ele cita no começo de sua contribuição, Miller valoriza enormemente a diversidade dos estados-nações da Europa, portanto olha com suspeita qualquer novo passo rumo a um superestado europeu. Adotar uma moeda comum, por exemplo, equivale a impor uma gaiola de ferro à custa do funcionamento democrático e da proteção social dos Estados-membros. Na mesma linha, ele afirma que o princípio de livre movimento de pessoas deveria ser abandonado, ou ao menos minimizado, e que os Estados-membros deveriam recuperar o controle democrático de suas fronteiras. Ele duvida que o Parlamento Europeu valha o que custa. Por causa da ausência de uma opinião pública que se estenda por toda a UE, é só em nível nacional que podemos esperar que a democracia representativa funcione devidamente.

***

UM APELO POR PLURALISMO

Que foi que fez da família europeia de nações uma porção da humanidade que se aprimora em vez de estacionar? Não foi nenhuma excelência superior a ela inerente, que, quando existe, existe como efeito, não como causa, mas sua notável diversidade de caráter e cultura. Indivíduos, classes, nações são extremamente distintos uns dos outros: abriram grande variedade de caminhos, e cada qual propiciou algo de valor. E, ainda que em cada período os que percorreram diferentes caminhos fossem intolerantes uns com os outros, e que cada qual achasse excelente se todo o resto fosse compelido a percorrer seu caminho, suas tentativas de bloquear o desenvolvimento uns dos outros raramente tiveram sucesso permanente, e cada qual, em seu devido tempo, resignou-se a receber o bem que os outros ofereceram. No que diz respeito a seu desenvolvimento progressivo e multifacetado, a Europa, para mim, tem uma dívida integral para com essa pluralidade de caminhos.[1]

Se dependesse de mim, essas palavras de John Stuart Mill estariam inexoravelmente pregadas sobre a mesa de toda autoridade da Comissão Europeia em Bruxelas. Elas vão ao cerne da questão "Por que a Europa?". Qual o *objetivo* de uma União Europeia? Será prover o ambiente em que cada nação dessa notável família pode seguir o caminho que melhor revela a excelência que a distingue? Ou será criar uma gaiola de ferro que vai compelir cada uma delas a seguir a estrada que algum organismo central decidiu ser a melhor para todos? A resposta que você dá determina por sua vez a resposta que você dá à questão da democracia na Europa. Se você acompanhar Mill achando que a Europa floresce quando cada um de seus povos

---

[1] J. S. Mill, "On Liberty", *Utilitarianism, On Liberty, and Considerations on Representative Government*. London, J. M. Dent, 1972, p. 129-30.

constituintes tem maior liberdade para escolher seu próprio destino, então você vai celebrar a democracia em nível nacional, e achar que o papel primário da democracia da Europa inteira, se existe, é preservar as condições daquela liberdade. Por outro lado, se você acreditar no melhor caminho único e na gaiola, então a democracia europeia é um modo de escolher a melhor disposição das barras de ferro, e a democracia nacional é... bem, por que exatamente você precisa de democracia nacional afinal?

GAIOLA DE FERRO OU LIBERDADE ABSOLUTA

Será que fui injusto ao expor as alternativas? Bem, claro que fui. Permita-me apresentar o que considero o melhor argumento em prol da segunda opção, o qual é bastante pessimista. É que a gaiola de ferro já existe, na forma do capitalismo global. Independentemente do que tivesse sido verdade em 1859, quando Mill escreveu *Sobre a Liberdade*, país nenhum hoje pode se dar ao luxo de ser capaz de escolher sua própria rota de desenvolvimento – ou ao menos país nenhum que permaneça aberto ao movimento internacional de *commodities*, de capitais, de pessoas e de ideias (e quem quer ser a Coreia do Norte?). Cada um desses países ficará exposto a riscos súbitos de fuga de capitais, de colapsos bancários, de desvalorização de moeda, e daí por diante, se os mercados globais acharem que sua economia tem maus fundamentos. Nessas circunstâncias, a União Europeia oferece um abrigo contra a tempestade, para usar a metáfora favorita de Herman Van Rompuy. Enquanto economias vulneráveis estiverem dispostas a aceitar os constrangimentos de sua gaiola, a UE poderá protegê-las da devastação que o capital internacional traria caso elas desviassem da rota de finanças sólidas e ortodoxas.

Porém, que espaço esse cenário deixa para a democracia, a qual, como normalmente presumiríamos, significa dar aos cidadãos poder discricionário sobre a política econômica – sobre questões como o equilíbrio entre os setores público e privado, o formato do sistema tributário e a extensão dos empréstimos do governo? A resposta, parece, é: muito pouco. No livro *Europe in the Storm* [A Europa na Tempestade] (2014), de Van Rompuy, a democracia aparece sempre como um problema. As decisões tomadas em Bruxelas devem, é claro, ser endossadas pelos eleitorados democráticos em toda a Europa, mas é constante o risco de que eles se insubordinem e rejeitem os partidos que se comprometeram a cumprir as medidas impostas pelo centro.

Por exemplo, ao discutir o resultado da eleição na Grécia, de junho de 2012, que levou à formação do governo Samaras, comprometido com a ajuda financeira e com as respectivas medidas de austeridade fiscal, Van Rompuy descreve o voto do povo grego como "corajoso". Presumimos, então, que o voto de janeiro de 2015 em favor do Syriza teria, por esse critério, de ser descrito como "covarde". Porém, isso vai contra o bom senso. Uns podem achar que um voto contrário aos constrangimentos financeiros impostos por Bruxelas, correndo assim o risco de ter de abandonar o euro, foi temerário, mas ele certamente mostra disposição de aceitar responsabilidade pelo futuro do seu país, em vez de evitá-lo. A democracia não pode sempre significar escolher a opção que outros prescreveram a você como a mais segura disponível.

O PREÇO DO EURO: MENOS DEMOCRACIA?

Os eleitorados europeus parecem estar despertando com certo atraso para os constrangimentos impostos a seus representantes políticos por sua decisão de adotar o euro. Moeda comum faz sentido apenas em países cujas economias se movem aproximadamente na mesma velocidade e têm regras similares quanto a empréstimos do governo, e daí por diante. Por isso, se a convergência não se manifesta naturalmente, ela precisa ser projetada de cima. Como essas exigências econômicas constrangem, hoje sabemos bem até demais, outras áreas das políticas públicas, como o gasto com o bem-estar social, a democracia inevitavelmente perde. O escopo para discussões tradicionais entre direita e esquerda a respeito de Estado contra mercado é estreitado, pois todos os lados, exceto os chamados extremistas, precisam trabalhar dentro desses constrangimentos externos ao formular suas políticas. Não estou em posição de julgar se uma saída grega do euro seria ou não seria do interesse dos próprios gregos. Tenho certeza, porém, que a saída, desde que fosse menos do que catastrófica, seria em geral benéfica em um aspecto: mostraria às outras sociedades europeias que pertencer ao euro permanece uma *escolha*, e não um *fado*. Seria possível ter um debate mais aberto a respeito de o pertencimento de algum país específico ser ou não ser de seu interesse – a resposta poderia mudar de um período para outro. A pressão hoje exercida sobre os países da UE que ainda não entraram para que entrem poderia ser aliviada.

Não é só em questões de política econômica que a arquitetura atual da UE solapa a democracia. Consideremos a questão da imigração, intensamente contestada não apenas no meu próprio país, a Grã-Bretanha, como também em outros lugares da Europa. Pelo continente adentro, maiorias desejam ver a imigração mais firmemente controlada, e os números em movimento restringidos. Esses desejos não podem simplesmente ser descartados como preconceito ou medo de mudança. Realmente há bons motivos democráticos para manter a massa de cidadãos relativamente estável. Em teoria, essa preocupação só pode ser tratada por restrições aos números de pessoas que têm permissão para mudar-se para a Europa como um todo, caso se possa chegar a um acordo sobre qual deveria ser essa cifra (cada país terá uma visão diferente, dependendo de seu mercado de trabalho doméstico). Porém, para cidadãos comuns, o que pode importar é o impacto que a imigração tem em seu bairro, independentemente de quem esteja migrando. Se a turma da classe do meu filho subitamente ganha dez crianças que não têm o inglês como primeira língua, não faz muita diferença se os recém-chegados são da Líbia ou da Romênia. Neste ponto entra o compromisso da UE com a liberdade irrestrita de movimento dentro de suas fronteiras, introduzida pelo Tratado de Roma e consolidada na Diretiva de 2004. Isso, ao que parece, não é suscetível ao questionamento democrático. É exigência imutável que todo Estado-membro deve pôr em prática por meio de sua legislação doméstica.

No entanto, o controle da imigração tem implicações óbvias para outras áreas das políticas públicas. A menos que, por sorte, os fluxos para dentro e para fora sejam pequenos e bem equilibrados, os números de pessoas que chegam a qualquer país determinarão o que deve ser provido em termos de infraestrutura de transporte, moradia, escolas, de hospitais, e assim por diante. No Reino Unido, por exemplo, espera-se que a população de 63 milhões de 2011 chegue a 73 milhões em 2037, com a migração para dentro, tanto direta quanto indiretamente por meio de seu efeito na taxa de natalidade, e esta constitui um fator muito significativo a contribuir. Não há dúvida de que esses números podem ser acomodados, e os serviços necessários para seu apoio providos. Mas, mesmo assim, pode-se julgar que uma questão legítima do debate democrático é se a população do Reino Unido deveria ou não deveria aumentar em mais 10 milhões de pessoas. Alguns de nós preferem menos gente, menos construções, e mais espaço para a vida selvagem, por exemplo. Com o princípio da UE em vigor, apenas a imigração de fora da Europa está aberta ao debate. Trata-se de um déficit democrático significativo.

Como é amplamente sabido, no caso do Reino Unido a questão da imigração também apresenta uma ameaça à continuação de seu pertencimento à própria UE. É altamente provável que vá haver em 2017 um referendo sobre o pertencimento, e, se houver, o direito democrático de controlar a imigração futura será uma das grandes

> Não deveríamos ter de enfrentar uma escolha entre ficar na UE e sermos capazes de estabelecer uma política de imigração que inclua migrantes europeus.

cartadas da campanha para sair. Como firme adepto da ideia de que o Reino Unido deve continuar membro da UE reformada, creio que a questão nunca deveria ter surgido dessa forma: não deveríamos ter de enfrentar uma escolha entre ficar na UE e sermos capazes de estabelecer uma política de imigração que inclua migrantes europeus. A liberdade de movimento na UE é um ideal nobre. Ele é defendido por europeus empenhados, que o veem como um meio de destruir estereótipos nacionais e incentivar uma identidade pan-europeia. De modo menos nobre, ele é também fortemente defendido pela maioria dos empregadores, pois incha aquilo que os marxistas costumavam chamar de exército de reserva dos desempregados e contribui para diminuir os salários. Porém, qualquer que seja o modo de ver isso, ele não é um direito básico, nem um princípio como a liberdade de consciência que antecede o debate democrático.

A DEMOCRACIA NA UE: UMA QUESTÃO PREOCUPANTE

Assim, qual deveria ser o papel da UE no futuro da democracia na Europa? A ideia de uma democracia na Europa inteira faz pouco sentido, a menos que visualizemos certas mudanças sociais de longo alcance pelo continente. Pelos motivos para que seja assim, podemos novamente recorrer a John Stuart Mill, dessa vez a seu tratado sobre o governo representativo. A democracia (ou, segundo a expressão preferida por ele, "o governo livre") exige opinião pública unida – e com isso ele não quer dizer uniformidade completa ou consenso, mas um corpo de pessoas que interagem umas com as outras, debatem as mesmas questões, ouvem os mesmos argumentos, escutam as mesmas vozes, de modo que efetivamente formam um único "público". Uma condição essencial identificada por Mill é que a mesma mídia de comunicação – "livros, jornais, panfletos, discursos" em sua época, e rádio, TV e internet na nossa – deveria operar para todos.[2] Isso por sua vez é difícil sem uma língua comum de comunicação (ou a disposição de tornar-se multilíngue) –, e, apesar da disseminação do inglês como *lingua franca*, a política dentro das nações da Europa ainda é conduzida em vernáculo. Quantos de nós podem sinceramente dizer (a menos que sejamos especialistas) que temos algo além do entendimento mais superficial das discussões políticas que decidem eleições até nos maiores Estados europeus que não o nosso?

Um resultado disso é que o Parlamento Europeu, que *formalmente* é um corpo democrático, não pode realmente ser descrito como corpo representativo no mesmo sentido em que ainda são as legislaturas nacionais. Não existe público unido para ele representar. Sua composição é decidida de maneira um tanto aleatória pelas marés de opinião que fluem em cada Estado-membro no momento das eleições. Eleitores que não são leais a partidos aproveitam a oportunidade ou para expressar suas aspirações de longo prazo (votando, por exemplo, no Partido Verde) ou para registrar sua insatisfação com seu próprio governo (nacional); como sabemos, cada vez mais eles escolhem não votar simplesmente. Se o custo anual de 1,3 bilhão de libras (cifra de 2011/12) para manter o parlamento pode ser justificado, eis um sério assunto a ser debatido.

A UE, portanto, não tem papel democrático direto a desempenhar na Europa. Porém, indiretamente, pode ter um papel significativo na promoção das condições sob as quais a democracia dentro da Europa pode prosperar. Mais obviamente, ela pode promover e apoiar a democracia nacional oferecendo certa proteção contra forças externas que busquem solapá-la. A extensão da democracia no Leste Europeu (e, no futuro, espera-se, no Sudeste Europeu) é a mais notável realização da Europa desde que ela uniu as grandes potências numa

---

[2] J. S. Mill, *Utilitarianism, ... Representative Government*, op. cit., p. 361.

coalizão pacífica. Porém, ela não pode fazer isso à custa de bloquear a efetiva operação da democracia nacional impondo uma camisa de força de políticas públicas à qual todos os Estados-membros devem ajustar-se. Como já afirmei, o efeito é prejudicar a legitimidade dos partidos *mainstream*, sejam eles de centro-esquerda ou centro-direita, os quais são vistos como se dançassem conforme a música tocada em Bruxelas, e assim incentivar o surgimento de partidos antirregime ainda mais à direita e à esquerda. Pode-se dizer que não haverá dano nenhum à *democracia* se esses partidos ganharem força, e de fato podemos saudar o sucesso de partidos como o Syriza na Grécia precisamente porque eles podem ter o efeito de afrouxar a camisa de força criada pela existência do euro. Porém, em prazo mais longo, o centro político ser desacreditado e os eleitores voltarem-se para algum dos extremos – ou ficar alternando entre eles – não é receita de democracia estável. Democracia forte em nível nacional significa ter controle suficiente da política econômica para permitir que escolhas de políticas públicas em outras áreas – saúde, educação, etc. – sejam apresentadas ao eleitorado de maneira realista.

A UE pode ajudar também a fortalecer novas formas de democracia em regiões abaixo do nível nacional, outra vez oferecendo um escudo protetor, e contribuindo para estabilizar quaisquer arranjos para a recondução de governo com que se possa concordar. Pode-se ao menos dizer, por exemplo, que o pertencimento comum à União foi um dos fatores que permitiu que o governo britânico e o irlandês trabalhassem juntos para desenvolver o conjunto de instituições de compartilhamento de poder que trouxe paz ao Ulster, ainda que a UE não tenha tido envolvimento direto nas negociações. Uma questão interessante é se ela dá um incentivo grande demais para a secessão direta ao oferecer uma "casa" segura e de disponibilidade imediata para pequenas nações de independência recente – ainda que, como vimos no caso do recente referendo escocês, a exigência atual de que novos membros da UE tenham de adotar o euro também possa funcionar como desincentivo. Não presumo aqui que a secessão seja sempre um ganho para a democracia, mas, nos casos em que é – porque a região em secessão ficou seriamente alienada de seu governo central –, a UE pode ter um papel construtivo a desempenhar. Claro que o conjunto *atual* dos Estados-membros provavelmente vai resistir a dar-lhe esse papel, temendo seu próprio desmembramento potencial.

Para uma Europa democrática, portanto, o principal sinal deveria ser: dê à democracia nacional – e subnacional – espaço para respirar. Evite políticas que tranquem governos nacionais em arranjos que vão durar por anos e anos. E não presuma que todas as 28 nações desejam mover-se na mesma direção. A imagem de um comboio no mar, especialmente no Capítulo 9 do livro de Van Rompuy, é muito enganosa sob esse aspecto. Não há um destino único para o qual as nações europeias precisam todas ser guiadas. Porque todas elas compartilham valores liberais – e, de modo mais distante, uma herança cristã comum –, haverá muitas ocasiões em que elas estarão dispostas a agir rumo aos mesmos fins. Porém, em outros momentos, elas vão preferir dedicar-se a diferentes "experimentos de viver" e, como afirmou Mill, assim aprender com os sucessos e fracassos umas das outras.

Capítulo 13 | Frank Vandenbroucke

- Nascido em Leuven, Bélgica, em 1955.
- Graduação em Economia, Universidade de Leuven; mestrado em Economia, Universidade de Cambridge; doutorado em Teoria Política, Universidade de Oxford.
- Professor de Economia e de Políticas Sociais da Universidade de Leuven desde 2010. Ex-presidente do Partido Socialista flamengo, congressista belga, ministro federal das Relações Exteriores, ministro federal de Questões Sociais, ministro flamengo da Educação e do Emprego.
- Seus livros incluem: *Globalisation, Inequality, and Social Democracy* (Londres, 1998); *Social Justice and Individual Ethics in an Open Society: Equality, Responsibility, and Incentives* (Berlim, 2001); *Reconciling Work and Poverty Reduction: How Successful Are European Welfare States?* (Oxford, 2013, com Bea Cantillon).

* * *

Na política, Frank Vandenbroucke não conseguia ficar longe da academia. Agora que entrou na academia, não consegue ficar longe totalmente da política, e mobiliza seu conhecimento científico e sua experiência política com o objetivo de guiar algumas das grandes escolhas coletivas que precisamos fazer. Ele já foi aluno de mestrado em Cambridge, jovem presidente do Partido Socialista flamengo, aluno de doutorado em Oxford, ministro regional e federal. Hoje Frank Vandenbroucke é acadêmico em tempo integral. Seu ensino e sua pesquisa convergem na área em que a economia política e a filosofia política interagem, com interesse particular pelo que está acontecendo, pode acontecer e deveria acontecer em nível europeu em questões de políticas sociais.

Um produto desse pensamento é a ousada proposta de Vandenbroucke neste ensaio: a criação de uma União Social Europeia.

Até agora, a visão dominante entre os políticos europeus e os líderes de opinião é que as políticas sociais devem permanecer com os Estados-membros, e a intervenção europeia limitar-se ao estritamente necessário para o funcionamento do mercado único. Na opinião de Vandenbroucke, já é mais do que hora de deixar essa visão dominante para trás. Há um desafio mais ameaçador do que o chamado déficit democrático. Trata-se, acima de tudo, da falta de um propósito comum no que diz respeito aos objetivos sociais. Esse vácuo só pode ser devidamente preenchido pela ideia de uma União Social Europeia, entendida não como um Estado de bem-estar social da UE inteira, mas como união de Estados nacionais de bem-estar social, cada qual com suas tradições e instituições distintas.

***

A IDEIA DE UMA UNIÃO SOCIAL EUROPEIA

A União Europeia é uma união de países que aspiram à condição de Estados de bem-estar social. Em todos os Estados-membros, há muito apoio para as ambições nucleares de um Estado moderno de bem-estar social: a promoção da prosperidade geral, a sustentação da coesão social, a proteção de indivíduos vulneráveis e o apoio à educação. Por diferentes que sejam os Estados europeus de bem-estar social, seus sistemas nacionais de tributos e benefícios criaram, todos, com sucesso variado, uma capacidade de estabilização social e econômica em períodos de estresse econômico.

Os pais fundadores do projeto europeu estavam convencidos de que a integração econômica contribuiria para o desenvolvimento de prósperos Estados nacionais de bem-estar social, ao mesmo tempo que as preocupações de políticas sociais ficariam essencialmente em nível nacional. A história não provou que eles estavam errados, ao menos até meados da década de 2000. Porém, a experiência da crise nos força a reconsiderar a questão: como pode a UE ter sucesso como união de florescentes Estados de bem-estar social? Tanto à direita quanto à esquerda, muitos diriam que o ponto crucial é restaurar o crescimento econômico por meio da implementação do tipo certo de governança econômica e monetária em nível da UE. Essa contribuição assume uma posição diferente. Sim, é essencial restaurar o crescimento econômico, e isso é antes de tudo uma questão de política econômica e monetária. Porém, essa urgência de curto prazo não pode ser isolada do imperativo de desenvolver um conceito de política social para a UE, isto é, um consenso básico sobre o papel que a UE deveria e não deveria desempenhar na política social. A questão não é que a UE propriamente dita deva tornar-se um Estado de bem-estar social. Porém, restaurar a soberania social dos Estados-membros, e a UE limitar seu papel estritamente à política econômica e monetária – conclamação que também pode ser ouvida –, não é uma opção, a menos que estejamos dispostos a entrar para o ramo das ilusões. Precisamos de uma concepção coerente de uma *União Social Europeia*.

Uso a noção "união social" deliberadamente, por três motivos. Primeiro, ela nos convida a propor um conceito nítido, em contraste com a noção deveras vaga de uma "Europa social", que muitas vezes vem à tona em discussões sobre a UE. Segundo, ela sinaliza que devemos ir além do apelo convencional por "uma dimensão social" da UE. Seria errado afirmar que a UE hoje não tem dimensão social. A coordenação dos direitos de segurança social para trabalhadores móveis, os padrões de saúde e de segurança no trabalho, certas diretivas sobre os direitos dos trabalhadores – tudo isso constitui um *acquis* nada trivial de cinquenta anos de lento progresso. A UE também desenvolveu uma sólida fundação jurídica para a aplicação de não discriminação entre cidadãos da UE. A noção de uma União Social Europeia não nega as virtudes desse *acquis* positivo. Porém, ainda que os próximos passos que temos de dar possam partir desse *acquis*, sua natureza e sua lógica respondem a um novo desafio. Precisamos compreender a novidade desse desafio, que vai além de acrescentar "uma dimensão social". Terceiro, a ênfase numa *União* Social não é coincidência: trata-se de uma União de Estados de Bem-estar nacionais, com legados históricos e instituições diferentes. Porém, seu propósito primário não é organizar a redistribuição interpessoal entre cidadãos europeus individuais através de fronteiras nacionais.[1] Mencionarei aspectos

---

[1] Deliberadamente escrevo que o propósito *primário* de uma União Social Europeia não seria desenvolver a redistribuição interpessoal através das fronteiras. Alguns dizem que a zona do euro deveria ser equipada com um mecanismo de estabilização na forma de um benefício de seguro-desemprego europeu; isso pode implicar, indiretamente, um elemento de redistribuição interpessoal. Não discuto essa proposta nesta contribuição.

das políticas sociais para os quais teremos de repensar a aplicação prática do princípio de subsidiariedade, tanto dentro dos Estados-membros quanto no nível da UE. Porém, uma união de Estados-membros aplicaria a subsidiariedade como princípio fundamental de organização. Insistirei na necessidade de convergência, mas convergência não é a mesma coisa que harmonização.

A ideia nuclear pode ser resumida da seguinte maneira: uma União Social apoiaria os Estados de bem-estar nacionais *no nível sistêmico* em *algumas* de suas principais funções, e guiaria o *desenvolvimento substantivo* dos Estados de bem-estar nacionais – por meio de padrões sociais e objetivos gerais, deixando os métodos e os recursos da política social para os Estados-membros – segundo a definição operacional do "modelo social europeu". Em outras palavras, os países europeus cooperariam numa união com um propósito social explícito – daí a expressão "União Social Europeia" (USE).

> Uma União Social Europeia não é um Estado de Bem-estar Social Europeu: é uma União de Estados de Bem-estar nacionais, com diferentes legados históricos e instituições.

Uma União Social assim concebida não é apenas desejável, mas necessária, a menos que abandonemos a ideia de que o projeto de integração diz respeito a Estados de bem-estar social com ao menos algumas aspirações compartilhadas. Fazer essa análise não é dizer que ela leva a apenas uma versão definitiva da USE: dependendo dos julgamentos normativos em questão, a USE pode ser um projeto mais ou menos ambicioso.[2] Também não é dizer que já temos sobre a mesa um conceito operacional. Estamos em território desconhecido: questões importantes precisam ser esclarecidas – a começar pela lógica da USE.[3]

---

[2] A distinção entre versões "finas" e "mais espessas" da USE é desenvolvida em Vandenbroucke (2015).

[3] Como já indicado na nota 1, minha visão dos motivos e do escopo da USE não pretende ser completa. Não discuto argumentos relacionados à base de

A UNIÃO MONETÁRIA INCOMPLETA

O argumento em favor da USE baseia-se em parte num argumento *funcional* relacionado à União Monetária Europeia. A teoria econômica explica os benefícios e as desvantagens da unificação monetária em termos de *trade-offs*. Os membros de uma área monetária confrontam-se com um *trade-off* entre simetria e flexibilidade. A simetria se refere a movimentos na produção, nos salários e nos preços. A flexibilidade tem a ver com a flexibilidade salarial e com a mobilidade inter-regional e internacional do trabalho, que determinam a capacidade de ajuste interno do país no caso de choque assimétrico. Menos simetria obriga a mais flexibilidade; quanto menos simetria há entre os países de uma única área monetária, maior a capacidade exigida de adaptabilidade interna para que a união monetária seja benéfica. Há um segundo *trade-off*: se os choques assimétricos podem ser absorvidos por meio de *transferências fiscais* entre os Estados-membros, então a necessidade de flexibilidade é reduzida.

Desde 2008 sabemos que a descrição tradicional esperada desses *trade-offs* é insuficiente para entender a crise da zona do euro. Problemas de projeto da UME deixam-na instável e frágil: ela carece tanto de uma união bancária quanto de um emprestador de último recurso. Um emprestador de último recurso é indispensável para apoiar os Estados de bem-estar da zona do euro numa de suas funções sistêmicas-chave: a estabilização em tempos de crise econômica (De Grauwe, 2014).[4] Sabemos também que a UME precisa de uma mão visível que busque a simetria, especialmente no que diz respeito a aumentos de salário; a exposição a forças do mercado por si só não produziu disciplina na união monetária. Além disso, os Estados-membros precisam de instituições

---

arrecadação dos Estados de bem-estar social, por exemplo a necessidade de limitar certas formas de competição fiscal.

[4] Pode-se dizer que a zona do euro deveria ser equipada também com um mecanismo de estabilização baseado em transferências; cf. nota 1.

de mercado de trabalho que possam trazer coordenação no que diz respeito a aumentos de salário: a mão visível precisa ser eficaz.

A proposição de que uma mão visível é necessária não marca um distanciamento das atuais políticas. A recente legislação *"six-pack"* e os desequilíbrios macroeconômicos de procedimento são tentativas deliberadas de fortalecer a mão visível dos elaboradores europeus de políticas públicas. Porém, a prática atual colocou ênfase unilateral no ajuste dos Estados-membros com déficits atuais em conta-corrente. Ela não abordou os Estados-membros com superávits. Daí a proposição de organizar a simetria em torno de um *benchmark* comum – por exemplo, uma "regra de ouro" que associe aumentos nacionais de salário com aumentos nacionais de produtividade. Devemos também reconhecer os resultados positivos de negociações salariais coordenadas dentro dos Estados-membros. Em vez de incentivar a descentralização da negociação coletiva, a UE deveria dar passos para incentivar e facilitar a coordenação de negociações.

Agora podemos retornar ao *trade-off* de longo prazo entre simetria e flexibilidade. A flexibilidade é um conceito continente: mercados de trabalho menos regulados, mecanismos temporários de absorção de choque como o *Kurzarbeit* na Alemanha, uma força de trabalho altamente qualificada e versátil. Um "bom caminho" para a flexibilidade do mercado de trabalho, baseado em capacidades e em organização laboral, pode ser contraposto a um "mau caminho", baseado na mera desregulação do mercado de trabalho. À primeira vista, pode-se pensar que essas várias formas de flexibilidade do mercado de trabalho são irrelevantes no que se refere a sustentar uma união monetária, isto é, que elas possam ser vistas como modelos funcionalmente equivalentes na medida em que ofereçam mobilidade de trabalhadores e contrapartida de salários aos constrangimentos da competitividade. Porém, nem todos os sistemas de regulação do mercado de trabalho trazem o mesmo bom resultado de combinação de simetria (que exige a capacidade de entregar coordenação salarial) com flexibilidade. É por isso que os modelos nacionais de flexibilidade do mercado de trabalho, assim como as políticas salariais nacionais, são uma preocupação comum numa união monetária: sua escolha não pode ser totalmente relegada ao domínio nacional. Isso não significa que a UE deva aconselhar os Estados-membros em detalhes sobre a organização de seus mercados de trabalho. Mas há um limite para a diversidade social que pode ser acomodado numa união monetária, não quanto aos detalhes de sua organização, mas quanto a seus parâmetros fundamentais.[5]

Obviamente, nenhuma das escolhas de flexibilidade, transferências fiscais ou simetria é socialmente neutra. Os *trade-offs* de longo prazo que vêm com a união monetária forçam seus membros a um consenso sobre a ordem social subjacente.

MOBILIDADE E MIGRAÇÃO TÊM DE ESTAR EMBUTIDAS NUMA ORDEM SOCIAL

Um argumento bem conhecido (que se aplica à UE como um todo) diz que integração econômica sem harmonização social induz pressão para baixo no desenvolvimento social dos Estados-membros mais avançados – a famosa "corrida para o fundo". No passado, o espectro do *dumping* social de larga escala nunca se materializou. Porém, na UE ampliada de hoje, ocorrem casos flagrantes de condições ilegais de trabalho e de exploração. Eles resultam da interação de lacunas na implementação doméstica da proteção social e laboral nos Estados-membros, da reduzida soberania jurídica dos Estados-membros e da ausência de padrões sociais comuns.

Uma condição crucial para que a opinião pública europeia aceite a mobilidade e a migração é que elas se encaixem numa ordem social

---

[5] Um argumento semelhante pode ser desenvolvido quanto aos sistemas de pensão e à sustentabilidade fiscal de longo prazo dos Estados-membros.

regulada; elas não devem minar essa ordem social. Se padrões de salário mínimo podem ou não podem ser protegidos num contexto de livre movimento de trabalhadores e de serviços, eis um exemplo de destaque. Em Estados-membros como a Alemanha e a Suécia, os sindicatos tradicionalmente resistiram à regulação estatal dos salários mínimos: eles consideravam isso parte do domínio das negociações coletivas, área interditada para as autoridades públicas; assim, aplicavam um princípio doméstico de subsidiariedade. O julgamento *Laval* do Tribunal de Justiça da União Europeia sugere que essa posição tradicional pode ser insustentável: o tribunal afirma que apenas sistemas *previsíveis* de proteção do salário mínimo podem ser impostos a empresas estrangeiras que nomeiam trabalhadores. Por isso, se os Estados-membros querem que prestadores estrangeiros de serviços respeitem salários mínimos específicos, eles precisam criar um contexto jurídico em que esses salários mínimos específicos sejam aplicáveis em nível nacional. Isso pressupõe que os parceiros sociais reconsiderem as posições tradicionais sobre subsidiariedade dentro dos Estados de bem-estar social, isto é, os papéis respectivos de parceiros sociais e de autoridades públicas, ou reconsiderem a relação entre a negociação coletiva no país inteiro e a negociação local. Politicamente, isso fortalece o argumento em favor de um arcabouço pan-europeu no que diz respeito ao papel e à importância dos salários mínimos. Tanto no nível doméstico quanto no europeu, precisamos reconsiderar a aplicação de princípios subsidiários.

Junto com o julgamento *Viking* do tribunal (que tratava da liberdade de estabelecimento), o julgamento *Laval* sobre a liberdade de movimento suscita um problema mais fundamental do que a mera exigência de "previsibilidade" de provisões mínimas (Barnard e De Baere, 2014). Antes dessas decisões, o tribunal tentara respeitar o acordo original, contido no Tratado de Roma, segundo o qual a política social era principalmente questão de lei doméstica. Ele usava diversas técnicas para proteger a política social nacional da aplicação das provisões econômicas (hierarquicamente superiores) do mercado interno. Porém, em *Viking* e em *Laval* o tribunal aplicou sua jurisprudência de mercado interno com pleno vigor. O momento em que a ação coletiva foi considerada uma "restrição" e, portanto, contrária à lei da UE, os interesses "sociais" ficaram em desvantagem, e foi preciso defender-se dos direitos econômicos do livre movimento.

Fundamentalmente, mesmo numa USE menos ambiciosa, o desafio é preservar a capacidade regulatória dos governos nacionais e dos parceiros sociais ao mesmo tempo que se permitem a mobilidade de trabalhadores e a entrega de serviços interfronteiras. A falta de espaço me impede de discutir a questão do "turismo de bem-estar social" e a análise de Fritz Scharpf (2009) sobre o impacto das quatro liberdades e da mobilidade nos Estados de bem-estar social europeus. Ao contrário de Scharpf, não creio que a arquitetura institucional e a heterogeneidade interna da UE levem sistemática e *irresistivelmente* à maior liberalização econômica, à mobilidade sem freios e à erosão da solidariedade. Há espaço para a política na arena da UE. Conciliar de um lado a mobilidade e as quatro liberdades e, de outro, a coesão interna dos Estados nacionais de bem-estar social e as relações industriais é desafio complexo, mas não intransponível. Exige um "ato equilibrador", que é viável. Esse ato equilibrador não é apenas entre princípios econômicos e princípios sociais. Tanto a abertura internacional (sob certas condições) quanto a coesão social doméstica podem ser entendidas em termos de solidariedade.

UMA NOÇÃO COMPARTILHADA DE SOLIDARIEDADE

A discussão precedente mostra que temos de combinar duas perspectivas sobre o sentido de solidariedade na Europa: uma noção pan-europeia de solidariedade e a solidariedade dentro dos Estados nacionais de bem-estar social. A noção pan-europeia de solidariedade refere-se à convergência econômica para cima e à coesão em escala europeia. Ela se refere também aos direitos dos indivíduos de melhorar a própria vida trabalhando num Estado-membro que não aquele em que nasceram; aos diretos dos pacientes de usufruir, sob certas condições, de cuidados médicos em Estados-membros que não aquele em que residem. A solidariedade dentro dos Estados-membros nacionais refere-se ao seguro social, à redistribuição de renda, ao equilíbrio entre direitos e obrigações sociais, os quais definem os Estados nacionais de bem-estar. Essa perspectiva dual sobre a solidariedade a torna intrinsecamente complexa e multifacetada. Não se pode negar que ela pode levar a *trade-offs* entre a solidariedade nacional e a solidariedade pan-europeia, certamente a curto prazo. Porém, a legitimidade do projeto europeu depende de sua capacidade de evitar um jogo de soma zero entre a coesão nacional e a coesão pan-europeia. Ela exige um círculo vicioso de coesão pan-europeia e nacional crescente. Sustentar esse círculo vicioso deveria ser o objetivo primordial de uma União Social Europeia.

É por isso que deveríamos revisitar os objetivos fundamentais que são parte do projeto europeu desde o Tratado de Roma de 1957: a busca simultânea de *progresso econômico* de um lado, e de *progresso e coesão sociais* de outro, tanto *dentro* dos países (por meio do desenvolvimento gradual de Estados de bem-estar social) como *entre* países (por meio de uma convergência para cima ao longo da União). Os pais fundadores do projeto europeu presumiram, de modo otimista, que a coesão crescente entre países e dentro deles poderia ser alcançada pela cooperação econômica supranacional, junto com alguns instrumentos específicos para a elevação do padrão de vida nos Estados-membros (que posteriormente foram reunidos na política de coesão "econômica, social, e territorial" da UE). A integração econômica seria organizada no nível da UE, fortaleceria o crescimento econômico e criaria convergência para cima; as políticas sociais domésticas redistribuiriam os frutos do progresso econômico ao mesmo

> Desequilíbrios sociais excessivos ameaçam a união monetária tanto quanto desequilíbrios econômicos.

tempo que permaneceriam como prerrogativas nacionais. As ampliações consecutivas e a unificação monetária tornaram essa complexa noção de solidariedade ainda mais complexa e exigente. De fato, o que é visto por alguns como "a dinâmica da convergência para cima" associada à ampliação da UE é visto por outros como *dumping* social. Ao mesmo tempo, a unificação monetária obriga a outras formas de solidariedade que foram, até agora, uma área proibida da política europeia. Ao longo dos últimos anos, a zona do euro exibiu o cenário exatamente oposto ao da convergência: uma divergência crescente. Desequilíbrios sociais excessivos ameaçam a união monetária tanto quanto desequilíbrios econômicos excessivos. Corremos o risco de ficar presos numa armadilha: precisamos urgentemente de mais solidariedade europeia, ao mesmo tempo que ela fica mais difícil de gerenciar. Em vez de um círculo virtuoso, estamos diante de um círculo vicioso.

O IMPERATIVO DO INVESTIMENTO SOCIAL

Hoje há enorme disparidade no desempenho dos Estados europeus de bem-estar. O ótimo registro dos Estados de bem-estar do norte tem sido associado a sua orientação de longo prazo para o "investimento social", isto é, a ativação, o investimento em capital humano e os serviços sociais capacitadores como creches. Obviamente, o investimento em educação e em creches não é panaceia; os Estados de bem-estar social diferem também no que diz respeito ao bom funcionamento de seus sistemas de proteção social. Por exemplo, a Grécia não tem sistema de assistência de renda mínima (a proteção social depende predominantemente de um sistema de pensões remendado), e a proteção de renda mínima na Itália geralmente é considerada inadequada. Sistemas de transferência de dinheiro são altamente fragmentados em alguns Estados de bem-estar social. O desempenho do Estado de bem-estar social depende da complementaridade do bom investimento em capital humano – por meio de educação, treinamento e creches – e da proteção eficaz do capital humano – por meio de sistemas adequados de transferências e de saúde. O papel redistributivo da proteção social permanece importante *em si*.

Sob essa luz, estratégias de investimento social oferecem perspectiva promissora em relação tanto à coesão pan-europeia quanto à nacional. O investimento social surgiu gradualmente como perspectiva de política social na década de 1990 em resposta a mudanças fundamentais em nossas sociedades, com foco em políticas que "preparam" indivíduos, famílias e sociedades para adaptar-se a várias transformações, como mudanças em padrões profissionais e em condições de trabalho, surgimento de novos riscos sociais e envelhecimento da população, em vez de simplesmente gerar respostas voltadas a "reparar" danos causados por falhas de mercado, infortúnios sociais, má saúde ou inadequações prevalentes de políticas públicas. Investimento social não é panaceia. Todo investimento social de sucesso pressupõe complementaridade bem projetada entre "desenvolvimento de capital humano" por meio de educação, treinamento e ativação, e "proteção de capital humano" por meio dos instrumentos tradicionais de proteção social (benefícios em dinheiro, saúde) e de proteção ao emprego (principalmente salários mínimos). Com base nesses argumentos, Vandenbroucke, Hemerijck e Palier (2011) conclamaram um "pacto de investimento social" que se estendesse por toda a UE.

O Pacote de Investimento Social, lançado pela Comissão Europeia em fevereiro de 2013, expõe um argumento similar, e assim oferece a orientação comum de que os Estados-membros necessitam, a meu ver. Obviamente, "pacote" não é "pacto": a ideia de pacto sublinha o sentido de reciprocidade necessária: todos os Estados-membros devem estar comprometidos com políticas que respondam à necessidade de investimento social; simultaneamente, os esforços dos Estados-membros nessa direção – principalmente os esforços de Estados-membros num contexto orçamental difícil – deveriam receber apoio de maneira tangível. Quando reformas difíceis são necessárias, deve haver também solidariedade na reforma. Infelizmente, a dramática divergência nos gastos com educação que podemos observar na União Europeia de hoje mostra que estamos muito distantes dessa orientação comum.

A CONSTRUÇÃO DEMOCRÁTICA DO SENTIDO DE PROPÓSITO COMUM

Nesta contribuição, afirmei que precisamos de um conceito nítido no que diz respeito à dimensão social da UE. A ideia de uma União Social Europeia pretende esclarecer a essência e o propósito de uma dimensão social do projeto europeu. Ela não descreve um *big bang* institucional, mas serve como conceito de referência para a direção que a UE deveria tomar. Ela não é indevidamente idealista, mas dá espaço para o progresso gradual que com frequência caracteriza a política da UE. É preciso admitir a existência de uma precondição crucial: para construir uma união social, precisamos de um sentido mais forte de propósito comum e, como corolário, de um verdadeiro sentido de reciprocidade. A *política* de reciprocidade entre governos eleitos democraticamente é inevitavelmente complexa. As demoradas negociações entre Grécia e outros membros da zona do euro, em curso no momento da redação deste texto, ilustram o quanto pode ser difícil encontrar um meio-termo entre democracias num espírito de reciprocidade. União de Estados nacionais de bem-estar social é união de democracias; porém, mesmo que essas democracias mantenham sua soberania sobre os métodos e recursos da política social, elas precisam estar de acordo com os objetivos comuns da União, com a partilha dos ônus talvez implicados pelos objetivos comuns e com a medida com que a soberania deve ser compartilhada em domínios específicos. Em si, isso constitui um enorme desafio democrático. Porém, o problema crucial com que deparamos não é "déficit democrático" nas instituições existentes da UE; o problema é "déficit de propósito comum". Isso não equivale a dizer que a qualidade democrática das instituições e das práticas existentes não possa aumentar. Porém, antes de tudo, precisamos de um sentido mais forte de propósito comum, que nos permitirá ancorar objetivos sociais comuns à governança europeia. Estes não surgirão sem debate político e conflito democrático, no conselho, no Parlamento Europeu e nos parlamentos nacionais. A construção democrática de um sentido mais forte de propósito comum para a União Europeia como um todo é o desafio-chave do nosso tempo.

REFERÊNCIAS

Catherine Barnard, "Free Movement and Labour Rights: Squaring the Circle?". *Legal Studies Research Paper*, n. 23/2013. Faculdade de Direito da Universidade de Cambridge.

Catherine Barnard e Geert De Baere, "Towards a European Social Union. Achievements and Possibilities under the Current EU Constitutional Framework". *Euroforum Policy Paper*. Universidade Católica de Leuven, 2014.

Paul De Grauwe, "Macroeconomic Policies in the Eurozone since the Sovereign Debt Crisis". *Euroforum Policy Paper*. Universidade Católica de Leuven, 2014.

Fritz W. Scharpf, "The Asymmetry of European Integration, or Why the EU Cannot Be a 'Social Market Economy'". *KFG Working Paper*, n. 6, set. 2009.

Frank Vandenbroucke, Anton Hemerijck e Bruno Palier, "The EU Needs a Social Investment Pact". OSE Paper Series, *Opinion Paper* n. 5, maio de 2011. Brussels, European Social Observatory.

Frank Vandenbroucke, "The Case For A European Social Union. From Muddling Through to a Sense of Common Purpose". In: B. Marin (org.), *The Future of Welfare in a Global Europe*. Aldershot, Ashgate, 2015, p. 433-64.

Capítulo 14 | Maurizio Ferrera

- Nascido em Nápoles, Itália, em 1955.
- Laureado em Filosofia, Universidade de Turim; mestrado em Ciência Política, Universidade Stanford; doutorado em Ciências Políticas e Sociais, Instituto Universitário Europeu de Florença.
- Professor de Ciência Política da Universidade Estatal de Milão desde 2003, anteriormente nas universidades Pavia e Bocconi (Milão).
- Diretor do projeto "Reconciling Economic and Social Europe" [Reconciliando a Europa Econômica e a Social] (2013-18), do European Research Council.
- Seus livros incluem: *Modelli di Solidarietà. Politica e Riforme Sociali nelle Democrazie* [Modelos de Solidariedade. Política e Reformas Sociais nas Democracias] (Bolonha, 1993); *Rescued by Europe? Italy's Social Policy Reforms from Maastricht to Berlusconi* [Resgatada pela Europa? As Reformas de Políticas Sociais da Itália, de Maastricht a Berlusconi] (Amsterdã, 2004, com Elisabetta Gualmini); *The Boundaries of Welfare: European Integration and the New Spatial Politics of Social Protection* [Os Limites do Bem-Estar Social: A Integração Europeia e a Nova Política Espacial de Proteção Social] (Oxford, 2005).

* * *

Depois de ter estudado filosofia em Turim com Norberto Bobbio, o mais famoso filósofo político liberal da Itália, Maurizio Ferrera logo se tornou uma das mais respeitadas autoridades da Itália na área de políticas sociais.

Em sua contribuição para este volume, ele enfatiza três "linhas de falha" dentro da União Europeia: norte contra sul na questão da dívida; leste contra oeste na questão da migração; e "Bruxelas" contra governos nacionais e parlamentos em termos de instituições.

Na visão de Ferrera, não é possível voltar atrás. Retornar para a autonomia dos Estados nacionais é impossível. Além disso, governar a UE usando apenas o método intergovernamental é inadequado.

Por outro lado, um salto quântico para a frente, rumo a um superestado federal, é também ilusão. Qual deveria então ser o modelo? Ferrera nos convida a considerar a noção de "comunidades de vizinhança" desenvolvida pelo sociólogo alemão Max Weber como fonte de inspiração para o modo como a solidariedade entre os Estados-membros europeus poderia ser organizada. Ele nos convida também a refletir sobre o princípio de hospitalidade de Immanuel Kant para nos ajudar a resolver o difícil problema do livre movimento dentro da União Europeia.

***

GOVERNAR A UNIÃO EUROPEIA DEPOIS DE SUA "MUDANÇA DE FASE"[1]

A União Europeia – e a zona do euro em particular – hoje é dilacerada por algumas linhas de falha que se ampliam. O que está em jogo é não apenas o desempenho econômico e institucional, mas a própria estabilidade e a continuidade da União como sistema político.

A primeira linha de falha, a mais visível, diz respeito ao funcionamento da UME e opõe Estados de norte e sul, "nucleares" e "periféricos", "credores" e "devedores". A segunda linha vai de oeste a leste e diz respeito principalmente ao livre movimento de pessoas, de capitais e de serviços no mercado interno. Ela coloca países com regime consolidado de bem-estar social e altos impostos e contribuições contra países com bem-estar social limitado, baixos custos de trabalho e baixa regulamentação. A terceira linha tem suas raízes na assimetria institucional do sistema de governo da UE, programado a favor de políticas que beneficiam o mercado e contra políticas que corrigem o mercado. A quarta linha, enfim, é de natureza vertical: "Bruxelas" (instituições supranacionais) contra governos nacionais e sua soberania em áreas de políticas consideradas cruciais para a legitimação democrática e para a coesão social.[2]

Essas linhas de falha interferem umas com as outras, criando complexos dilemas de políticas públicas, amargas confusões políticas e erosão crescente da legitimidade, como ficou claramente demonstrado pelas campanhas e pelos resultados das eleições europeias de 2014.

---

[1] Este ensaio se baseia num projeto de pesquisa financiado pelo European Research Council: "Reconciling Economic and Social Europe: Ideas, Values and Politics" (RESc-EU). Universidade de Milão e Centro Einaudi, Turim.

[2] Por falta de espaço, nas páginas seguintes não vou separar os desafios que afetam a UE inteira dos que afetam apenas a zona do euro. Obviamente há certo grau de sobreposição (mas não de total coincidência) entre os dois.

Os debates intelectuais e acadêmicos concordam em grande medida quanto à severidade da situação e suas raízes multidimensionais, mas os diagnósticos e as receitas tendem a divergir. Num extremo, o pessimismo desalentado: tensões e conflitos não podem ser resolvidos no nível da UE, por isso a única solução é "explodir" o *statu quo* (incluindo o euro), repatriar os poderes decisórios mais delicados e rejeitar as intrusões e os constrangimentos externos indevidos. No outro extremo, a posição federalista tradicional: a UE deveria logo transformar-se em superestado federal, com orçamento central adequado e poderes ampliados de taxação e gastos. No meio há enorme variedade de posições mais pragmáticas, "realistas", críticas do atual estado de coisas, mas também confiantes de que a Europa, de algum modo e mais uma vez, superará as dificuldades da crise e recuperará um equilíbrio aceitável entre diferentes princípios e forças.

Boa parte do debate real se concentra em instituições e em políticas, no esforço de identificar soluções substantivas e procedimentos para os desafios existentes. Se me considero realista, nesta contribuição eu gostaria de levar a discussão do nível das políticas para o nível mais geral e, por assim dizer, para o nível dos *fundamentos*. Estou convencido de que, antes de identificar soluções práticas, é necessário abordar uma questão mais ampla: a natureza atual da UE como construção política e simbólica e suas implicações normativas. Em outras palavras: o que é hoje a UE, e como ela deveria operar?

Questões que intimidam, sem dúvida. Mesmo assim, vou tentar esboçar algumas respostas. Meu argumento pode ser resumido da seguinte maneira: depois do estabelecimento da UME, a UE deu um salto quântico sem precedentes como entidade política. Ela adquiriu propriedades novas, que operam em nível sistêmico e tornam cada vez mais difícil separar o que é determinado pelo nível nacional (e nele) e pelo nível da UME (e nela). Como consequência dessa mudança, a governança e as políticas da UME, assim como a própria ideia de uma Europa integrada, devem ser adaptadas a esse novo estado de coisas. Além disso, é preciso desenvolver um novo discurso normativo capaz de justificar e legitimar a nova "natureza" da União e suas implicações distributivas.

A UNIÃO EUROPEIA EM MUDANÇA DE FASE

Num ensaio recente, Herman Van Rompuy efetivamente relatou como, desde 2010, os líderes europeus estão empenhados num processo de aprendizado coletivo, muitas vezes improvisando soluções para novos problemas inesperados.[3] O desafio era entender "quais as consequências de pertencer a uma zona monetária" e conceber maneiras de gerenciar os elos econômicos mais profundos dentro da zona do euro e suas cadeias de efeitos – incluindo o pesadelo do "contágio" mútuo. Teve sucesso esse processo de aprendizado? Com o confortável olhar retrospectivo de observador *ex post*, tenho a sensação de que não. Como notado por Van Rompuy, a lição aprendida teve a ver com *mais interdependência*: não o bastante. Com a conclusão da UME, a UE, de fato, passou por uma total mudança de fase. Para usar um termo técnico, podemos dizer que ela se tornou um "sistema adaptativo complexo", caracterizado por propriedades "emergentes", isto é, por dinâmicas não intencionais e imprevisíveis que exibem poderes causais autônomos. O que acontece diariamente dentro da UME é o resultado de um emaranhado inextricável de microdecisões de atores individuais e coletivos, possibilitadas e moldadas pela institucionalização de normas, princípios e regras supranacionais sobre os quais os governos nacionais perderam influência discricionária. Esse emaranhado tornou-se irredutível às unidades político-econômicas que possibilitaram seu surgimento. Em outras

---

[3] Herman Van Rompuy, *Europe in the Storm*. Leuven, Davidsfonds, 2014.

palavras, a UME em grande medida não é mais "decomponível", o *statu quo ante* não pode ser recriado.[4]

Um paralelo histórico há de esclarecer esse ponto. No sistema decomponível, as partes são interdependentes, mas ainda podem comportar-se primariamente de acordo com seus princípios internos. É conhecida a descrição do regime monetário de Bretton Woods como um conjunto de "caixas-pretas" (economias nacionais que funcionam segundo a lógica interna de cada uma) conectadas umas às outras pela taxa de câmbio. Nesse contexto, os *inputs* extrínsecos podiam ser processados de modo independente pela caixa-preta mediante um vasto cardápio de políticas. O regime da UME é totalmente distinto. A escuridão virou transparência, e as caixas estão cheias de buracos. Em grande medida, as economias políticas domésticas não são mais "intrinsecamente determinadas", não só por causa de sua alta interpenetração mútua e por causa da regulamentação supranacional obrigatória, mas também porque as autoridades da UME conquistaram o direito a uma determinação extrínseca de grandes áreas de políticas domésticas.

Disso seguem-se duas implicações importantes. Primeiro, tudo indica que a mudança de fase é irreversível, ou ao menos não pode ser revertida de maneira ordenada e previsível. Mesmo que isso fosse tentado, o desmonte da UME não ressuscitaria automaticamente as partes preexistentes, isto é, os Estados-membros tal como existiam antes da moeda única – algo que os eurocéticos de vários tipos ignoram ou desconsideram por completo.

Segundo, o "nacionalismo metodológico", que ainda alimenta os debates e as políticas europeias, não está mais alinhado com a realidade. O nacionalismo metodológico – isto é, o tratamento dos Estados-membros como unidades intrinsecamente autodeterminadas – não

---

[4] Para uma versão mais expandida e detalhada desta discussão, ver Maurizio Ferrera, "Solidarity in Europe After the Crisis", *Constellations*, vol. 21, 2, jun. 2014, p. 222-38.

pode mais servir como bússola eficaz (muito menos como a única bússola) das escolhas de políticas, e, mesmo antes disso, para chegar

> O desmonte da UME não ressuscitaria automaticamente os Estados-membros tal como existiam antes da moeda única.

às imputações causais corretas. Isso não é o mesmo que dizer, é claro, que os estados-nações se tornaram irrelevantes, seja como arenas separadas de interação, seja como atores políticos. Em diversas áreas (por exemplo, a ordem pública e a justiça, a administração de burocracias estatais, a regulamentação de inúmeras atividades econômicas essencialmente domésticas ou locais, o desenho específico de arranjos de proteção social, etc.), a determinação intrínseca ainda é possível, e pode fazer diferença no desempenho funcional.

Porém, é preciso reconhecer que: 1) a remoção de fronteiras intra-UE produziu uma transnacionalização de interações e decisões em todos os níveis e criou muitos espaços funcionais que cortam fronteiras estatais (a zona do euro, os vários mercados internos, mas também o acordo Schengen e o regime de coordenação da previdência social); 2) essa reconfiguração deu origem a novos processos e "partes" (espaços funcionais, precisamente) movidos cada um por sua própria lógica intrínseca; 3) a presença de propriedades emergentes exige mudança de perspectiva para fins tanto descritivos quanto prescritivos.

Diante da crescente irredutibilidade da UE como sistema, o modo de governo ainda amplamente baseado no intergovernamentalismo (modo este fortalecido durante a crise) destaca-se como claramente inadequado. Ele de fato ainda presume que o ajuste a uma dinâmica emergente pode ser quase inteiramente reduzido ao "dever de casa" a ser feito pelas autoridades domésticas ainda capazes de plena determinação intrínseca. E, como consequência, essa abordagem estabelece uma agenda de deveres de casa (reformas estruturais sob fortes constrangimentos fiscais) que – mesmo independentemente de seus conteúdos específicos – é programaticamente equipada para capturar as exigências de direcionamento derivadas da nova natureza da UE.

Por exemplo, como podemos estabelecer a responsabilidade "individual" dos Estados-membros quanto a performances divergentes em políticas públicas e em resultados sociais (por exemplo, no campo do emprego, ou da pobreza infantil)? Em que ponto termina a responsabilidade individual por desequilíbrios sociais nos Estados-membros? E é necessário um esforço coletivo pelo bem da própria UME (por exemplo, por meio de transferências supranacionais)? Sem ao menos uma clarificação parcial e provisória, uma estratégia complexa e multifacetada como a Europa 2020 está programaticamente condenada ao fracasso – fracasso que tende, paradoxalmente, a reconfirmar e até a amplificar seus pressupostos subjacentes falaciosos, isto é, que tudo se resume a "dever de casa doméstico".

"Ser uma união monetária" não é apenas uma propriedade emergente, mas também traz consigo exigências fortíssimas de direcionamento, especialmente no caso de choques externos súbitos que acertam as partes componentes com diferenças de intensidade. Se esse diagnóstico está correto, então o que foi aprendido até agora pelos líderes europeus ("mais interdependência") não é de fato suficiente.

ESPAÇO OU LUGAR?

A crise financeira e a Grande Recessão subsequente trouxeram para o primeiro plano questões prementes de "justiça" e de solidariedade entre os Estados-membros e os "povos" da Europa. Questões de justiça deram origem a duros debates e conflitos em todas as federações históricas (pensemos nos Estados Unidos ou na Suíça). Não devemos ficar surpresos que esses assuntos estejam mais salientes hoje, e, em certa medida, precisamos ver isso como sinal de maturação e de reflexividade coletiva. Há, portanto, um risco tangível de polarização excessiva. Precisamos urgentemente de novos princípios baseados na combinação de razão normativa com razão sociológica. Esses princípios devem estar imediatamente disponíveis aos atores políticos e ser facilmente aplicáveis aos dilemas criados pelas quatro linhas de tensão de onde parti.

A grande prioridade é a questão da equidade e da solidariedade transnacional. Um bom ponto de partida para formular essa questão pode ser encontrado em Max Weber, o pai fundador da sociologia europeia. Em sua conhecida discussão dos tipos de comunidades e processos de *Vergemeinshaftung* ("construção de comunidade") em *Economia e Sociedade* (1922), Weber falava das "comunidades de vizinhança", constituídas com base na proximidade espacial durável e na interdependência de interesses. Essas comunidades costumam gerar formas de "irmandade sóbria" entre os vizinhos: uma irmandade vazia de *páthos*, mas mesmo assim capaz de nutrir e sustentar solidariedade mútua inspirada por princípios éticos primitivos.

Discutir a UE como "comunidade de vizinhança" intencionalmente empenhada em obter integração mais próxima tem a vantagem de lançar uma mensagem simbólica facilmente compreensível pelo público em geral, a qual evoca experiências de vida e intuições morais amplamente compartilhadas e profundamente enraizadas na cultura europeia. Os vizinhos não são *forçados* a ajudar uns aos outros; a irmandade sóbria é muito menos exigente do que uma obrigação política inextricável. Porém, a ajuda mútua é, mesmo assim, conveniente a longo prazo. Um vizinho que estende a mão não é um "bom samaritano", mas alguém movido por um misto de interesses materiais, expectativas de reciprocidade e uma dose de empatia e lealdade "comunais".[5]

A segunda prioridade normativa diz respeito à justiça e (ao menos em parte) à solidariedade entre os *cidadãos* da UE. Esse desafio foi submetido ao mais duro teste depois da ampliação do Leste, está na base da tensão entre Leste e Oeste mencionada anteriormente e

---

[5] Ver Kalypso Nicolaidis e Juri Viehoff, "The Choice for Sustainable Solidarity in Post-Crisis Europe". Disponível em: <https://www.ucl.ac.uk/european-institute/docs/Solidarity_Nicolaidis_Viehoff.pdf>.

associado às provisões de livre movimento da UE – que constituem o núcleo mesmo da noção de cidadania da UE. Em meados dos anos 2000, a imagem do "encanador polonês" e a ira dos eleitores franceses contra a liberdade de provisão de serviços além-fronteiras chegaram a representar emblematicamente esse novo desafio. Controvérsia similar surgiu (em especial no Reino Unido) em torno do chamado turismo de benefícios, isto é, a migração (supostamente) oportunista de pessoas inativas de Estados-membros de menor nível de bem-estar social para os de maior nível. Que arcabouço normativo poderia ser proposto para abrandar o potencial inflamatório desses conflitos?

O argumento da boa vizinhança é insuficiente neste caso, pois a discussão em última instância envolve entidades individuais, não coletivas. Para usar uma famosa metáfora sueca, a questão é quem pode entrar na *Folkhemmet*: o Estado de bem-estar social como casa do povo – um povo nacional. Outro trampolim normativo promissor é o "princípio de hospitalidade" kantiano. Em seu celebrado ensaio sobre a paz perpétua, Kant afirmava que, em virtude do tamanho finito da superfície terrestre, surgem certas obrigações morais que proíbem o fechamento territorial. O terceiro "artigo definitivo da paz perpétua" define a hospitalidade como "o direito de o estrangeiro não ser tratado como inimigo ao chegar a terras alheias [...] Na medida em que ele ocupar seu lugar pacificamente, não deve ser tratado com hostilidade".[6]

No entanto, existem dois tipos de direito à hospitalidade. O primeiro é "um direito de estadia temporária, um direito de associar-se, que todos os homens têm". Para Kant, existe um direito cosmopolita, que os homens têm "por causa de sua posse comum da superfície da Terra". O segundo tipo de hospitalidade é mais específico e exigente: "o direito de ser um visitante permanente [...] Um acordo beneficente especial seria necessário para dar ao forasteiro o direito de tornar-se

---

[6] Immanuel Kant, *Perpetual Peace*. Trad. Mary Campbell Smith. New York, Cosimo Classics, 2005.

outro habitante por certo tempo". O que Kant tinha em mente era o *jus hospitii* definido pelo direito romano desde a Primeira República: a capacidade, de que os cidadãos romanos e de certas cidades estrangeiras podiam usufruir, de mover-se livremente nos territórios uns dos outros e de ter os mesmos privilégios, exceto o direito de voto.

Que tipos de princípio de hospitalidade são apropriados dentro da UE? Se aceitarmos a imagem normativa de comunidade de vizinhança caracterizada pela proximidade espacial, fronteira externa comum e interdependência por interesses fortes, a hospitalidade que se esperaria que os europeus oferecessem e recebessem uns dos outros, independentemente da nacionalidade, certamente seria mais forte do que o mero direito de estadia temporária. Os cidadãos das outras nações da UE não são, por definição, membros plenos da *Folkhemmet*. Mas deveriam ser tratados como *hospites* em sentido forte.

É preciso lembrar também que o livre movimento de pessoas não pode ser tratado isoladamente das outras "liberdades" e oportunidades criadas pela integração europeia. Um Estado-membro (ou grupo social) pode perder algo numa dimensão (por exemplo, a imigração de outros "lugares" da UE), mas ganhar em outra (por exemplo, investimento e comércio interfronteiriço). Desde que seja corretamente apreciada em sua teia de implicações factuais, "ser uma União" é uma propriedade emergente em que todos os envolvidos ganham, ainda que em bases diferentes.

PERDÃO E PROMESSA

A terceira prioridade normativa é procurar um princípio que possa nos guiar de onde estamos para onde devemos ir. A Grande Recessão e a deriva intergovernamental subsequente do processo decisório da UE criaram sentimentos de profunda desconfiança mútua entre opiniões públicas nacionais que podem ser difíceis de superar. O que é necessário é uma "máxima de transição" capaz de apagar o fogo do ressentimento, diminuir as tensões mútuas, criar uma base emocional mínima para reconstruir a confiança num futuro comum.

A UME produziu propriedades inesperadas e emergentes que a transformaram num sistema irredutível. Cada país juntou-se ao euro com sua carga de problemas, não plenamente reconhecidos, nem abertamente declarados (pensemos nas reais condições das finanças públicas gregas). Nos primeiros anos, as regras não foram plenamente observadas: a França e a Alemanha violaram a regra do déficit em 2003 e não sofreram sanções. Não temos evidências empíricas suficientes para uma reconstrução exaustiva (que, em todo caso, nunca pode ser exaustiva) da profusão de efeitos e contraefeitos gerada pela mudança de fase. Imputar responsabilidade (para não falar em "culpa") é complicado, escorregadio, politicamente inoportuno no contexto de uma crise que ainda arde.

A UE tem novo parlamento e nova comissão, mas ainda vivemos o rescaldo da crise de 2008, e as quatro linhas de falha certamente não estão cedendo. O debate político supranacional está ficando mais aberto a questões de investimento, crescimento, empregos e até de flexibilidade na interpretação de regras fiscais automáticas. Em seu novo Programa de Trabalho, a comissão menciona explicitamente a questão da "justiça" no que diz respeito tanto ao livre movimento quanto à UME. Mudanças de discurso não são (nem sempre) "palavras vazias" – podem servir a propósitos importantes: mediações políticas de sucesso das tensões restantes exigem, de fato, disponibilidade de recursos intelectuais adequados (arcabouços mentais, visões de mundo, perspectivas simbólicas) para a identificação de possíveis rotas de mudança. Porém, em última instância, a política necessita de escolhas e de atividade. Nesse quesito, infelizmente, a mudança de ritmo necessária ainda não pôde ser vista.

No verão de 2012, em meio a mais um ataque especulativo contra o euro, uma autoridade supranacional pronunciou uma frase que imediatamente alterou o curso dos acontecimentos. A autoridade era Mario Draghi, presidente do Banco Central Europeu. Sua frase foi: "Em nosso mandato, o BCE está pronto para fazer o que for necessário para preservar o euro. E, podem acreditar, vai ser suficiente". Como notado pelo *The New York Times*, a promessa de Draghi teve grande importância para o futuro do projeto europeu: "O que Draghi fez foi cortar os debates sem-fim sobre dívida e inflação, e sobre a lógica interna da moeda única, para dar estofo a seus atos com uma declaração de intenções inabaláveis".[7] Por meio dessa declaração, o presidente do BCE transformou uma possibilidade objetiva (um curso plausível para os acontecimentos naquela situação contingente) numa *Wirklichkeit*, uma possibilidade realizada. Foi um ato de política monetária, mas com importantes implicações para a construção da entidade política.

A constelação institucional da UE está hoje presa num equilíbrio ruim. Precisamos de novos arcabouços analíticos, novas ideias, novos princípios voltados para urdir na nova "natureza" da UE incentivos para mais solidariedade e integração baseados em "vizinhança", "hospitalidade" e princípios de "perdão/promessa". Porém, em última instância, precisamos da ação de líderes com "intenção inabalável", em particular na Alemanha: líderes legitimados democraticamente que sejam capazes de escolhas responsáveis baseadas em princípios e em prol do futuro social, econômico e democrático da Europa.

---

[7] *The New York Times*, 2 mar. 2013.

Capítulo 15 | Pierre Rosanvallon

- Nascido em 1948 em Blois, França.
- Historiador e teórico político, professor de História Política do Collège de France desde 2001.
- Começou sua carreira no movimento sindicalista e como teórico da *"deuxième gauche"* [a segunda esquerda]; orientado por Claude Lefort, obteve seu doutorado com *Le Capitalisme Utopique* (1979) e ficou encarregado do Centre Raymond Aron da E.H.E.S.S. em Paris (1992-2005).
- Desde 2007 comanda o *website* La Vie des Idées; antes, comandava o *think tank* Fondation Saint-Simon (1982-1999).
- Principais obras: *La Contre-démocratie* (Paris, 2006); *La Société des Égaux* (Paris, 2011); *Le Bon Gouvernement* (Paris, 2015).

***

Pierre Rosanvallon é um dos pensadores políticos de maior autoridade da França. Em sua obra, publicada em tradução no mundo inteiro, ele busca os princípios básicos da democracia: cidadania, soberania, igualdade, solidariedade e desconfiança, especialmente em nível de estado-nação. Ele frequentemente toma a história da democracia como seu ponto de partida, ao mesmo tempo que sempre mantém em mente os dilemas contemporâneos.

Rosanvallon era próximo de Jacques Delors, antigo presidente da Comissão Europeia que, como ele, veio do movimento sindical. Ele recorda aquilo em que Delors acreditava sobre o desenvolvimento da União Europeia: devemos ir para a frente continuamente em pequenos passos, pois um grande plano pode assustar as pessoas. Para Delors, até o euro era um desses "pequenos passos". Rosanvallon acha impressionante que o orçamento total da UE tenha permanecido em torno de 1% do PIB dos membros por décadas. Apesar de todas as extensões de suas tarefas e de todas as crises que a UE enfrentou, a cifra não aumentou. Rosanvallon acredita que isso não é acidente e que a solidariedade supranacional vai sempre esbarrar em seus limites. Isso talvez explique por que a Europa tenha sido tantas vezes uma tela de projeção para expectativas, mas nem sempre tenha conseguido fazer delas realidade. Ele acredita que isso é certamente verdadeiro no caso da França. A visão clássica francesa de uma Europa que serve como um modo de a França continuar a desempenhar um papel poderoso como nação no cenário mundial não se tornou realidade. O povo francês não foi nem convencido pela noção mais recente – disseminada na França pelo presidente Mitterrand – de uma Europa que corrige as forças do mercado por meio de políticas sociais.

Rosanvallon conclui que a UE tornou-se uma democracia que promulga regras, protegendo com sucesso os direitos do cidadão e do consumidor, mas fazendo pouco mais do que isso. A crise do euro, nesse sentido, não mudou nada. Em sua opinião, a União faria bem em não ter ambições grandiosas a fim de não correr o risco de causar mais decepções. Como os outros autores deste livro, Rosanvallon tem suas dúvidas a respeito da rota que a UE deveria tomar depois da crise do euro e da crise bancária. Ele prefere a segurança, por isso defende o *statu quo* em vez de apelar por um grande salto para a frente.

***

A NATUREZA, O MODELO POLÍTICO E AS PERSPECTIVAS FUTURAS DA EUROPA

A NATUREZA DA EUROPA

Não podemos refletir sobre o futuro da democracia na Europa sem levar em consideração o que já se conseguiu e a experiência que nossos países tiveram nesse quesito. Portanto, gostaria de primeiro fazer algumas observações sobre a natureza da Europa e de seu modelo político.

O primeiro ponto relacionado à natureza política da Europa são suas origens retrospectivas. A Europa viu a luz do dia com a Comunidade Europeia do Carvão e do Aço e com a ideia de uma comunidade econômica, ideia esta influenciada pela visão clássica de Montesquieu de que o comércio facilita a paz. A mais importante razão de ser da Europa foi o desejo de ir além da adversidade da década de 1930 e da Segunda Guerra Mundial. A Europa foi construída por uma geração que não queria nada mais do que exorcizar esses desastres e para quem a melhor maneira de fazer isso era por meio do comércio diário das pessoas umas com as outras a fim de que pudessem superar suas antigas animosidades. Assim, era possível dizer que a formação da Europa serviu a um objetivo retroativo: retificar os erros do passado e deixá-los para trás. Até recentemente, na verdade – quase até a queda do Muro de Berlim –, a Europa funcionou desse jeito. Na década de 1970, surgiu a questão entre "aprofundar" e "alargar" – datam dessa época os termos do notório debate a respeito de maior integração política *versus* expansão geográfica com novos Estados-membros. A conclusão foi que a Europa precisa redescobrir sua importância política e democrática. A primeira tarefa, portanto, era outra vez trazer de volta para a esfera da democracia os países que a tinham deixado – a saber, Grécia, Portugal e Espanha. Depois de deixar para trás o fiasco da Segunda Guerra Mundial, a Europa estabeleceu para si o objetivo de superar o legado da ditadura e – a partir de 1989 – do comunismo. Volta e meia reaparecia a questão sobre aprofundar ou alargar, mas a preferência invariavelmente era abordar os desastres do passado – isto é, as consequências da guerra, do comunismo ou das ditaduras. Isso foi verdadeiramente decisivo. Porém, há uma exceção significativa: a entrada da Grã-Bretanha na Europa. Essa expansão não coincidiu com um dos três elementos mencionados. Foi, portanto, a mais extensivamente debatida, e foi em última instância a expansão de menor sucesso precisamente por não ter evidências históricas. Em suma, o foco no passado determinou a natureza e a identidade da Europa. Desde o começo, o projeto não estava de fato voltado para o futuro, mas para uma mudança em relação ao passado.

O segundo ponto é que a Europa continuamente avança em "pequenos passos". Independentemente do modo como foram feitas as tentativas de erradicar o mal do passado, a política de um passo de cada vez determinou a natureza da Europa. Quantas vezes não ouvi Jacques Delors, que conheci bem, dizer "a Europa, que anda a um passo de cada vez", sem ter realmente, posso atestar, nenhuma visão geral. Para Delors, o euro significaria um passo um pouco mais largo, mas ainda dentro da lógica de passos pequenos. Na maior parte dos casos, as considerações eram negativas, no sentido de "sonhamos ou não sonhamos com um modelo federal", mas não se dava atenção nenhuma a um futuro modelo europeu. Falar em termos grandiosos era algo que simplesmente não se fazia. É por isso que a palavra "governança" é tão popular em Bruxelas: porque é menos assustadora que a palavra "governo".

O terceiro ponto é que a Europa serviu de horizonte substituto. Na década de 1980, a relação do cidadão com a Europa mudou por completo. Nesses anos, havia o sentimento geral de que os países europeus – potências intermediárias – eram particularmente fracos. A França em particular via vantagens potenciais na Europa. Podemos entender isso de duas maneiras. Em primeiro lugar – desta vez, e ao menos imaginariamente –, a Europa era vista primariamente como o modo de redescobrir uma dimensão de poder que pouco a pouco estava sendo perdida. Mais inovadoramente: em muitos países, a Europa era vista como o horizonte substituto do reformismo social. Isso era particularmente evidente na França: em meados da década de 1980, o discurso europeu assumia com insistência um lugar central nos discursos de François Mitterrand, presidente da República do país na época. Em dado momento, ele disse: "A Europa é nosso futuro". De fato, a Europa foi encarregada da tarefa de fazer o que os Estados-membros tinham de reconhecer ou admitir que não podiam fazer por si mesmos. A Europa era o novo nome dado à regulamentação econômica, à construção de um modelo comum. A percepção de que a Europa não era capaz de assumir esse papel substitutivo provocou reações como o Tratado de Maastricht no referendo de 1992. Não foi o espírito do tratado em si que foi questionado (nem foi esse o caso no referendo subsequente sobre o Tratado Constitucional), mas sim a lacuna entre o "investimento semântico" no projeto europeu e a realidade do que restava da Europa. Essa diferença levou à decepção, ao euroceticismo. Os cidadãos estavam desiludidos porque a Europa não podia mais contribuir nem ser significativa para seu bem-estar cotidiano.

Nesse contexto socioeconômico, não devemos esquecer que o relativo escopo do orçamento europeu não mudou desde o Tratado de Roma. Ainda hoje, depois da crise financeira, esse fato continua a ser de extrema importância. Desde o Tratado de Roma, o orçamento europeu equivale a aproximadamente 1% do PIB europeu, ainda que às vezes flutue. Vinte anos atrás, a Europa equivalia mais ou menos à agricultura, a políticas regionais e ao programa de intercâmbio Erasmus. Naturalmente, novos elementos foram acrescentados, mas, se alguém hoje fizesse uma análise orçamentária, veria que 0,4% do PIB europeu ainda vai para a política agrícola, 0,3% para a política regional (muito importante para a redistribuição), e 0,3% para outras áreas como administração, políticas científicas, Erasmus, etc. Essa estabilidade é notável

> Até agora, toda ideia de criar um regime tributário europeu que pudesse levar a um sentimento mais forte de afiliação foi um fracasso total.

em comparação com as reformas em todos os países europeus relativas a investimentos em assuntos públicos e comuns desde meados da década de 1950. Como porcentagem do PIB, entre 1950 e o presente os gastos sociais e públicos mais que dobraram. Não foi esse o caso da Europa. Na verdade, as cifras que devemos ter em mente são muito reveladoras: se, em cada estado-nação da Europa, os impostos obrigatórios equivalem a aproximadamente 40 a 50% do PIB (naturalmente há diferenças), na Europa eles mal chegam a 1% do PIB. É notável que haja um consenso absoluto entre todos os governos europeus de que essa cifra não deva crescer de nenhuma maneira significativa. Até agora, toda ideia de criar um regime tributário europeu que pudesse levar a um sentimento mais forte de afiliação foi um fracasso total.

Devemos ter em mente estas três considerações sobre a natureza da Europa: trata-se de um projeto que começou concentrando-se no passado a fim de garantir que o futuro fosse diferente do passado; ela constitui um espaço cujo *modus operandi* é progredir em "pequenos passos"; e, mais ainda, é um espaço que teve de realizar aquilo que os estados-nações não eram mais capazes de realizar. Porém, a Europa não conseguiu realizar esse papel substitutivo. Esses três pontos – incluindo o orçamento de 1% – preparam o terreno para uma reflexão sobre a Europa como laboratório cosmopolita.

A EUROPA COMO MODELO POLÍTICO: O ESPAÇO DO COSMOPOLITISMO LIMITADO?

A Europa como modelo político poderia facilmente ser descrita como *democracia regulatória* mais do que como democracia institucional. Fundamentalmente, quais foram as duas grandes ações de maior sucesso da Europa? Defender o indivíduo e defender os consumidores. Proteger o indivíduo por meio do Estado de direito, que funciona notavelmente bem por meio do Tribunal de Justiça da União Europeia; e proteger o consumidor por meio da regulação de mercado, da competição e da política antitruste. A Europa se saiu muito bem nas duas áreas.

Tentemos analisar essas duas áreas intelectualmente. Ambas são típicas do que podemos chamar de "poder impessoal", isto é, o da lei e o do mercado. A Europa em certa medida teve sucesso em reviver as grandes utopias do século XVIII: um mundo sem política no qual somos governados por um poder impessoal – a lei e o mercado. Naturalmente, isso é muito tranquilizante para uma época com tanta desconfiança em relação à personalização do poder tal como encarnada por déspotas na qual os poderes impessoais da lei e do mercado não reinam. Esse reavivamento ocorre ao mesmo tempo que – na história de cada país europeu – as pessoas se distanciam cada vez mais desse modelo impessoal. Esse modelo de poder impessoal como poder democrático desejável, intelectualmente conectado com o sistema parlamentar, lentamente, mas de modo seguro, cedeu a formas de personalização maiores do que a democracia. Na França, ele teve a ver com o poder cada vez maior do presidente, mas testemunhamos a mesma personalização da vida política nas democracias parlamentares mais tradicionais da Europa. A União Europeia, pelo contrário, até hoje continua a representar o antigo modelo que se poderia chamar de democracia regulatória. (Nesse aspecto, o termo "governança", que indica multiplicidade de atores, aplica-se muito bem à Europa no que diz respeito ao estabelecimento de regulamentações e às condições para as tomadas de decisão.) Esse modelo contrasta com a democracia institucional, cujo objetivo é organizar um espaço público e dar um formato coerente e solidário à sociedade civil. Nesse sentido, graças à política de redistribuição e de organização do espaço público, pode haver progresso na concretização do ideal de sociedade de pares (ou, como descrevi num livro recente ao aprofundar uma conceitualização tocquevilliana, uma "sociedade de iguais").

Se a Europa é uma democracia regulatória fundada sobre a proteção do indivíduo e dos consumidores, considerando o sucesso notável nessas duas áreas, a questão é saber como qualificar esse modelo. Compará-lo com o estado-nação é, nesse contexto, interessante. Tradicionalmente, o estado-nação é definido como um tipo de experimento universalmente limitado. Essa ideia foi introduzida no século XIV. Dado que não era possível estabelecer um reino universal, criou-se um império limitado: "O rei é o imperador em seu reino". Essa é a ideia fundamental subjacente ao estado-nação. Pode-se perguntar por que a Europa não realizou algo similar em nível de política cosmopolita, se a Europa não se tornou um espaço limitado, mas bem-sucedido, onde moldar o cosmopolitismo. O que se pode esperar do cosmopolitismo hoje? Efetivamente, ele consiste em tribunais internacionais e regulamentações da Organização Mundial do Comércio (OMC), do FMI e de instituições similares. Nesse aspecto, a Europa pode ser entendida como um espaço reduzido a essa ideia de democracia cosmopolita. De fato, vemos um notável paralelo com o orçamento de 1%: se hoje somarmos todos os gastos globais para a manutenção internacional da ordem, como o orçamento da ONU, gastos com a cooperação para o desenvolvimento, com assistência médica, com o combate à fome, etc., então chegaremos a 1%. Parece que esse 1% – assim que saímos do modelo do estado-nação – é o máximo que as nações querem contribuir para o fundo comum. Essa é a cifra real.

PERSPECTIVAS FUTURAS – DEPOIS DA CRISE DO EURO

Tendo dito tudo isso, a grande questão agora é se a recente crise significa ou não significa uma ruptura. Por exemplo, notamos que, durante a crise do euro, o público descobriu, como nunca antes, o quanto seus países hoje estão ligados, econômica e politicamente, por seu pertencimento à União Europeia. Será isso algo novo, ou estamos apenas continuando pelo mesmo caminho?

Devemos primeiro notar que a relação dos europeus com a Europa é caracterizada pela falta de transparência. O tremendo abismo que se escancara entre o discurso político sobre a Europa e a realidade do funcionamento das instituições europeias alimenta continuamente a decepção e as teorias da conspiração. As afirmações mais irracionais sobre a Europa são em parte resultantes dessa falta de transparência. Essa é a teoria proposta por Antoine Vauchez em *Démocratiser l'Europe* [Democratizar a Europa], livro que propõe que a falta de transparência na Europa é a matriz da decepção dos cidadãos europeus.

Houve algum rompimento com esse modelo, com essa natureza da Europa, como resultado da crise recente? Do ponto de vista financeiro, em relação ao limitado orçamento europeu gigantescas quantias foram mobilizadas. Houve um esforço a mais, substancial e súbito, que rompeu alguns constrangimentos embutidos. Porém, se esse esforço extra foi realmente instigado pelas instituições políticas europeias, será que ele vem de um esforço comum dos tesouros nacionais, ou tem a ver com a consagração do Banco Central Europeu? Em outras palavras, será que é outra iniciativa de uma instituição europeia independente segundo o modelo dos tribunais e das cortes? O papel dos governos políticos, como sabemos dos estados-nações, não foi talvez tão forte quanto pareceu, mesmo durante a crise.

Outra questão é se uma mudança das instituições ofereceu alguma resposta à crise. Medidas de resgate sem precedentes foram tomadas durante a crise do euro, mas instituições foram também estabelecidas? Não é apenas típico de muitas crises que fundos de resgate sejam disponibilizados e respostas rápidas sejam oferecidas em situações emergenciais, mas também que novas instituições são estabelecidas e se desenvolvem. O aspecto problemático é que é difícil discernir quais instituições emergiram dessa crise. Nem mesmo coisas óbvias não se materializaram. Por exemplo, houve forte apelo, entre outros, para que as instituições políticas tomassem medidas para gerenciar o euro. Medida nenhuma para esse fim foi tomada. A crise do euro poderia – e sem dúvida deveria – terminar com um reconhecimento institucional do fato de que existem duas Europas: de um lado, a Europa do euro e, de outro, o território jurídico da Europa, o território dos consumidores. O que está em jogo quanto à solidariedade difere para ambas. Provavelmente serão adotadas medidas de austeridade, mas a opinião pública não está a favor delas, e elas não levam à integração das políticas econômicas. Longe disso.

Em suma, mesmo que queiramos sempre reescrever sua história, é certo que a Europa vai ter de enfrentar seu passado, com as várias formas que esse passado assumiu – ditaduras, comunismo e a Segunda Guerra Mundial. A verdadeira questão agora é se é desejável – para não falar viável – que a Europa se torne mais do que uma democracia regulatória. Mesmo dentro dessa democracia regulatória precisamos distinguir dois diferentes espaços europeus: o do euro e o do mercado. E então, será que a Europa poderia tornar-se uma democracia institucional para certos elementos? Quanto a isso, mantenho relativo ceticismo.

EPÍLOGOS

A Europa e o Retorno da Política

LUUK VAN MIDDELAAR

"DEIXEM O POVO FALAR" – A CRISE GREGA EM TRÊS EPISÓDIOS

Três vezes ao longo dos últimos quatro anos, a Grécia esteve no centro da tempestade que sacudiu a união monetária da Europa. Três vezes as grandes questões deste livro – democracia, soberania, interdependência, solidariedade e os limites da ação política – foram disputadas incansavelmente, diante dos olhares intensos do público.

Um: "Ficarás calado". O primeiro episódio começa em fins de outubro de 2011. Os líderes europeus ofereceram ao país um segundo *bailout* em troca da promessa de reformas e cortes no orçamento. O primeiro-ministro grego choca igualmente amigos e inimigos ao propor submeter o acordo a um referendo popular. A reação dos mercados é de pânico. A pequena Hélade, que vale a quadragésima parte da prosperidade da zona do euro, pode tornar-se fonte de contágio entre outras economias fracas da Europa e colocar em risco até a recuperação mundial, ainda nos primeiros estágios. Até no *outback* australiano, ninguém fala de outra coisa.

Desagradavelmente surpresos, o presidente francês e a chanceler alemã convocam seu colega grego – que, em horas de negociações na semana anterior, não tinha dito uma palavra sobre referendo nenhum – ao balneário francês de Cannes, onde os líderes do G20 estão em reunião. Ao grego se dá a entender que qualquer referendo, caso haja algum, deve dizer respeito ao pertencimento à zona do euro. Ninguém poupa ninguém; o presidente americano, que, notavelmente, participa dessa consulta da UE, precisa acalmar as coisas. Alarmados pelo abalo financeiro, os presentes forçam o primeiro-ministro grego a abandonar seu plano. Essa humilhação anuncia sua ruína política: um antigo rival o põe de lado como líder do partido, e, sob pressão da Europa, é formado um governo de unidade nacional liderado por um antigo presidente do Banco Central grego.

O episódio inteiro – cujas cenas finais coincidem quase exatamente com a troca de um dúplice primeiro-ministro em Roma por um ex-comissário europeu – deixa um gosto amargo na Europa. Apesar de o governo grego recém-formado contar com maioria parlamentar, o sinal agora é que os referendos são perigosos demais, praticamente proibidos. A imagem: reformas antes de eleições, tecnocracia antes da democracia, "Berlim" antes de "Atenas".

Dois: Passado e Futuro. Em novembro de 2011, como preço por sua participação num governo de união nacional, o líder da oposição de direita exige eleições antecipadas. Realizadas na primavera de 2012, elas trazem um segundo episódio que coloca o eleitor grego sob os holofotes globais. Trata-se de uma ópera popular em dois atos. Em maio, os eleitores punem os dois partidos do governo, acertando contas com o passado, mas a formação de um novo governo mostra-se impossível. Uma segunda rodada é necessária para decidir o assunto. Outra vez, o mundo prende a respiração. Agora está claro para os próprios gregos o que está em jogo: eles podem escolher entre o euro com reformas (defendidas pelos moderados da esquerda e da direita) e sair do euro (a opção defendida tanto pela esquerda populista quanto pela direita nacionalista). Em 19 de junho, a maioria dos gregos vota em partidos que querem manter o país na zona do euro. "Quando meus colegas e eu ficamos sabendo disso, numa reunião do G20 em Los Cabos, no México", disse o presidente do Conselho Europeu, "compartilhamos um momento de grande alívio".

Esse segundo episódio contribui um pouco para restaurar o equilíbrio democrático. Uma proporção significativa dos gregos talvez tenha culpado a UE por seus males econômicos e sociais, mas uma maioria não queria sair da zona do euro. Dessa vez o povo grego teve a chance de falar: na primeira rodada, colocou o passado para trás, e, na segunda, por uma estreita maioria, optou por um futuro dentro da zona do euro.

Três: Dignidade e Prosperidade. O terceiro episódio, e mais recente, é o mais dramático. Ele começa com as eleições parlamentares, outra vez antecipadas, em janeiro de 2015, e atinge o clímax com o referendo de 5 de julho de 2015. Dessa vez, a oposição populista de esquerda faz campanha pelo abrandamento dos cortes e para que o país fique na zona do euro. Com essa dupla promessa, ela vence de modo convincente.

Essa vitória eleitoral tem grande valor simbólico. Os comentaristas na Europa e nos Estados Unidos mostram-se contentes porque uma nação se rebelou contra a política de austeridade da UE e do FMI. Parece que a democracia outra vez exige seus direitos – aliás, no país em que nasceu – e assim refuta o argumento de que "não existe alternativa" da fórmula "neoliberal" de austeridade de Bruxelas. Tsipras, líder do partido, que um ano antes era candidato em toda a Europa para a posição de presidente da comissão como representante da extrema esquerda, nomeia a si mesmo líder ideológico de um movimento continental anti-Merkel, com muito apoio potencial na Espanha e em Portugal. O governo, porém, logo descobre os limites da política europeia (o que não é o mesmo que dizer que todos os seus membros os aceitam) ao menos sob dois aspectos.

A primeira descoberta a ser imposta ao novo governo grego foi que a Grécia não era uma democracia isolada em luta contra o mundo das altas finanças e de organizações internacionais como o Banco Central Europeu e o FMI, mas uma democracia isolada que encontrou a oposição de dezoito outras democracias (com seus pagadores de impostos que eram também eleitores). Isso rapidamente ficou óbvio com o isolamento do ministro da Fazenda grego entre os demais ministros da Fazenda da zona do euro. Os outros governos não estavam preparados para pagar para cumprir as promessas eleitorais de Atenas. Isso valia para países do Leste Europeu onde as aposentadorias são mais baixas do que na Grécia (Eslováquia, Eslovênia, os Estados bálticos), para diversos países credores do norte (Alemanha, Países Baixos, Finlândia) e para países que tinham eles próprios implementado com persistência um programa da UE (Espanha, Irlanda, Portugal). Além disso, ao usar um estilo de negociação que consistia em lições de economia, no improviso, e na chantagem via conexão Putin, a Grécia alienou seus melhores amigos (incluindo a França). De reunião em reunião, a vontade do povo grego bateu-se com a de outros dezoito povos. Jürgen Habermas formulou isso de maneira um tanto denunciatória – "*Beide Seiten pochten papageienhaft darauf, vom jeweilig eigenen 'Volk' autorisiert worden zu sein*" ("Os dois lados bravatearam feito papagaios de que estavam autorizados por seus próprios 'povos'") –,[1] mas, na zona do euro realmente existente, esses dezenove governos que estão ao lado das instituições de Bruxelas e ao mesmo tempo são parte delas, são os atores com mandatos democráticos de que dispomos. Em sua atual constelação, a Europa é uma democracia no plural.

A segunda descoberta levou à mais dolorosa conclusão para o governo Syriza e seus parceiros. A política europeia é uma política de concessões. É verdade que as negociações na União podem ser duras: qualquer Estado-membro, qualquer governo, pode ocasionalmente criar sérias dificuldades para os parceiros (basta que pensemos na Grã-Bretanha); a batalha às vezes é travada puramente

---

[1] Jürgen Habermas, "Warum Merkels Griechenland-Politik ein Fehler ist", *Süddeutsche Zeitung*, 22 jun. 2015.

pelo espetáculo, às vezes exclusivamente a portas fechadas. Porém, no fim, há quase sempre alguma espécie de acordo – um meio-termo que nem todos explicam do mesmo jeito, que pode significar em Helsinque algo diferente do que significa em Roma, que em Paris soa diferente de como soa em Berlim, mas que cada governo nacional pode expor a seu parlamento e à opinião pública (e à Comissão do Parlamento Europeu). Formulada negativamente, é a estratégia de adiar, de retalhar e remendar, e da hipocrisia; formulada positivamente, a do uso ótimo do tempo (elemento político por excelência), do respeito pela posição de todos e da ambiguidade construtiva – tudo a serviço de tornar suportáveis tensões possivelmente insuperáveis. Às vezes, também, há uma troca criativa, de modo que todos os parceiros, e muitas vezes a União, ganham algo. Esses acontecimentos são característicos do negócio da política em praticamente todos os sistemas de coalizão, e são dominantes no espaço político europeu.

O novo governo grego, porém, não queria fazer fila nesse campo de jogo de concessões. Por razões políticas, os gregos naturalmente queriam sair da posição de Estado devedor – capacidade em que foram humilhados por anos por ministros-banqueiros no corpo conhecido como Eurogrupo –, de modo que seu país outra vez pudesse atuar politicamente como igual entre iguais. Quando o governo percebeu que estava no campo de jogo errado, refugiou-se em táticas de *outsider* (fez um paralelo entre a dívida financeira grega e a dívida de guerra alemã; como contrapeso a Bruxelas, provedora de ajuda, buscou apoio em Moscou). O resultado foi que os parceiros em Bruxelas, Berlim e Paris viram mais do que um oponente pronto para jogar pesado politicamente: surgiu a suspeita de que Atenas estava abertamente preparada para explodir a arena. O impasse era total.

A hora da verdade veio na sexta, 26 de junho, depois de cinco meses de consultas infrutíferas entre o governo em Atenas e seus credores a respeito da extensão do pacote de apoio. Pouco depois da meia-noite, o primeiro-ministro grego apareceu na televisão e anunciou que haveria um referendo dali a oito dias a respeito da última oferta formal dos credores. Ele defendia o voto pelo "não". Esse conselho aos eleitores demoliu a última ponte entre ele e seus interlocutores. Foi como se ele tivesse fugido com a bola e dramaticamente a depositado na frente dos eleitores gregos. Bancos tiveram de fechar; controles de capital foram introduzidos.

O resultado, anunciado no domingo, 5 de julho de 2015, foi um convincente "não" (61%). Os eleitores tinham seguido seu líder político nessa imprudente estratégia de negociação. Muitos votaram "não" sabendo que essa estratégia poderia terminar em fracasso. Havia um clima de "piorar, não piora"; "melhor a pobreza digna do que ser uma colônia penal europeia". A saída da Grécia da zona do euro parecia iminente.

Imediatamente depois do referendo, porém, veio uma nova montanha-russa de surpresas, terminando por ora com um acordo de princípios em 13 de julho. Os líderes dos governos da zona do euro abriram o caminho para um novo *bailout*, visto como a última chance de Atenas permanecer na zona do euro. Em uma semana, tanto o parlamento grego quanto o da Alemanha, e de outros países, deram seu consentimento.

É ainda cedo demais para julgar quais serão os efeitos de longo prazo desse último episódio da crise político-econômica grega, mas, da perspectiva da União, duas coisas ficam imediatamente claras. Primeiro, em contraste com 2011 e 2012, em 2015 os acontecimentos na Grécia já não são tratados como ameaça à estabilidade financeira do resto da zona do euro. Nesse aspecto, a União Europeia realmente se encontra "depois da tempestade": ela não está mais vivenciando o que foi chamado em Bruxelas de "crise existencial", isto é, "o período extremamente difícil em que a sobrevivência de nossa zona monetária estava em jogo, em que o chão tremeu sob nossos pés".² Segundo, e por outro lado, as paixões políticas são mais intensas do que eram três anos antes, em parte por causa das amargas negociações que ambas as partes levaram ao limite. O que está em jogo no drama grego ressoa bem longe da Grécia, num debate de toda a Europa sobre solidariedade, dívida, democracia e liderança que pode ficar ainda mais tempestuoso. Em suma, se o medo de "contágio financeiro" diminuiu, o risco de "contágio político" agora aumenta – por exemplo, a hipótese de, em um ou mais Estados-membros, a extrema direita e a esquerda radical, por sua causa comum, formarem um *front* antieuropeu (e antialemão).³ Nos anos vindouros, esse risco vai colocar não só os eleitores gregos, mas os eleitores europeus, sob os holofotes.

DEPOIS DA TEMPESTADE

Neste livro, vozes belgas, britânicas, búlgaras, holandesas, francesas, alemãs, indianas e italianas são ouvidas sobre a questão da democracia na Europa. São vozes preocupadas, ansiosas até. Os autores de jeito nenhum compartilham uma única análise, e suas perspectivas são marcadamente divergentes. Onde um vê muito pouca democracia europeia, outro vê presunção demais de Bruxelas. O tom predominante, porém, é bastante sombrio. Prevalece um clima funesto. Por que é assim? Primeiro, por causa do papel do intelectual, que é investigar criticamente as relações existentes. Segundo, sem dúvida por

---

² Herman Van Rompuy, *Europe in the Storm. Promise and Prejudice*. Louvain, Davidsfonds, 2014, p. 25.

³ Ver, por exemplo, "Greece: Donald Tusk Warns of Extremist Political Contagion", *Financial Times*, 17 jul. 2015. Entrevista em que o presidente do Conselho Europeu disse: "Consigo sentir talvez não um ânimo revolucionário, mas algo como impaciência disseminada. Quando a impaciência se torna não uma experiência de sentimento individual, mas social, temos a introdução das revoluções".

causa do momento em que ocorreram as conversas subjacentes entre Herman Van Rompuy e os autores: a crise do euro estava no auge da virulência em 2012/13, e, ao mesmo tempo, a fé do público no projeto europeu chegara a uma baixa histórica – pensadores em íntimo contato com sua respectiva época estão cientes dessas coisas. Porém, terceiro e último, esse clima funesto naturalmente tem a ver com as questões fundamentais em jogo. Ontem, hoje, ou amanhã, não é fácil ser otimista quanto à robustez da União Europeia.

Os próprios autores acrescentaram uma nota importante na margem: na União Europeia a vida democrática está sujeita às mesmas tendências, moléstias e saltos quânticos dos países europeus individualmente, ou do Ocidente. Não faltam exemplos. Ivan Krastev escreve sobre a importância da desconfiança; Pierre Rosanvallon sobre a personificação do poder; Dieter Grimm e Jürgen Habermas sobre a posição poderosa, talvez poderosa demais, dos governos em relação aos parlamentos; Turkuler Isiksel sobre a redução do discurso político ao linguajar da economia. Nenhum desses fenômenos é específico da União Europeia. Há também desenvolvimentos sociais com repercussões na política, como o individualismo crescente, que jogam as pessoas contra a comunidade – aspecto mencionado por Van Rompuy –, ou a perversão da mídia de massa, investigada por Rémi Brague. É importante ter em mente esse contexto mais amplo.

Porém, talvez haja também outra coisa. Talvez seja da natureza da política europeia ser fugidia e surpreendente: resiliente, paciente, usando o tempo – o curto prazo e o longo prazo – da melhor maneira, consciente do campo de jogo escolhido. No que se segue, destaco dois temas que permanecerão pontos centrais de discussão depois da tempestade: a tensão entre a democracia e uma união monetária, e a relação entre democracia e identidade. Encerro este epílogo com algumas palavras sobre o "retorno da política", que começa a deixar sua marca na paisagem europeia.

UMA MOEDA, MUITOS POVOS

Na história da democracia moderna, o aumento da tributação pelo governante ou pelo Estado está intimamente associado ao fortalecimento do poder parlamentar. Pensemos nos Estados Gerais franceses reunidos pelo rei da França, no *Königsrechte* parlamentar alemão, ou no *slogan* da independência americana: "Sem representação não há tributação".

Com a introdução do euro em 1999, o elo secular entre uma moeda e um parlamento foi cortado. As consequências políticas disso foram subestimadas na época, ou talvez afastadas, erro que pode ser atribuído à fé na combinação de despolitização monetária com divisão orçamental de trabalho. A política monetária foi removida do campo puramente político pela introdução, no centro de uma rede de bancos centrais independentes, de um único banco central europeu sem uma contrapartida política. A política orçamental, em contraste, permaneceu assunto da política nacional, e a tributação, portanto, dos parlamentos nacionais, dentro de um arcabouço determinado pela Europa (com seus conhecidos parâmetros de déficit orçamentário máximo de 3% e de dívida governamental máxima de 60%). Esse modelo já não basta. O problema de um país do euro é problema de todos, a ser combatido em parte pelo uso de arrecadações tributárias compartilhadas.

A crise do euro traz à luz algo que até então era puramente teórico: a política monetária europeia é uma política doméstica. Nos choques desde 2008, e especialmente desde 2010, os países da zona do euro vivenciaram a extensão em que estão entrelaçados e o significado de dividir uma moeda. As pessoas começaram a perceber que a dívida pública na Itália, bolhas no mercado imobiliário irlandês ou bancos falidos no Chipre têm efeito direto no seu emprego, na sua pensão, na sua poupança doméstica, seja na Bélgica, seja em Portugal ou na Estônia. Não se trata apenas do envolvimento econômico mútuo, mas de envolvimento político mútuo. Nos últimos anos, as eleições e os referendos nacionais gregos foram ansiosamente acompanhados no resto da Europa, assim como os da Itália, Finlândia, Alemanha e Espanha – não por curiosidade pelo exótico, mas como tremores e vibrações num espaço político compartilhado.

A polifonia do espaço político dificulta ainda mais qualquer abordagem dinâmica do gerenciamento da crise. A cada passo, os países devem estar de acordo: pequenos e grandes, credores e devedores, países em reforma e países que ajudam a financiar os *bailouts*. Na crise do euro, líderes políticos e parlamentos nacionais desempenharam papel central. Não havia alternativa. As instituições centrais da UE não têm poder de fogo financeiro suficiente, muito menos legitimidade, para mudar as regras em que se baseiam. Porém, vozes europeias influentes, como a de Jacques Delors, denunciaram o envolvimento de líderes nacionais numa crise gerencial como uma "renacionalização da política europeia". Outra interpretação é possível, porém, e menos regressiva. O que estamos vendo é mais uma "europeização da política nacional", desenvolvimento que na verdade aumenta a força e a unidade do projeto europeu.

Graças a essa interdependência aumentada, os planejadores de políticas públicas vêm aprendendo, desde 2010, que os problemas de um país podem colocar em risco a zona do euro como um todo. Baseados nesse princípio-guia, chefes de governo, em combinação com as outras instituições, aprimoraram a política orçamentária, a supervisão macroeconômica e a política bancária. Na maioria dos casos, a questão é encontrar um novo equilíbrio entre a responsabilidade nacional e os acordos europeus. Às vezes, o equilíbrio se aproxima do centro (supervisão na forma de recomendações detalhadas da Comissão Europeia para a política econômica); às vezes, não há vontade política suficiente para conter uma ameaça nacional de maneira imediata o bastante no nível central.

Porém, permanece tentador querer livrar-se dessa tensão inerente. Desde o começo da crise do euro, inúmeros críticos americanos, e alguns europeus, afirmaram que os países do euro se defrontam com uma escolha fatídica: "unir-se ou morrer"; dar o salto para uma zona europeia federal, ou sofrer um colapso. Duas escolas expressam essa crítica, e ambas podem ser encontradas neste livro. A primeira baseia-se no pensamento econômico, e é articulada principalmente por formadores de opinião americanos. De comentadores editoriais em *The Wall Street Journal* a especialistas no FMI, eles enfatizam a incapacidade da Europa de "implementar as políticas", com consequências negativas para o crescimento. A segunda baseia-se no pensamento constitucional, e é encontrada principalmente entre intelectuais europeus, com um centro de gravidade na Alemanha e em torno das instituições de Bruxelas. Sua principal preocupação não é tanto o crescimento econômico, ou a política bancária, mas a democracia e a solidariedade. Ainda que suas preferências políticas quanto a políticas econômicas divirjam, as duas escolas de pensamento compartilham a fé numa lógica específica, de natureza econômica e constitucional, oposta à confusão da história europeia. A hora da verdade chegou, ouvimos de novo depois do episódio mais recente que envolveu a Grécia.[4] À luz da história de prazo mais longo, é possível prever que a política europeia vai manter uma dinâmica própria. Dezoito ou dezenove países com uma moeda: talvez não muito prático, mas simplesmente é assim que as coisas são. O euro vai permanecer, e os Estados-membros vão permanecer.

Há dois modos possíveis de tirar a tensão do sistema: abolir a moeda única ou livrar-se da democracia nacional. Nada disso vai

---

[4] Ver, por exemplo, Sylvie Goulard (ALDE), congressista europeia, "Un problème de méthode pour l'Europe", *Le Monde*, 8 jul. 2015. Ela atribuiu a situação grega a decisões intergovernamentais e exibiu notável visão de Bruxelas sobre o drama. ("Se o primeiro-ministro grego enfim vier ao Parlamento Europeu na quarta, 8 de julho, junto com Jean-Claude Juncker, talvez esse vá ser um ponto de virada na crise.")

acontecer. A moeda única foi criada com base em motivos profundos, que tinham a ver com as relações franco-alemãs depois da *Wende* de 1989 e com uma visão do futuro político do continente. Nos últimos anos, ela foi salva pelos principais atores em Berlim, Paris e Bruxelas, outra vez por motivos políticos.[5] Quanto à democracia, ela foi inventada para tornar suportáveis as diferenças, por meio de concessões e de uma conversa permanente. Esse não é motivo de vergonha; é a tarefa nobre e criativa da política europeia.

AUTOGOVERNO: DEMOCRACIA E IDENTIDADE

A democracia está integralmente relacionada com o autogoverno, com tomar as rédeas do próprio destino, em grupo. Sob esse aspecto, o problema da Europa é que, apesar de o governo ser cada vez mais uma empreitada centralizada ou compartilhada, a parte do "auto" não acompanhou. O autogoverno, portanto, não é apenas questão de mecânica institucional (que recebe atenção relativamente grande neste livro), mas também de identidade coletiva. Democracia europeia exige identidade europeia.

O critério é o uso da palavra "nós" ou "nosso" pelo grupo em questão (como em "nós, americanos", *"nous les français"*, "nós, escoceses"). Se uma ordem política pretende ser legítima, grosseiramente definida, é necessário que uma maioria da população sinta alguma conexão com "nossos legisladores", "nossos juízes" e "nossa polícia".[6] Se não houver essa conexão, a situação será vivenciada como dominação política por uma potência estrangeira. Numa situação que, admite-se, é excepcional, é isso que vemos hoje na Grécia; o "não" no

---

[5] Disso, também, o acordo de 13 de julho de 2015 é um exemplo dramático.

[6] Para uma discussão mais extensiva desse ponto, ver Luuk van Middelaar, *The Passage to Europe. How a Continent Became a Union.* Yale University Press, 2013, p. 212-25.

referendo grego de julho de 2015 assinala um ato de resistência contra a intrusão por estrangeiros sob as vestes da UE e do FMI e a favor do respeito de si nacional, e da tomada de rédeas da própria existência do país. Porém, também em outros Estados-membros, "Bruxelas" é percebida por muitos eleitores como algo de fora, como um "eles" intrusivo, e não como uma representação de "nós".

A identidade política não é fixa, mas sim um fato histórico mutável (aqui a tese conhecida como não "*dēmos*" esbarra em seu limite).[7] Ao mesmo tempo, não se pode criar ou moldar a solidariedade ao bel-prazer (fato subestimado pelos atores políticos que querem gerar um "*dēmos*" europeu). A identidade é também questão de autorrepresentação. Pode ser estimulada, atiçada e incentivada, mas, na democracia moderna, não pode ser imposta.

A expectativa original era que instituições centrais e decisões compartilhadas acabariam por formar uma identidade política para o povo europeu. Assim como os revolucionários italianos diziam em 1860 "criamos a Itália, agora temos de criar italianos", "criamos a Europa, agora temos de criar europeus". Incontáveis foram as iniciativas com esse propósito. Um exemplo de sucesso foi a introdução da bandeira europeia como símbolo visual reconhecível da existência de uma ordem política europeia; trata-se de um símbolo que funciona melhor quando erguido ao lado de uma bandeira nacional. Um fracasso foi a tentativa de escrever um livro de história para crianças sobre o que eram então doze Estados-membros. O estabelecimento e a expansão gradual do poder do Parlamento Europeu estavam voltados para a criação de um "nós" no âmbito dos cidadãos – promessa que, até certo grau, ainda precisa ser cumprida.[8] Depois de meio século de integração europeia, mais pessoas do que nunca sentem que são, ao menos em parte, europeus. Ao mesmo tempo, para

---

[7] Para a tese não *dēmos*, ver a contribuição de Koen Lenaerts neste livro.
[8] Van Middelaar, op. cit., p. 230-38 e 277-88.

muitos em todos os Estados-membros, o apego político ao próprio país continua significativamente mais importante do que o apego à UE.[9] É desses dois laços que a União terá de derivar seu poder.

E ela pode. Entre os especialistas, contrastes estéreis continuam a prevalecer, entre um "modo comunitário de trabalhar" bom, e um "intergovernamentalismo" mau, entre a verdadeira Europa e a política nacional, ainda que há muitos anos esse modo de pensar não corresponda ao modo como as coisas realmente são. O fato é que os cidadãos são representados na política da União em capacidade dual, em capacidade nacional, com linhas de representação que seguem pelos parlamentos nacionais ou eleições presidenciais até o Conselho de Ministros e o Conselho Europeu de chefes de Estado ou de governo, e na capacidade de União, com uma linha de representação que segue pelo Parlamento Europeu até a comissão. Não faz muito sentido dizer que uma "Europa de cidadãos" (leia-se o parlamento e a comissão) precisa prevalecer sobre "a Europa dos estados-nações" (leia-se o Conselho Europeu). Chefes de Estado ou de governo geralmente estão próximos da opinião pública e dos cidadãos, mas sempre os cidadãos de seu respectivo país. Haverá sempre uma tensão fundamental entre cidadãos da União Europeia em sua capacidade local, nacional e europeia. Note-se, porém: são as mesmas pessoas.

Para decisões difíceis na União, é necessário legitimidade compartilhada: nacional e europeia. Isso às vezes leva a dilemas e paradoxos, como a crise grega do verão de 2015 deixou mais do que claro. Em última instância, porém, a tensão não é entre instituições, mas entre identidades, e está, portanto, na cabeça de cada um de nós. A Europa é complexa porque nós, europeus, somos complexos. Outra vez, isso não deve ser causa de vergonha e dúvida, mas de confiança, de orgulho até.

---

[9] Ver, por exemplo, o Eurobarômetro, pesquisa de opinião sistemática feita em todos os 28 Estados-membros. Segundo a edição do outono de 2014, o sentido de apego ao país natal em cada Estado-membro é maior que 80%, e o de apego à UE, entre 35% (Chipre) e 79% (Luxemburgo).

O RETORNO DA POLÍTICA

Se há um único tema que percorre este livro, é o anseio por uma Europa política, o desejo por uma história política que há de lançar longe o manto da economia e adquirir eloquência histórica (Isiksel), por uma arena política europeia em que o debate e o protesto podem ter lugar (Habermas e outros), pela limitação do poder administrativo da comissão e do tribunal em prol de atores locais, nacionais e europeus (Grimm, Lenaerts e outros). Devemos afastar, acreditam quase todos esses autores, uma União Europeia que acima de tudo é uma grande despolitizadora, que diminui os conflitos internos, que coloca o poder entre parênteses. (O ex-presidente do Conselho Europeu, sobretudo, é talvez mais cauteloso, mais apreensivo – como praticante – do que os analistas no que diz respeito às forças destrutivas que um excesso de política pode desencadear.)

Essa Europa política, no entanto, está tomando forma diante dos nossos olhos. Não é sempre algo bonito de ver, mas é sem dúvida política. Tirante a crise grega, com todas as suas consequências, a crise da Ucrânia desde 2014 vem mostrando uma União política que vai ganhando território à medida que improvisa. Enquanto a crise do euro testa a determinação de líderes e povos em salvar a moeda única, o choque geopolítico com a Rússia exige uma reação conjunta a uma exibição de força nas fronteiras orientais. Os dois testes trazem consigo verdades desconfortáveis, mas também esclarecimentos importantes. Nos dois casos, a questão é o retorno da política. Dois pontos se destacam.[10]

Primeiro: quando a unidade da União ou a paz em nossa parte do mundo está em jogo, os motivos políticos para estarmos juntos sobrepujam considerações e interesses puramente econômicos.

---

[10] Tratado em maiores detalhes em "The Return of Politics. The European Union After the Crisis in the Eurozone and Ukraine", *Journal of Common Market Studies*, 2015.

Em situações de emergência, negociações políticas subjacentes quase invisíveis em circunstâncias normais vêm para o primeiro plano. No debate sobre sanções contra a Rússia depois da invasão da Crimeia, a geopolítica venceu, depois de um começo hesitante, os interesses comerciais. Na crise do euro, também, apesar de combatida na linguagem financeira de bancos, déficits, empréstimos e *spreads*, os argumentos políticos têm mais peso do que os argumentos econômicos. O debate reprimido a respeito de um Grexit dizia respeito não apenas à economia grega, ou aos riscos de contágio financeiro em outros países do euro, mas à possível instabilidade dos Bálcãs, à influência da Rússia, às relações franco-alemãs (outra vez decisivas em 13 de julho de 2015, noite do acordo grego) e à continuação da existência do mercado interno ou até da União Europeia enquanto tal. Era e é outra vez óbvio que a essência da União é dividir um futuro comum no continente. É hora de os atores políticos dizerem isso mais alto.

Segundo: os limites da despolitização foram alcançados. Tanto a crise econômica quanto a geopolítica demonstram os limites de uma política que depende puramente de regras. Apesar de tratados e regras firmes serem o maior mérito da União do ponto de vista histórico, por terem estabilizado as relações entre países, eles não oferecem base suficiente para ação crível, rápida e concertada quando ocorrem situações imprevistas e indesejadas. Como a União se tornou mais que um mercado, cujas regras podem ser objeto de paciente concordância, essas situações são inevitavelmente cada vez mais frequentes. Com a Ucrânia, a expansão europeia e a política de vizinhança defrontaram-se com seus limites, tanto geográficos quanto conceituais. A Europa exerce força normativa de atração sobre os vizinhos, e ao mesmo tempo nega que esteja por isso exibindo seu poder. Esse autoengano tornou-se inviável; quer gostem, quer não gostem, os países da UE são, coletivamente, um ator da política global. Assim como a política exterior não pode ser moldada puramente por valores e regras, nenhuma política econômica pode basear-se apenas em valores e regras.

Na emergência grega, os Estados-membros descobriram do jeito mais difícil que nenhuma união monetária sobrevive a choques se depende puramente de regras de dívida e de déficit em países individuais. (Depois de cinco anos de gerenciamento de crises na Grécia, está claro também que a aplicação de regras por organismos externos não é a solução se a população não aceita mais que a regra em questão seja justa.) Os líderes reconheceram que têm responsabilidade conjunta por sua moeda compartilhada, mas ainda hesitam – tirando a supervisão do Banco Central com que eles concordaram em 2012, sob pressão da crise – em comprometer-se com as formas institucionais apropriadas para essa descoberta. Muitas propostas de Bruxelas não deram em nada. Com seu plano recente para um "governo da economia", um parlamento e um orçamento especificamente para a zona do euro – apresentado um dia depois do acordo grego de julho de 2015 –, o presidente da França tentou mais uma vez abordar essa questão de forma.

O chamado para uma democracia europeia, que ressoa ao longo deste livro em todas as suas várias formas, surge deste retorno da política. No que diz respeito à Grécia, à Ucrânia ou à migração, nossos países tomam decisões conjuntas todos os dias a respeito do destino compartilhado da Europa, que não pode mais ficar escondido atrás do econômico ou do técnico. O público sabe disso intuitivamente. A velha Europa do mercado, que era burocrática e regulatória, era recebida com indiferença ou leve ridículo pelo público, mas isso não impediu o progresso; os cientistas políticos chamavam isso de "consenso permissivo". A nova Europa da moeda e do poder libera forças e contraforças ainda maiores, tanto internas quanto externas, expectativas mais altas e desconfiança mais profunda. Nessa nova Europa, as decisões já não se baseiam em tratados ou em conhecimento técnico. Antes, são uma resposta conjunta às necessidades do momento, nascidas de uma coalizão de juízos, que é precisamente por que elas exigem justificação pública. Ainda que a liderança política muitas vezes não cumpra esse dever de justificação, o público – da Grécia à Grã-Bretanha – faz-se ouvir cada vez mais. E com razão: onde prevalece o subentendido, as pessoas abrem a boca.

Aqui, porém, há ainda uma oportunidade. Em última instância, somente a democracia pode salvar nossa União, a democracia no antigo sentido ateniense de encenar conflitos como meio de pacificá-los, contê-los, e até de fazer deles uma fonte de força e liberdade. Daí a única rota que nossa União pode tomar: não de volta para o "consenso permissivo", mas adiante, para o "dissenso uníssono", para um autoentendimento europeu que não estoura em resposta à tensão e ao conflito, mas os abrange.

É este o grande desafio para o contínuo projeto europeu: a percepção pública de que – neste embate diário – o que nos une é mais forte do que o que nos divide; a emergência de uma identidade política que une o local, o nacional e o europeu, que protege o que temos e energicamente cria algo novo. Este livro é uma contribuição a esse esforço, em última instância, para que, juntos, possamos resistir às tempestades vindas em nossa direção de fora da Europa.

Justificando a Europa

PHILIPPE VAN PARIJS

"Resultados, resultados, resultados!" Ainda consigo ouvir Herman Van Rompuy pronunciando essas palavras durante o primeiro dos encontros que levaram a este livro. Ele entendia a lógica do vigoroso apelo que Jürgen Habermas acabava de fazer pelo fortalecimento urgente da democracia supranacional europeia. Porém, a legitimidade das instituições da União Europeia, insistia Van Rompuy, não depende de mais engenharia institucional, mas de que a União realiza para o bem de seus cidadãos.

Neste ensaio de conclusão, ficarei ao lado tanto de Van Rompuy quanto de Habermas. Apresentarei e defenderei brevemente uma versão de cada uma das duas posições, embora seja uma versão significativamente distinta das deles, mais do que serei capaz de reconhecer as outras contribuições deste volume. De maneira um pouco menos elíptica, a visão que defenderei nas páginas seguintes pode ser assim resumida:

Concordo com Van Rompuy que resultados são muito mais importantes do que procedimentos. Porém, há um modo mais razoável de entender os resultados do que aquele que rapidamente leva, por meio de empregos e de crescimento, à prescrição "neoliberal" de competitividade. Como já usamos uma citação de Condorcet para explicar a origem deste volume,[1] permitam-me usar mais uma para

---

[1] "Toda sociedade que não seja esclarecida por filósofos é enganada por charlatães." Jean-Antoine-Nicolas Caritat, marquês de Condorcet, *Prospectus* [1793]. Citado em Elisabeth Badinter e Robert Badinter, *Condorcet. Un Intellectuel en Politique*. Paris, Fayard, 1988, p. 9.

expressar outra maneira pela qual "resultados" podem ser entendidos: *"La première règle de la politique? C'est d'être juste. La seconde? C'est d'être juste. Et la troisième? C'est encore d'être juste"*.[2] Dito de outra maneira, no atual estado da UE o principal defeito não é seu déficit democrático, mas seu déficit crescente de justiça – o fato de que ela não contribui para a distribuição justa de recursos entre os cidadãos europeus –, isto é, um déficit no campo dos resultados.

Porém, concordo plenamente com Habermas de que não precisamos em absoluto de uma nova forma de democracia, mas de uma forma que opere na escala apropriada. De outro modo, não podemos sequer ter a esperança de ser capazes de tratar desse déficit de justiça de maneira duradoura e eficaz. Porém, as instituições formais de nossas democracias representativas não são tudo o que importa sob esse aspecto. Agora, mais do que nunca, a força civilizatória da hipocrisia – para usar uma bela expressão cunhada por Jon Elster para referir à virtude-chave de uma democracia que funcione bem – pode felizmente usar instrumentos diferentes da pressão eleitoral.

POR QUE UM MERCADO COMUM? POR QUE UMA AUTORIDADE PÚBLICA EUROPEIA?

Para aqueles que acreditam na primazia dos resultados e usam os padrões proclamados na citação anterior de Condorcet, a democracia, a soberania, a legitimidade, o federalismo, e muitas outras coisas, não são valiosos por si mesmos. São apenas parte de um remendo, e como tal inevitavelmente confusos, imperfeitos, provisórios, sem-fim, e precisam ser incansavelmente guiados pela busca

---

[2] "A primeira regra da política? Ser justo. A segunda? Ser justo. E a terceira? Outra vez, ser justo." Jean-Antoine-Nicolas Caritat, marquês de Condorcet. *Journal de Paris* [1777]. Citado por Elisabeth Badinter e Robert Badinter, op. cit. Paris, Fayard, 1988, p. 172.

obstinada por justiça. As instituições precisam ser criadas e demolidas, moldadas e remoldadas, e os poderes movidos para cima e para baixo e seu uso restringido, de modo que as decisões tomadas por quem quer que esteja no comando – seja um governo, seja uma assembleia, um banco central ou um povo inteiro consultado em referendo – sejam *justificáveis* para todos os afetados enquanto pessoas livres e iguais.[3] Dessa perspectiva, democratizar a União Europeia é importante, mas só porque e à medida que contribui para *justificá-la*, para torná-la mais justa.

Será que as instituições necessárias para tal propósito incluem o Mercado Comum Europeu, do qual se originou a União Europeia? Muito plausivelmente. Primeiro, a justiça exige paz, e o compartilhamento de mercado pacifica. Como afirmado por muitos, de Montesquieu a Hayek, e como discutido por Turkuler Isiksel neste volume, o desenvolvimento de relações comerciais tende a tornar as paixões, muitas vezes nacionais ou étnicas, em interesses. O interesse mútuo no comércio e no contato regular por meio do comércio reduz o impulso de saquear e matar. No rescaldo imediato da Segunda Guerra Mundial, a plausibilidade dessa lógica proporcionava parte da força da Comunidade Econômica Europeia. O desbotamento das memórias de guerra enfraquece o apelo desse argumento, mas em nada minimiza a validade que ele possa ter.

Toda concepção plausível de justiça precisa incorporar a paz. Precisa incorporar também a eficiência. A justiça social não significa tornar a distribuição de recursos tão igual quanto possível, mas sim aprimorar a condição dos que estão em pior situação tanto quanto seja sustentável.[4] Isso oferece uma segunda base *prima facie* para justificar

---

[3] Esse conceito da relação entre justiça e democracia é ilustrado e defendido por Philippe Van Parijs, *Just Democracy: The Rawls-Machiavelli Programme*. Colchester, ECPR Press, 2011.

[4] Em *Real Freedom for All: What (If Anything) Can Justify Capitalism?* (Oxford University Press, 1995), desenvolvo um conceito de justiça social

o mercado, e até um mercado capitalista, e tão grande quanto possível, pois os mercados tendem de forma inata a juntar e usar informações amplamente disseminadas: agentes cujo destino depende do sucesso de mercado serão altamente motivados a descobrir o que as pessoas querem comprar e que recursos estão disponíveis para produzi-lo. No mais, o temor de serem vencidas pela competição força constantemente as empresas capitalistas a combater sua própria inércia e continuar inovando. Quanto menos demanda e oferta estiver presa em fronteiras nacionais, mais eficientemente poderão ser mobilizados os recursos.

Porém, há muitas e poderosas razões pelas quais o trabalho de buscar a justiça não deve ser deixado apenas para os mercados. Primeiro, e de modo mais óbvio, os mercados não decolam sem uma autoridade pública que defina e aplique os direitos de propriedade que eles pressupõem. Segundo, os mercados só funcionam de maneira eficiente se os preços registram todos os custos e benefícios relevantes. Isso não ocorre espontaneamente se externalidades positivas e negativas estão presentes, isto é, benefícios e danos impossíveis, ou proibitivamente trabalhosos, de cobrar das pessoas que deles usufruem ou que os causam. A fim de impedir ou ao menos reduzir as ineficiências resultantes, a intervenção pública é essencial, seja para regular ou proibir, seja para subsidiar ou tributar.

Terceiro, e de modo mais fundamental, justiça não é só questão de paz e eficiência. É também questão de justa distribuição de recursos. E não há nada intrínseco nem ao mercado de melhor funcionamento que sequer chegue perto de garantir isso. O papel da autoridade pública, outra vez, é crucial. Porém, ela precisa operar no nível certo, numa escala que lhe permita impor suas regras ao mercado. Se os Estados estão imersos num mercado e precisam competir entre si por capital,

---

como a maximização sustentável da liberdade real daqueles com o mínimo de liberdade real. Porém, o argumento deste ensaio não depende da adoção dessa concepção específica. Qualquer concepção sensível à eficiência da justiça social como a equalização de oportunidades serve igualmente.

por trabalho qualificado, e por vazão, ficarão tão obcecados com a competitividade quanto as empresas. De eficiente instrumento a serviço da justiça social, o mercado então se torna um dispositivo fatal que gradualmente espreme de cada Estado a capacidade de buscá-la.

POR QUE A DEMOCRACIA?

Este último ponto é crucial para a questão de por que precisamos da União Europeia e, portanto, o que devemos almejar que ela se torne. Porém, antes de passar a isso, permitam-me abordar brevemente outra questão anterior: essa autoridade pública – de que obviamente precisamos, e de que precisamos no nível apropriado –, por que ela precisa ser democrática? Mais precisamente, por que os que a exercem devem ser eleitos, direta ou indiretamente, por aqueles sobre os quais essa autoridade é exercida? Por três motivos.[5]

Primeiro, a democracia, assim como o mercado, abrange a propensão inata de reunir e processar informações relevantes: atores cujo destino depende do sucesso eleitoral serão altamente motivados a prestar atenção nas preocupações do conjunto de pessoas que têm o direito de votar neles, conjunto este que com frequência tenderá a se sobrepor ao conjunto de pessoas afetado pelas decisões daqueles. Essa força educacional da busca de votos dá às democracias uma vantagem estrutural sobre regimes autocráticos, tecnocráticos ou burocráticos.

A segunda virtude da democracia é a força disciplinadora do sacrifício autoimposto. Uma vez que o poder político perdeu sua aura sobrenatural, a democracia eleitoral oferece, em circunstâncias apropriadas, a melhor maneira de garantir o cumprimento voluntário de

---

[5] Essas três razões são enunciadas por Philippe Van Parijs, em "Electoral Democracy and its Rivals". In: David Van Reybrouck et al., *The Malaise of Electoral Democracy and What to Do About It*. Re-Bel e-book 14, 2014, p. 46-61. Disponível em: <http://www.rethinkingbelgium.eu>.

regras públicas e de decisões que desagradem. Você obedece aos governantes com mais facilidade porque os escolheu, e porque acredita que pode se livrar deles na próxima rodada.

Justiça seja feita, a terceira virtude da democracia, sugerida anteriormente, é ainda mais importante: a força civilizadora da hipocrisia. Campanhas eleitorais e debates parlamentares criam um espaço público em que propostas são apresentadas e argumentos são trocados, potencialmente vistos e ouvidos por todos os cidadãos. Os discursos são assim sistematicamente movidos a apelar para o interesse geral, ou para a equidade entre todos, ou para o destino dos que estão em pior situação. Se todos os atores desempenharem seu papel suficientemente bem – não apenas os que estão no poder, mas também a oposição, a imprensa, a sociedade civil, a academia –, não serão só as palavras, mas também as ações que serão civilizadas nesse sentido. Isso para não falar das motivações mais íntimas. O que importa são as palavras enunciadas em público e seu impacto nas políticas públicas e nas reformas institucionais. Não fosse pela operação desse mecanismo, ninguém poderia realmente esperar que a dinâmica do mercado pudesse ser dirigida para beneficiar a todos, incluindo os perdedores do jogo do mercado.

POR QUE MUITO MAIS QUE UMA CONFEDERAÇÃO? POR QUE MUITO MENOS QUE UM ESTADO FEDERAL?

Se para isso é que serve a democracia, como deveria ela ser projetada na União Europeia? Essa questão geral imediatamente se divide em duas. Qual deveria ser a distribuição de poderes entre a União e os Estados-membros? E como a tomada de decisão deveria ser organizada no nível da União?

A fim de responder à primeira pergunta, é útil pensar que as entidades políticas com ao menos dois níveis de governo – o centro e os componentes – se localizam todas num *continuum* que vai da confederação frouxa ao Estado unitário. Entre os dois, há muitos graus, dependendo da relativa importância dos poderes alocados para cada nível e de quão entrincheirada é essa alocação. É conveniente falar em *confederação* quando todos os poderes importantes estão entrincheirados no nível dos componentes; ou de *federação* quando alguns deles estão entrincheirados no centro; ou de *Estado federal* quando os entrincheirados no centro incluem a autoridade definitiva sobre a coerção física, a educação compulsória e a redistribuição compulsória; e de *Estado unitário* quando todos os poderes significativos estão entrincheirados no centro. Quando se adotam essas definições, fica claro que a União Europeia não chega a qualificar-se como Estado federal, mas também que ela é muito mais que uma confederação.

Deve a federação europeia voltar a ser uma confederação ou passar a ser um Estado federal? Nem um nem outro. Não há necessidade de que ela se torne um Estado federal em sentido pleno. Aliás, sua intrínseca diversidade linguística dá uma força especial ao princípio de subsidiariedade, entendido como presunção em favor de manter as competências em nível mais baixo de centralização, a menos que haja fortes argumentos para elevá-las a um nível mais alto. Cada uma das três virtudes da democracia já esboçadas funciona melhor em populações que compartilham o mesmo idioma. Por isso, qualquer transferência de poderes para o nível europeu mais linguisticamente heterogêneo deve ser considerada com especial cautela. Por outro lado, não há motivo para que a União Europeia se encolha e vire uma confederação. Pelo contrário: ao mesmo tempo que ela não precisa concentrar os poderes que fariam dela um Estado federal, ela precisa com urgência adquirir maiores capacidades suficientes de ação comum para poder domar o mercado único, para manejar as interdependências cada vez mais profundas que cria. Por quê?

Combinado com o progresso da globalização, o caminho seguido pela integração europeia criou uma situação em que a busca de justiça social está ameaçada: em vez de um mercado domesticado por uma democracia que o submete à preocupação com a justiça distributiva, temos democracias imersas num mercado que as submete à obsessão pela competitividade. Pode-se dizer que insegurança criada por isso é um fator central do populismo antieuropeu tanto de direita quanto de esquerda. Para os que veem a justiça como o objetivo maior, a devida resposta não é recriar fronteiras internas nem outra vez torná-las mais espessas. Como enfatizado por vários contribuintes deste volume, cabe antes à União Europeia interromper o desmonte de barreiras protetoras e o desempoderamento de seus Estados-membros como resultado da competição fiscal e social induzida pela globalização e exacerbada pelo mercado único. Cabe à União proteger seus cidadãos e cuidar deles.

Isso envolveria, segundo a persuasiva argumentação de Fritz Scharpf e de Dieter Grimm, uma "desconstitucionalização" de boa parte do conteúdo dos tratados, facilitando assim iniciativas legislativas no nível da UE. De modo mais radical e não menos urgente, isso envolveria transformar a União numa "união de transferências", isto é, dotá-la da capacidade formal de desenvolver um sistema de redistribuição transnacional interpessoal. Essa iniciativa poderia não minar, mas resgatar a soberania real dos Estados-membros e a diversidade que escolherem em termos de políticas sociais. Se nossos Estados de bem-estar não vão sufocar-se e homogeneizar-se sob a pressão competitiva, eles precisam urgentemente de um chão europeu onde possam apoiar-se.

DEMOS-CRACIA COM TRAÇOS DEMOI-CRÁTICOS

Se a preocupação é a justiça, não basta transferir poderes, nem a capacidade de ação, para o nível central. É importante também garantir, o máximo possível, que decisões tomadas nesse nível vão na direção certa. Isso nos leva à nossa segunda pergunta: como deve ser estruturado o processo decisório no nível da União? Aqui, outra vez, é útil pensar num *continuum*. Num extremo, há o regime puramente *demos-crático*, que presume um "*dēmos*" indiferenciado no nível central e não confere nenhum papel especial a seus componentes: o executivo central simplesmente precisa ter o apoio de uma maioria na assembleia (no regime parlamentar) ou no eleitorado (no regime presidencial), com todos os componentes reunidos numa entidade única. No outro extremo, há um regime puramente *demoi-crático*, que opera com tantos *demoi* quanto sejam os componentes, com as decisões no centro alcançadas por meio de barganhas entre os representantes de cada componente.[6]

Ao longo deste contínuo, onde pode ser situada a União Europeia? Ela tem um parlamento eleito diretamente e, com a Comissão Europeia, alguma espécie de executivo *sui generis* cujos membros prometem solenemente servir ao interesse europeu comum. Isso deve bastar para desqualificá-la como entidade política puramente demoi-crática. Mesmo assim, há inúmeros traços do processo decisório no nível da União que refletem a natureza segmentada de seu "*dēmos*". Mais destacadamente, eles incluem o funcionamento intergovernamental do Conselho Europeu e do Conselho de Ministros, seja operando sob unanimidade ou sob uma regra de maioria qualificada. Eles incluem ainda o fato de que a Comissão Europeia precisa contar com um comissário de cada Estado-membro, e o fato de que a representação dos

---

[6] "Demoi-crático", assim entendido, não deve ser confundido com "confederal": não se trata de quão abrangentes e entrincheirados estão os poderes dos componentes, mas do papel que os componentes desempenham no exercício dos poderes alocados para o centro. Também não se deve confundir com "consociacional", que geralmente se entende como relativo tanto à devolução dos poderes para os componentes quanto ao envolvimento dos componentes na tomada de decisão no centro. A distinção entre demos-crático e demoi-crático é também distinta da (mas também relacionada à) distinção entre o chamado método comunitário e o método intergovernamental, por duas razões: o método comunitário existente, como veremos, tem traços demoi-cráticos, e um regime demoi-crático puro poderia em princípio ser interparlamentar, como se discutirá em breve, e não apenas intergovernamental.

Estados-membros no Parlamento Europeu é degressivamente proporcional e de que as condições de admissibilidade e de sucesso para Iniciativas Cidadãs Europeias demandam iniciadores e um mínimo de assinaturas de sete Estados-membros.

Em que direção devemos ir? Se o déficit democrático deve ser reduzido, alguns dizem – também neste volume – que não são só os governos nacionais, mas também os parlamentos nacionais que precisam envolver-se diretamente na política europeia. Há dois modelos principais de como isso pode ser feito. Um consiste em retornar a um Parlamento Europeu feito de parlamentares europeus que realizam um segundo trabalho. Bem-intencionada ou não, a proposta é terrível. Os parlamentares nacionais já têm muito que fazer, controlando e, quando possível, dirigindo aquilo que seus governos fazem com os amplos poderes que ficarão e deverão ficar localizados no nível nacional. Onde eles arrumariam tempo para estar em Bruxelas ou em Estrasburgo interagindo com a comissão, com o conselho e, mais importante, uns com os outros e com a sociedade civil de toda a Europa, tudo isso essencial para a boa realização de seu trabalho, e ao mesmo tempo permanecer em contato com seus eleitorados? Por mais decisivo que seja contra essa versão radical do modelo, esse argumento não deve ser descontado em versões diluídas. Por exemplo, pode fazer sentido reunir um congresso que consista em subconjuntos de parlamentos nacionais e do Parlamento Europeu em questões específicas, como a reestruturação das dívidas públicas da zona do euro.[7]

---

[7] O "parlamento orçamentário" sugerido por Thomas Piketty (*Capital in the Twenty-First Century*. Cambridge, Harvard University Press, 2014, p. 559) pode ser visto como uma variante dessa ideia. Aliás, em vez de envolver custos adicionais, a criação de uma nova instituição desse tipo pode oferecer uma oportunidade para que se encerre o "circo itinerante" que solapa a eficácia e a legitimidade do Parlamento Europeu, ao mesmo tempo que aumenta seu custo: Estrasburgo poderia sediar todas as reuniões de destaque excepcional que exigem a presença de parlamentares nacionais, ao passo que todas as sessões rotineiras do parlamento passariam a ser realizadas em Bruxelas.

Um segundo modelo, bastante distinto, parece ganhar popularidade. Ele consiste em dar um papel maior aos parlamentos nacionais em funcionamento separado. Permitir que os parlamentos nacionais, desde que em número suficiente, bloqueiem as decisões europeias que eles considerem ferir o princípio de subsidiariedade pode ser um passo modesto nessa direção. Do ponto de vista adotado neste ensaio, seria benéfico "domesticar" ainda mais a política europeia desse jeito? Não consigo ver como. Pelo contrário. Afinal, o que importa, em nome da justiça, é que as três virtudes que compõem o valor da democracia, em particular a força civilizatória da hipocrisia, devam operar na escala certa, neste caso a população europeia como um todo. Para facilitar essa operação, os parlamentares nacionais estão menos bem posicionados do que os membros, especialmente os líderes dos governos nacionais, e transferir poder destes para aqueles com bases "democráticas" seria, portanto, contraproducente. Por quê?

Ao contrário dos ministros, os parlamentares nacionais não são socializados pelo contato regular que internaliza as preocupações de seus colegas europeus e, nos melhores casos, demonstra solidariedade para com os desafios que cada um deles enfrenta em seu respectivo contexto nacional. Além disso, ao contrário dos líderes de governo, especialmente daqueles cujas decisões mais importam para outros Estados-membros em determinada conjuntura, os parlamentares nacionais não são regularmente convocados a justificar publicamente suas decisões perante a EU além do que são perante seu próprio eleitorado. A energia que deriva desse público transfronteiriço permanece fraca, porque o público com que os líderes nacionais mais se importam ainda é seu eleitorado nacional. Porém, ela ao menos existe. Por outro lado, uma saliência maior de questões da UE inteira nos parlamentos nacionais apenas atiçaria a competição partidária nacional em defesa dos interesses da nação, sem nenhuma força compensadora estrutural que forçasse uma consideração justa dos interesses do resto da população europeia. Isso vale ainda mais para referendos nacionais isolados, sejam eles na Alemanha ou na Grécia. A democracia nacional máxima é um entendimento muito ingênuo da democracia ótima de que necessitamos terrivelmente.

O que então deveria ser feito? Certamente não deveríamos tentar uma demos-cracia plena, uma democracia europeia organizada como um estado-nação, ou mesmo um Estado federal mononacional. Todas as democracias estáveis com um *"dēmos"* segmentado, como a Suíça ou a Bélgica, projetaram suas instituições políticas centrais de modo a levar em conta essa segmentação. Nesse sentido, a democracia europeia precisa permanecer demoi-crática. Porém, como afirma Dieter Grimm neste volume, o *"dēmos"* europeu precisa ser fortalecido. Um passo modesto nessa direção foi dado, sob pressão de federações europeias maiores de partidos políticos, por meio da nomeação dos chamados *Spitzenkandidaten* e da escolha relutante, pelo Conselho Europeu, do *Spitzenkandidat* cuja federação partidária chegou ao primeiro lugar na eleição europeia. O principal propósito não deveria ser aumentar o comparecimento nas eleições europeias, tornando a política europea mais personalizada, mais destacada, ou mais empolgante. Há fortes motivos para esperar que o comparecimento às urnas europeias permaneça muito mais baixo do que na maioria das eleições nacionais ou locais. Primeiro, a orientação política do executivo é ainda menos sensível para a composição do parlamento do que na Suíça, que tem o menor comparecimento médio da Europa em eleições nacionais. Segundo, o puro tamanho do eleitorado, combinado com o esforço necessário para captar questões e argumentos complexos, inevitavelmente dará força particular ao "paradoxo do eleitor": por que eu deveria me dar ao trabalho de reunir informações e votar se a chance de que isso faça diferença é desprezível? O propósito deveria ser, preferencialmente, localizar a força civilizatória da hipocrisia no nível apropriado: os que desejam governar a UE precisam ser sistematicamente induzidos a prometer coisas que fazem sentido para todos os cidadãos europeus, não apenas para seus conacionais, e a ser responsabilizados por essas promessas. Desse ponto de vista, outro passo importante seria dado se alguns dos assentos do Parlamento Europeu fossem decididos por um eleitorado de toda a Europa. Isso permitiria e até forçaria os *Spitzenkandidaten* – e não apenas eles – a ativamente fazer campanhas além do país onde poderiam ser eleitos.[8]

ALÉM DA DEMOCRACIA ELEITORAL

A fim de fortalecerem essa demos-cracia, as reformas institucionais do tipo que acabamos de discutir são muito importantes. Ter uma assembleia de representantes com direito de acessar informações cruciais, de fazer perguntas ao executivo e de obter respostas públicas é um instrumento de importância crucial para a força civilizatória da hipocrisia. Porém, lançar um voto a cada cinco anos junto com centenas de milhões de outras pessoas não é o único papel que o cidadão pode desempenhar em nível europeu. Como enfatizado neste volume por Ivan Krastev, um conjunto de cidadãos não é apenas um conjunto intermitente de eleitores. É também um conjunto permanente de observadores, blogueiros, usuários do Twitter e manifestantes cuja atividade não se limita a períodos eleitorais. Além do poder da urna, os cidadãos têm certos poderes distintos enormemente amplificados pela internet. Como poderoso instrumento de transparência, exposição e

---

[8] Essa proposta foi endossada pelo Comitê de Assuntos Constitucionais do Parlamento Europeu em maio de 2010. Ela é análoga à proposta de um distrito eleitoral federal feita no contexto belga desde 2007 pelo Grupo Pavia. Ver Kris Deschouwer e Philippe Van Parijs, *Electoral Engineering for a Stalled Federation*, Re-Bel e-book 4, 2009. Disponível em: <http://www.rethinkingbelgium.eu>. Combinar isso com a exigência de que os comissários precisariam ter sido eleitos para o Parlamento Europeu seria difícil de implementar, mas é mesmo assim uma proposta interessante. Ver Joseph Lacey, *Centripetal Democracy: Democratic Legitimacy and Regional Integration in Belgium, Switzerland and the European Union*. Florence, European University Institute, jun. 2015. (Tese de doutorado.)

mobilização, a internet facilita para muitos acessar a informação, espalhar a interpretação que se faz dela e organizar ações sem a necessidade de nada que se assemelhe a uma organização permanente.

Mais do que nunca, os cidadãos podem expressar efetivamente seu apoio ou – o que é mais frequente – sua oposição ao que foi decidido ou ao que está sendo preparado. Claro que o impulso com frequência será a defesa interessada dos próprios interesses – de greves corporativistas de controladores aéreos ou de maquinistas a protestos NIMBY[9] –, mas tanto grupos de ação quanto tomadores de decisão serão forçados pela publicidade de suas exigências ou respostas a oferecer justificativas que sejam aceitáveis por todos. As ações mais difíceis de descartar pelos que estão no poder serão aquelas cujas demandas não sejam apenas cuidadosamente documentadas, mas também manifestamente justificadas pela preocupação com o interesse geral ou com o tratamento justo dos interesses de todos.

Uma precondição geral para a efetividade desse mecanismo é a transparência – entendida não apenas como visibilidade, mas também como inteligibilidade. Daí a importância de proteger e estimular *whistleblowers*, *wikileakers*, *luxleakers*, *swissleakers* e *dirtleakers* de todos os tipos. É só deixando as coisas visíveis para todos que se pode forçar os que são responsáveis por elas a torná-las justificáveis para todos. Daí a importância de reunir dados confiáveis e torná-los comparáveis e compreensíveis mediante indicadores bem escolhidos. Os indicadores do Pisa de desempenho educacional da OCDE, o conjunto de indicadores desenvolvido pela Comissão Europeia dentro do arcabouço do Método Aberto de Coordenação, e as estimativas da proporção de energia dos países oriunda de fontes renováveis são instrumentos valiosos de transparência desde que os dados sejam confiáveis, e os indicadores devidamente escolhidos para incentivar decisões que visem maior justiça e atendam ao interesse geral.

---

[9] Sigla de *not in my back yard*, ou "não no meu quintal". (N. T.)

Denunciar e estigmatizar o que precisa ser estigmatizado, louvar o que merece ser louvado, expressar apoio ou oposição por meio de petições ou boicotes, fazendo greve ou indo às ruas: a combinação disso tudo pode, em circunstâncias favoráveis, ser muito mais eficaz do que o processo eleitoral em levar os que estão no poder a fingir que fazem o que a busca de justiça os obriga a fazer, e, se tudo caminhar bem, a agir de acordo com essa pretensão. Além disso, ao contrário do processo eleitoral, esse mecanismo se aplica também a poderosos tomadores particulares de decisão. Hoje, graças à força potencial sem precedentes da transparência, da denúncia e da mobilização focada, não são apenas os líderes políticos e as autoridades públicas, mas também os líderes empresariais que precisam continuar a comunicar e a justificar o que fazem e o que não fazem. O temor de ser ultrapassadas pela competição muitas vezes restringe a margem de manobra das empresas, mais do que a dos governos. Porém, num mundo em que os governos democráticos nem sempre conseguem operar rápido o bastante, e estão eles próprios sob forte pressão competitiva, é importante que a força civilizatória da hipocrisia se aplique diretamente também ao setor privado.

FALAR UNS COM OS OUTROS

Em suma: sim, resultados. Sim, Herman Van Rompuy, a lealdade contínua à União Europeia exige resultados. Porém, não na forma de uma promessa de 0,5% de crescimento em troca de mais submissão ao mercado mundial por meio da Parceria Transatlântica de Comércio e Investimentos e outros acordos. Não na forma de uma promessa de 0,5% a menos de desemprego em troca de um Estado de trabalho mais duro e repressivo. Nem na forma de promessa de uma moeda estável em troca de submeter a população de um de seus Estados-
-membros a passar o resto da vida escrava de uma dívida e à tomada

de seus ativos nacionais. Mas sim na forma de proteção social eficaz que possa ser considerada justa por todos os europeus sem prejudicar as fontes de prosperidade duradoura.

Sim, uma democracia de toda a Europa. Sim, Jürgen Habermas, precisamos desesperadamente de mais reformas institucionais que fortaleçam um *"dēmos"* de toda a Europa e especialmente de toda a zona do euro. Porém, mudanças em tratados demoram muito, e não podemos esperar. Devemos, portanto, contar com aqueles que atualmente detêm o poder, a começar pelos chefes de governo. Devemos contar com sua capacidade de colocar-se no lugar de seus colegas europeus, de perceber as questões da perspectiva destes, de confiar uns nos outros, de identificar meios-termos inteligentes, de defendê-los talvez à revelia de seu próprio parlamento e da opinião pública de seu próprio país, e de ajudar outros a defendê-los diante dos deles.

Isso nem sempre vai funcionar, e nunca perfeitamente. E quando a vontade dos poderosos, por mais democrática que seja, esmagar as legítimas reivindicações dos vulneráveis, quando a justiça perder feio para o interesse, devemos estar preparados para fazer pressão, gritar, protestar, marchar nas ruas, incendiar as praças, como fizemos dentro de nosso respectivo estado-nação. Maior justiça social dentro de nossos estados-nações não veio pronta da gaveta de algum burocrata, muito menos da prateleira de algum filósofo. Foi preciso lutar por ela. Porém, no nível europeu, enfrentamos um obstáculo imenso. Não falamos todos o mesmo idioma. E isso tem várias implicações sérias.

Não é só que isso dificulte para os líderes nacionais, para seus ministros e para seus assessores estabelecer o relacionamento de mútuo entendimento, de empatia, de cumplicidade, que torne menos árduo chegar a um acordo com os pares. Isso significa também que as opiniões públicas nacionais estão agudamente separadas e, portanto, não sistematicamente expostas a opiniões e a argumentos dominantes em outros lugares, nem tão contidas quanto de outro modo seriam na hora de manifestar generalizações étnicas hostis a outros países.

Além disso, a diversidade de idiomas dificulta a mobilização entre as fronteiras para construir solidariedade e selar as alianças necessárias para o combate eficaz em prol de maior justiça social no nível em que esse combate hoje precisa ser travado.

Estranhamente, portanto, a tendência sustentada de maior esperança na Europa hoje é algo que pode de início ser deveras banal: a rápida disseminação do inglês como *lingua franca* das gerações mais jovens.[10] Idioma compartilhado não é garantia contra conflitos, nem mesmo contra conflitos violentos. Mas não é possível ter esperança de mobilização transfronteiriça efetiva, de opiniões públicas menos impermeáveis, de contato mais fluido entre líderes, sem um idioma compartilhado. Seja como arma em nossos embates, seja como instrumento de nossas negociações ou como meio de nossas deliberações, a capacidade de falarmos uns com os outros é mais importante do que nunca na Europa de hoje. O fato de que cada vez mais pessoas sejam capazes disso, não apenas os poderosos e os ricos, deve nos dar confiança e esperança de que nossa União Europeia não vai acabar derivando para injustiças cada vez maiores, mas que ela pode ser *justificada*.

---

[10] Defendo essa afirmação e discuto as injustiças que surgem da dominância de um idioma e como elas podem ser abordadas em Philippe Van Parijs, *Linguistic Justice for Europe and for the World*. Oxford University Press, 2011; edição alemã: Berlin, Suhrkamp, 2013; edição holandesa: Tielt, Lannoo, 2015.

Sobre os Organizadores

Luuk van Middelaar (nascido em 1973) é filósofo político e historiador, atualmente colunista de *NRC Handelsblad* e de *De Tijd*, e professor das universidades de Leiden e de Leuven. Em sua carreira, ele duas vezes passou de escritor e pesquisador de política para o trabalho com a política, e voltou. Van Middelaar escrevia os discursos de Herman Van Rompuy, presidente do Conselho da Europa (2010-14), e o assessorava; uma década antes, trabalhou como assessor na Comissão Europeia e na Câmara Inferior holandesa. Ele publicou *Politicídio: o Assassinato da Política na Filosofia Francesa* (1999), livro sobre o pensamento francês do pós-guerra, e *Passagem para a Europa: Como um Continente Tornou-se uma União* (2009), traduzido em vários idiomas e ganhador do European Book Prize. Ele tem um doutorado pela Universidade de Amsterdã.

Philippe Van Parijs (nascido em 1951) é professor da Universidade de Leuven (Cátedra Hoover de Ética Econômica e Social), professor convidado especial da Universidade de Leuven e membro associado da Nuffield College, de Oxford. Ele preside o Conselho Internacional do Basic Income Earth Network (BIEN) e coordena a iniciativa Re-Bel (Repensando as instituições Belgas no Contexto Europeu, com P. De Grauwe) e o Plano Marnix para uma Bruxelas Multilíngue (com A. Housen e A. Sole Mena). Entre seus livros estão *Evolutionary Explanation of the Social Sciences* [Explicação

Evolutiva das Ciências Sociais]; *Qu'est-ce qu'une Société Juste?* [O que É uma Sociedade Justa?] (1991); *Marxism Recycled* [O Marxismo Reciclado] (1993); *Real Freedom for All* [Liberdade de Verdade para Todos]; *What's Wrong with a Free Lunch?* [Qual o Problema de um Almoço Grátis?] (2001); *Just Democracy* [Apenas Democracia]; e *Linguistic Justice for Europe and for the World* [Justiça Linguística para a Europa e para o Mundo] (2011).

Obteve doutorado em Filosofia pela Universidade de Oxford e doutorado em Ciências Sociais pela Universidade de Leuven.

Os editores desejam expressar seus calorosos agradecimentos a Alice Richard, que os ajudou a realizar as reuniões no Conselho Europeu que levaram a este livro; a Guy Janssens, jornalista e autor e *In de schaduw van Schuman* (2001), que os ajudou a preparar esta coleção; a Liz Waters, Christopher Gemerchak, Deborah Langton e Thomas Burri, que traduziram para o inglês algumas das contribuições do holandês, do francês e do alemão; e a Kris van Hamme e à equipe da Lannoo, que ajudou a planejar e a finalizar o volume.

Do mesmo autor, leia também:

Duas reações frequentes ao projeto da União Europeia são o entusiasmo com a possibilidade de um continente igualitário e o receio de que tal integração ameace a soberania nacional. Luuk van Middelaar se exime de ambos os extremos neste apanhado histórico que se divide em três enfoques: primeiro, a tensão entre a coletividade europeia e os seus Estados-membros, principalmente no nível da tomada de decisões e da criação de leis; em seguida, a integração do bloco europeu com o restante do mundo, sob as condições impostas por cada circunstância histórica; por fim, o tratamento da UE para com seus indivíduos, a fim de que seus governantes não estejam desvinculados da população. Enfrenta-se, assim, um problema clássico da filosofia – "O que é e como surge a política?" –, mas em uma perspectiva nova, que só a nossa época tornou possível – talvez necessária: a da integração internacional.

LUUK VAN MIDDELAAR

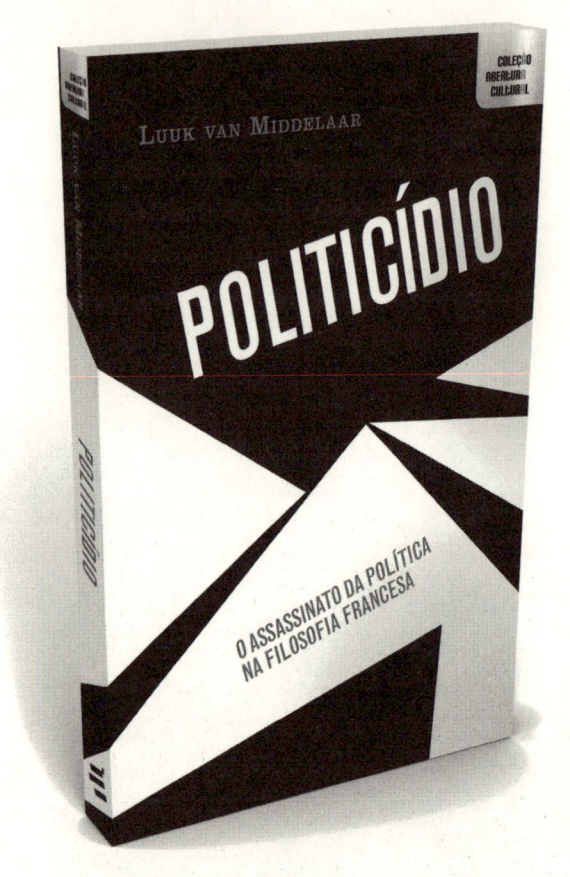

POLITICÍDIO

O ASSASSINATO DA POLÍTICA NA FILOSOFIA FRANCESA

O livro trata principalmente da forte influência que o marxista russo Alexandre Kojève teve sobre uma geração inteira de intelectuais franceses, como Maurice Merleau-Ponty, Raymond Aron, Georges Bataille, Jacques Lacan, Raymond Queneau e André Breton, que na década de 1930 assistiam às suas aulas sobre a Fenomenologia do Espírito, de Hegel, na École Practique dês Hautes Études em Paris. Alexandre Kojève foi o criador do conceito do "fim da história", tal como preconizado pelo americano Francis Fukuyama logo após a Queda do Muro de Berlim em 1989. Kojève concebeu esse conceito a partir da dialética do senhor e do servo, de Hegel, onde todos os conflitos políticos terminariam depois que o ser humano atingisse um estágio de plena consciência. Em contraste com este último, porém, Kojève previa a necessidade de um Estado após o fim da história, e no contexto marxista esse Estado seria responsável pela "administração das coisas". Dada a plena satisfação de seus cidadãos, o advento desse "Estado Universal e Homogêneo" implicaria no fim da política como forma de manifestação dos anseios e das necessidades humanas.

facebook.com/erealizacoeseditora   twitter.com/erealizacoes   instagram.com/erealizacoes   youtube.com/editorae

issuu.com/editora_e   erealizacoes.com.br   atendimento@erealizacoes.com.br